U0794829

浙江省“十四五”普通高等教育本科规划教材

会计职业道德

— 第2版 —

立体化数字教材版

主　编　韩洪灵　陈汉文　陈帅弟
副主编　杨道广　刘思义　刘　杰

中国人民大学出版社
·北京·

高等学校经济管理类主干课程教材·会计与财务系列

前　言

2018 年 5 月在北京大学师生座谈会上，习近平总书记提出，“要把立德树人的成效作为检验学校一切工作的根本标准，真正做到以文化人、以德育人，不断提高学生思想水平、政治觉悟、道德品质、文化素养，做到明大德、守公德、严私德”。2022 年 10 月，习近平总书记在党的二十大报告中强调，“育人的根本在于立德。全面贯彻党的教育方针，落实立德树人根本任务，培养德智体美劳全面发展的社会主义建设者和接班人”。2024 年 9 月，习近平总书记在全国教育大会上强调，“要坚持不懈用新时代中国特色社会主义思想铸魂育人，实施新时代立德树人工程”。“立德树人工程”内容浩大，在高等教育领域，“立德”的重要内容之一是加强道德教育。具体到微观的会计教育领域，一个重要基础性内容就是加强会计职业道德教育。

在经济社会治理中，一个极为重要的基础要件就是会计信息的生产与披露，为此应该大力发展会计行业。诚信是市场经济的基石，大公司财务欺诈案使会计行业面临着“诚信危机”的挑战。在第十六届世界会计师大会开幕式上，朱镕基同志强调中国政府特别重视会计职业道德建设，要求所有会计人员必须做到“诚信为本，操守为重，坚持准则，不做假账”。

2020 年的瑞幸事件触发了世界级的会计职业道德风波，以致出现第二轮中概股危机并催生美国颁布《外国公司问责法案》(Holding Foreign Companies Accontable Act)。2024 年，恒大集团被爆在 2019—2020 年累计虚增收入与利润分别高达 5 641 亿元和 920 亿元，舞弊金额创造了新的“世界纪录”与“历史纪录”。回顾历史，从红光实业、银广夏到万福生科、獐子岛，再到康美药业、康得新、瑞幸、恒大集团等，一次次展现会计职业道德的脆弱性。痛定思痛，我们应该深刻认识到，若不愿付出可控的伦理成本，就可能付出失控的伦理代价。21 世纪以来，随着经济全球化及资本市场国际化的快速发展，会计舞弊与会计职业失德作为世界性的难题已经引起全球主要市场经济国家的关注。面对“商业无道德神话”与“没有道德的商业是人类之恶”的二元对立，中国商学教育者须站在更高的层面上思考与重构会计职业道德教育的新思维与新框架。

长期以来，会计学、审计学、财务管理、资产评估等本科专业的核心必修课程“会计职业道德”苦于教材内容空泛、师资匮乏。本土案例的缺失、有效教学方法的缺失、可选的教材不多，导致很多高校教师在教学过程中仅侧重于简单而抽象的道德说教，无益于在实质上提升学生的职业道德决策能力，致使学生进入职场后，在面对道德困境时难以适应，无法获得持久的职业幸福感。在新时代，建设中国特色哲学社会科学的学科体系、学术体系与话语体系，一个重要方面就是建设具有中国特色、中国风格和中国气派的教材体系。我们基于既要宣传教育正确的价值理想，又要教育学生坚守底线伦理的教材写作思路，希冀本书成为一个探索会计舞弊行为、会计职业行为正当性和会计职业道德规范的讨论平台，助益中国会计职业道德教育新变革。

2020年12月，中国注册会计师协会修订发布了兼具国际趋同与中国特色的《中国注册会计师职业道德守则（2020）》和《中国注册会计师协会非执业会员职业道德守则（2020）》。2023年2月，财政部为推进会计诚信体系建设、提高会计人员职业道德水平，制定印发了《会计人员职业道德规范》，这是我国首次制定全国性的会计人员职业道德规范。这些职业道德规范的制定与修订为中国会计职业道德的发展与治理提供了坚实的行为规则基础。为此，本书第2版试图体现以下五个方面的特色。

（1）强化课程思政建设，引导学生弘扬社会主义核心价值观，深化学生职业理想与职业道德观念，提高会计审计职业责任感，激励学生形成诚实守信的职业品格，养成遵纪守法的行为习惯。

（2）构造教材新框架，从会计职业特征与会计人员的角色出发，构造“职业特征—会计舞弊—道德决策—基本规范—概念框架—规则应用—发展趋势”的总体框架，企望这样的框架使得本课程能够从过去简单的伦理说教嬗变为再现职业道德体验、判断与决策过程。

（3）强调中国本土化的情境案例，并强调将会计职业道德基本原则和概念框架全面一致地应用于单位会计人员和注册会计师所面临的各种道德困境，以全面提升学生识别、评价与应对各种不利影响的能力。

（4）强调会计职业道德理论与实务的最佳平衡，本书第一、二章对会计职业与会计伦理、会计舞弊与道德行为的讲解力求简明透彻，第三至七章构成本书的核心内容，其框架、方法与流程一以贯之，第八章专门讲述数字时代背景下会计职业道德的发展趋势。

（5）配备丰富的新形态立体化教学/学习资源。

•名家解读。针对重难点，本书在相应知识点旁边设有作者录制的视频讲解二维码。

•思维导图、拓展阅读、本章知识点回顾、关键术语解释等。

•即测即评。全书以节为单位新增题库，包括判断题、单选题和多选题。题目配有详细的答案解析以及知识点和难易程度等信息。

一方面，学生在课后随时随地扫码做题，提交后可查看分数和详细的答案解析。另一方面，教师根据教学进度在课堂上可以快速开展在线随堂测试，教师无须打印试卷、无须判卷，系统自动打分；教师可随时查看班级作业完成情况，方便做好过程考核；支持选用教材的老师自动或手动生成期中期末考试试卷，每学期可导出两套试卷。具体使用方法详见二维码。

题库使用教程

• 数字教材、PPT、教学大纲、知识点。

凡购买正版图书的读者，均可扫描封面勒口上的二维码，注册后即可免费使用上述资源。

本书第 2 版由来自浙江大学、南京审计大学、对外经济贸易大学、杭州师范大学、贵州财经大学的教师共同编撰而成。主编是韩洪灵（浙江大学）、陈汉文（南京审计大学）、陈帅弟（杭州师范大学）；副主编是杨道广（对外经济贸易大学）、刘思义（对外经济贸易大学）、刘杰（贵州财经大学）。具体分工如下：第一、二、三章（韩洪灵、陈汉文、陈帅弟），第四、五章（韩洪灵、陈汉文、杨海坤），第六章（杨道广、杨海坤），第七章（刘思义、吴佳颖），第八章（刘杰、吴佳颖）。韩洪灵、陈汉文和陈帅弟拟定本书提纲，并主持和实际参与各章节的编写、讨论、修订与定稿工作。

本书适用于高等学校会计学、审计学、财务管理、资产评估等本科专业必修课“会计职业道德”，也是从事会计职业道德研究与道德困境解决的高校教师和实务界人士的参考书。本书是在借鉴国内外大量书籍和研究文献的基础上编写而成的，对这些书籍与文献的作者表示诚挚的谢意，如存在文献标注疏漏，表示真诚的歉意。本书是国家社会科学基金重点项目“人工智能时代的会计伦理问题研究：理论、规则与治理”（22AGL012）、国家自然科学基金重点项目“审计机构治理机制与审计质量”（71932003）、教育部哲学社会科学研究重大课题攻关项目“中美跨境会计审计有关问题研究”（22JZD010）、北京市社会科学基金决策咨询重点项目“中美贸易摩擦对北京企业海外投资的影响及应对研究”（20JCB001）项目的研究成果。

2022 年 5 月，中国人民大学出版社举办了本书主编韩洪灵和陈汉文关于会计职业道德教学的讲座，300 多位老师参与讨论。会后出版社按照讲座主题剪辑出四段视频，感兴趣的读者可扫描二维码观看。

本书课程思政七大特色　　本书体例十二大特色　　课程基本认知与教材持续探索　　课程新思维与新框架

第 2 版对第 1 版加以充实，补充了若干新资料，然恐尚多疏漏谬误，此刻心境，可谓如履薄冰，一隅之见，祈求方家雅正。

韩洪灵　陈汉文　陈帅弟

目　录

二维码目录

第一章

会计职业与会计伦理

总书记论道德

道德之于个人、之于社会，都具有基础性意义，做人做事第一位的是崇德修身。……一个人只有明大德、守公德、严私德，其才方能用得其所。修德，既要立意高远，又要立足平实。

——2014 年 5 月 4 日，习近平在北京大学师生座谈会上的讲话

素养提升

1. 基于受托责任的视角，收集历史资料，分析中国古代与近代的国家治理体系中官厅会计所扮演的重要作用与历史经验，树立高度的受托责任意识。

2. 通过学习会计职业的公众利益导向及相关案例，认识到会计伦理的重要性及其与社会主义核心价值观的一致性。

学习目标

1. 学习并深刻理解职业会计师的角色及其在经济运行中的关键作用；

2. 学习并掌握会计职业的基本特征、主要职责及基本价值观；

3. 了解不同的伦理理论流派，理解会计伦理学的性质及会计伦理的基本功能。

思维导图

引例

受托责任：天下未乱计先乱，天下欲治计乃治

著名会计学家杨时展教授曾精辟断言：“天下未乱计先乱，天下欲治计乃治。”[①] 他曾总结道：“当今世界各国经济发展规律，未有经济发达的国家而二计不发达的，亦未有二计不发达的国家而经济能发达的。”可见，在我国推进国家治理体系和治理能力现代化进程中，作为重要制度安排的会计与审计工作发挥着越来越重要的作用。

杨时展教授是我国著名的会计思想家和会计教育家。他一生学贯中西、著述颇丰，是我国会计学界的一代宗师。其受托责任理论和会计控制系统论为国际会计界所公认，在学术界享有很高的声誉。

杨时展教授将受托责任定义为“因受命或受托经营财政或财务收支，对命令或托付人所负的一种以最大善意充分体现其意志的责任”。负这种责任的人为责任人，命令或托付这种责任的人为授任人。杨时展教授还认为，会计工作和审计工作的主要任务是对受托责任的完成情况进行认定和重认定。受托责任意识的强弱与会计和审计工作的优劣有着紧密的联系，受托责任意识强则会计、审计工作一定进行得好，受托责任意识弱则会计、审计工作一定进行得不好。

杨时展教授将认定受托责任的完成情况作为会计的目的，把控制系统作为会计的本质，结合货币计量、标准化、会计的决策作用等要素，提出了会计控制系统论观点，即现代会计是一个以认定受托责任为目的，以决策为手段对一个实体的经济事项按货币计量及公认原则与标准进行分类、记录、汇总、传达的控制系统。因此，他强调一定要让会计和审计人员树立起高度的受托责任意识，提高会计和审计工作的质量。

何为受托责任？会计职业的本质特征是什么？会计伦理与会计的目标有何关系？“天下未乱计先乱，天下欲治计乃治”是世界历史的共同规律吗？

资料来源：杨时展. 杨时展论文集. 北京：企业管理出版社，1997.

---

① 这里的“计”指会计与审计。

如本章引例所述，会计与审计在国家治理中有重要的、不可替代的功能。会计职业环境的变迁使职业会计师（professional accountant）[1] 在许多情况下面临利益冲突与道德困境。为此，本章从组织的受托责任关系出发，重点阐述职业会计师的角色与会计职业的本质特征；在此基础上，介绍不同的伦理理论流派、会计伦理学的性质和会计伦理的基本功能。

第一节 会计职业

企业与非企业组织均建立在巨大的受托责任网络之上，因此，本节将从受托责任关系的视角出发，对职业会计师的角色与会计职业的本质特征进行理论探讨，以期为理解会计伦理学的性质及会计伦理的基本功能提供基础。

第一节
即测即评

一、受托经济责任计量

经济学的“代理理论”（agency theory）产生于20世纪70年代初，但其学术渊源可以追溯至科斯（Coase）于1937年开创的“企业契约理论”（contractual theory of the firm）。基于代埋理论，维系一个组织的委托代理关系的一个基本要求就是要对委托代理双方之间受托责任进行界定、履行和解除。

受托责任关系可因法律、合同、组织规则、风俗习惯，甚至口头约定而产生，公司对其股东、债权人、员工、顾客、政府或有关联的组织及其利益相关者承担受托责任。在公司内部，部门员工对部门经理负有受托责任，部门经理则对更高一层的负责人承担受托责任。在此意义上，说今天的社会是建立在一个巨大的受托责任网络之上毫不过分（Ijiri，1975）。

以企业组织为例，企业契约理论的要义在于企业的契约性、契约的不完备性及由此导致的所有权的重要性。契约的不完备性及信息非对称性的存在，导致企业剩余索取权（residual claims）和剩余控制权（residual control right）的分化，而两者的对应形成了企业制度，即企业所有权安排的具体化。森德（Sunder）认为，企业契约的有效履行需要对利益相关者的贡献大小、参与方式与程度、履约信息等进行了解，这就需要计量与监督功能的介入，对参与者在企业契约联结体中的要素贡献与权益进行界定和反映，而这正是现代企业会计的功能所在。

---

① 本书所讲的职业会计师是受雇会计师（employed accountants or private accountants or accountants in business，即内部会计人员）和注册会计师（certified public accountant）的统称。前者具体包括受雇于营利与非营利组织内部的会计师，如主计长、总会计师、财务总监、簿记员、管理会计师和内部审计师等，通常也称为内部会计师（internal accountant）或单位会计人员（本书后面章节会交替使用这两个相同的概念）；后者特指执行公共业务的注册会计师，通常又称为公共会计师（public accountant）或外部会计师（external accountant）。

会计的早期萌芽——原始计量活动

会计的早期萌芽可以追溯到石器时代。会计思想及行为的产生离不开社会生产力发展这一先决条件，生产剩余物品的出现触发了早期人类对储备及分配问题的思考，从而催生了原始计量活动，会计的萌芽由此产生，这些计量活动包括实物记事（计数）、绘画记事（计数）、结绳记事（计数）和刻契记事（计数）等，它们都是原始计量记录行为的具体体现。

实物记事（计数）：直接使用劳动产品或其他物品来代表数量，如用一堆石头表示一定数量的猎物或粮食。在荷马史诗《奥德赛》中，有描述牧羊人通过摆放石子来记录羊群数量的情节。生活在乞力马扎罗山地区的游牧民族，则会通过佩戴铜环来记录年龄。

绘画记事（计数）：通过在岩壁、兽皮或其他载体上绘制图像来记录数量或事件。我国新疆、内蒙古等地发现了大量的岩画遗址，这些岩画内容广泛，涉及狩猎、放牧、战争、祭祀等各个方面，不仅记录了当时人类的生活状态，还记录了部落的人口数量、狩猎的收获量或战争的胜败情况等。

结绳记事（计数）：通过打结的方式来记录数量或事件。在不同粗细的绳子上面打上间距不同的结，每种结法、结之间的距离、结的大小和绳子粗细表示不同的含义。我国古代文献对此有所记载。《周易 · 系辞下》提到“上古结绳而治，后世圣人易之以书契，百官以治，万民以察”。《九家易集注》提到“古者无文字，其有约誓之事，事大大其绳，事小小其绳，结之多少，随物众寡，各执以相考，亦足以相治也”。印第安人也曾结绳记事，他们的记事之绳是一种用各色贝珠穿成的绳带。

刻契记事（计数）：在木片、竹片或骨头上刻画符号来记录数量或事件。我国云南的佤族曾使用木棍刻契的方法记载重大事项，每还清部分借贷或每过一天，就在木片上削去相应数量的缺口。

这些原始计量记录行为孕育了会计的早期萌芽。随着社会的进步和经济的发展，这些原始的计量方式逐渐被更加完善和系统的会计体系所取代。

诸多学者具体研究了会计系统与会计数据对企业契约运行的各种作用和影响（Healy，1985；Mohrman，1996；Lambert，2001；Lucher，2016；Christensen and Nikolaev，2017）。因此，当经济学家讨论委托代理关系时，代理问题与契约的不完备性问题几乎是同一意思。代理理论的目的是分析非对称信息下契约执行中的激励问题，而最优激励机制实际上也就是使剩余索取权和剩余控制权最大所对应的机制。要建立这样一个机制，最重要的一环就是构建委托人和代理人之间合理的信息通道，进行及时有效的信息交流与沟通。这一任务在现代企业中主要是由会计信息系统——财务报告供应链来完成的，而职业会计师（包括单位会计人员和注册会计师）在财务报告供应链中扮演关键的角色。

财务报告供应链中的职业会计师

皮亚扎（Piazza）和埃克尔斯（Eccles）对财务报告供应链进行了界定——在财务报告信息的生产、编制、沟通和使用中所涉及的各个主体及其各自的职责和相互关系，包括公司会计师、管理层、董事会、独立审计师、信息发布者、财务分析师、投资者和其他利益相关者等。

依据信息经济学的研究，财务报告供应链的基本作用在于缓解信息不对称，在财务信息从企业内部向外部依次流动过程中，使企业的私人信息变成公共信息，完成信息的生产、加工、传递与利用。财务报告供应链各参与主体在信息流动中扮演不同的角色，其中，内部会计师的信息生产和注册会计师的信息鉴证作用最为关键。在此意义上，规范职业会计师行为的会计职业道德对财务报告供应链的有效运转起关键的源头作用（如图1-1所示）。

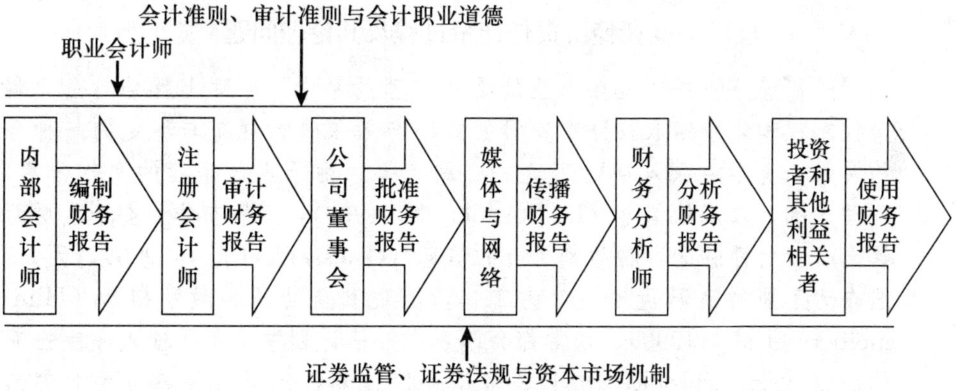

图1-1 财务报告供应链

无论是在营利性组织中还是在政府及其他非营利组织中，有关当事人的行为在最终意义上都是一种关于受托责任的契约行为，而职业会计师作为财务报告供给链上的关键主体，其提供的会计信息及其可靠性的鉴证是界定与解除受托责任的媒介物，其重要意义不言而喻。在受托责任关系建立、运行与解除的过程中，资源委托人面临的最大困境就是与代理人之间因信息不对称而导致的代理问题，必须有一个委托人和代理人都能够接受的受托责任度量规则，以检验受托责任执行的效率和效果，保证受托责任履行的完整性和稳定性。

二、职业会计师的角色

受托责任的履行情况总是与会计信息交织在一起。首先，会计信息是契约当事人订立契约的基础之一，例如，股票发行是公司管理当局与投资者之间的投资契约，投资者在购买股票之前主要通过公司财务报表了解公司财务状况和经营状况。其次，会计信息本身是契约的组成部分，如贷款契约中对利润等会计指标的规定。最后，会计信息是监督契约执行和评估契约执行结果的手段，例如，责任中心对公司总部的期中报告、预算或计划成本等标准执行情况的报告，都是上级委托人对下级代理人进行监控的工具。因此，如何设计信息系统（财务报告供应链）来解决代理问题，即如何令财务报告供应链为契约的订立提供有用的前置信息、为契约的履行提供有用的监控信息、为契约的执行提供有用的评价信息，变得极为重要。显然，在财务报告供应链中职业会计师扮演着最重要、最基础、最关键的角色，可以说职业会计师的工作就是为解决这一问题而设计的一个通过缓解委托人与受托人之间的信息不对称，降低代理成本的社会装置（Ng，1978；Holmstrom，1979；Watts and Zimmerman，1986）。

受托经济责任计量过程及其伦理问题

受托经济责任体现在企业的委托代理关系中，实际上就是对企业剩余控制权和剩余索取权分享安排的效率与效果进行规范与界定的一种合约关系。有学者深入探讨了这一合约关系。由于现代企业的两权分离，代理人拥有较多的信息（La Porta et al.，1999），而股东作为委托人反而缺乏企业所面临的各种盈利机会的信息（Claessens et al.，2000），因此，股东为了能够激励代理人努力工作，实现利益协同和激励相容（Himmelberg et al.，1999），通常都会愿意在补偿计划中给予代理人一定份额的股权（Easterbrook，1984），根据补偿计划，代理人将参与企业剩余的分享。[①] 据此，Ng构造了三个公式来说明这一过程：

$$w=r(s,a)$$

式中，w——企业的真实收益；

a——代理人行动；

s——自然状态；

r——企业真实收益与代理人行动和自然状态的函数。

$$y=f(w)$$

式中，y——企业的会计剩余；

① 委托人在追求其自身期望利润极大化时，会受到两种制约，即代理人的参与约束和激励相容约束。

f——企业的会计剩余与真实收益之间的函数。

$$x=p\cdot y$$

式中，x——代理人可以得到的企业剩余；

p——代理人企业剩余的分享份额。

上述第一个公式表示企业的真实收益 w 是代理人行动 a 与自然状态 s 的函数，这两个变量对于委托人来说，都无法直接观察到（Stulz，1990），并且除非企业清算，委托人将不能真正了解企业的真实收益 w。这样，对于委托人来说，他所能获得的信息如第二个公式所示，只是经过会计信息系统 f 处理后（即职业会计师的工作）的会计剩余 y，也就是财务报表。具体来说，企业的真实收益 w（经济实质）被 f 处理，经过计量误差与激励性偏差的调整后形成最终的会计剩余 y（财务报表）。计量误差是指不同会计政策对经济业务和事项的计量存在差别，激励性偏差也称经理人选择，是指经理人出于自身利益有意地选择或歪曲会计政策和会计估计。由于委托人不能够真正了解到企业的真实收益 w，因此在许多需要以它作为基础的合约条款中，只能以会计剩余 y 作为替代变量。比如，通常情况下，经理人的薪酬计划都会规定，经理人参与企业剩余分享的份额 $x=p\cdot y$，相应地，股东可以从企业剩余中获得的份额就是 $z=w-p\cdot y$，p 在一定的区间内取某一固定的比例，这样对 y 的计量将直接影响到股东和经理人之间的利益分割，因此，会计政策的选择（职业会计师的判断）就成了影响各方利益的均衡器。

华莱士（Wallace，1980）、沃茨和齐默尔曼（Watts and Zimmerman，1986）[①] 指出，正是企业剩余分享的制度安排使经理人产生了盈余管理的动机（Schipper，1989），即经理人在财务报告和交易中使用主观判断来改变企业会计剩余，误导一些利益相关者对于企业的潜在经济表现的认识，进而影响基于企业会计剩余的合同结果（Bedard and Johnstone，2004；Dechow and Skinner，2008）。函数 f 就是实务中职业会计师对公认会计准则的运用，职业会计师对公认会计准则客观公正的使用能够使契约各方清楚地知道作为合约条款基础的企业会计剩余是如何计量出来的，而注册会计师审计正是对代理人是否遵循公认会计准则计量企业的剩余进行鉴证。我们认为，这便是会计伦理与道德问题的产生及其重要性的根源。

资料来源：陈汉文，韩洪灵. 审计理论. 北京：机械工业出版社，2009.

由此可见，职业会计师在解决逆向选择、道德风险等代理问题中具有不

① 沃兹和齐默尔曼在提出红利假设的同时，还对债务契约假设和政治成本假设进行了讨论，即管理层总是试图最大可能地避免违反与银行等债权人之间签订的债务契约和避免引起政府等监管部门的注意，从而减少企业的债务契约成本和政治成本。

可替代的地位，建立委托人和代理人之间合理的信息通道、进行有效的信息交流是职业会计师被社会期望的主要职责和职业角色。受雇的内部会计师既要向组织的管理当局提供内部受托责任信息，如资本的保值增值情况、股利政策、激励计划、责任指标完成情况等，以支持其决策和日常管理，也要向组织外部契约人（或利益相关者）提供能如实反映受托责任履行情况、对决策有用的信息，以尽可能减少组织与外部契约人的利益冲突，提高私有信息的公开程度，如对外报告财务状况、能源的节约、污染的控制、对社会的贡献、产品的售后跟踪服务等方面的信息，这些信息向社会展现组织履行社会职能、承担社会责任的信息，并以财务报告、增值表、社会责任报告、职工情况报告、环保报告、养老金报告等形式来解释该组织对社会受托责任的履行情况。如果说内部会计师的任务是对受托责任信息的认定、计量和报告，注册会计师的任务就是对受托责任信息的重新认定、重新计量和重新报告。

从职业会计师在受托责任机制中的具体运作来看，管理会计师是起始环节，通过计划、预算和控制等手段来确定、分解受托责任目标，并协助受托人完成受托责任目标，提出管理业绩报告；财务会计人员按照公认会计准则（GAAP）的要求，对受托责任的完成情况进行自我认定、自我计量，并定期编制各种受托责任报告，为委托人审核受托责任的完成过程和结果提供信息；内部审计师在组织内部对这些受托责任信息进行相对独立的自我评价，是受托责任信息报告链的中间环节；注册会计师从组织外部对管理当局自我认定、自我计量、自我编制的受托责任报告，按照公认审计准则（GAAS）的要求进行重认定、重评定、重判定（王光远，1996）。因此，各种类型的职业会计师在受托责任认定、计量与报告系统中是环环相扣的一个有机整体，具有相同的职业角色与属性。

综上所述，职业会计师的主要社会功效是提供关于受托责任履行情况的公允信息及其可靠性的鉴证，会计职业服务的质量会直接影响经营者、投资者、债权人等社会公众的利益，进而影响整个社会的经济秩序（Zeff，1978）。

三、会计职业的公众利益导向

社会公众对会计职业服务质量的不满意一般会使社会公众与职业会计师之间产生期望差距（expectation gap），即社会公众认为从职业会计师那里获得的信息质量与他们实际获得的信息质量存在差别。期望差距又会进一步引起社会公众对会计职业的信任差距（credibility gap），信任差距的产生则会对会计职业的生存与发展构成直接威胁。此时，一方面，作为职业服务“终极”需求者的社会公众会要求政府对会计职业施以更为严格的管制或法律惩戒，甚至采取或发明其他替代性的措施以减少对会计职业服务的需求（如以政府的直接监督取代某些会计监督职能）；另一方面，始终处于“内省”（introspective）状态的职业会计师为了保持和发展会计职业服务市场，会自觉地进行某种程度的反省、提升与推进，更加以公众利益为导向，从而弥补期望差距与信任差距。因此，公众利益导向（public interest oriented）是会计职业赖以生存与发展的重要基础，是会计职业的本质特征。[①]

需要特别指出的是，许多人认为只有执行公共服务的注册会计师才需要以公众利益为导向，而作为组织雇员的内部会计师不需要以公众利益为导向，并由此认为服务于雇主的需要是受雇会计师（内部会计师）行为的决定因素。这种观点是极其错误的，仅仅是对雇主或客户的忠诚代理的概念已经遭到学者和社会公众的驳斥，它明显背离了当今社会公众的期望以及会计信息在本质上的公共物品属性。一个受托责任关系存在的必要条件——信任和依赖一名专业人士的职业判断能力，不论是对于作为雇员在组织内部提供服务的会计师来说，还是对于那些直接为社会公众提供服务的公共会计师来说，都是适用的（Leonard J. Brooks，2004）。

《金融与好的社会》：经济学家眼中的会计伦理问题

诺贝尔经济学奖得主罗伯特·J. 希勒（Robert J. Shiller）在《金融与好的社会》一书中专门研究了会计审计职业在理想金融制度中的角色、地位及具体作用。他认为，会计师，尤其是公司 CFO，对金融的重要性在于，他们是维护核心金融架构的正直品性的护航者。他将一个组织的 CEO 比作大脑的前额皮层，把会计师或 CFO 比作大脑的海马体，会计的不可替代作用主要表现在“将短期记忆转化为长期记忆并把大脑中不同的记忆串联成一体”。他认为，在理想的金融制度中，会计师是核心信息的存储者，因此，他们也是保持机构道德标准恒定不变的监督者，因为要记录机构所做出的承诺和业务细节，而记录者拥有一贯的道德准则是必要的前提。会计师必须有强烈的道德感。

他认为，会计师必须与服务的机构和个人保持情感上的距离，不受其情感伎俩的影响；CEO 不能兼任机构的会计或 CFO，因为存在着天然的利益冲突。具有可靠的道德品质保证的会计制度与人员队伍，是“金融社会的脊梁”。会计的职责在于保证账面表现与实际财务状况相符，也正是通过他们的工作，我们才会对自己的业务有信心，才会有信心继续为公司服务，继续向公司投资。

可见，希勒认为，会计伦理是会计职业发挥作用的基本前提，会计职业需要揭示经济活动的诚信面。

资料来源：希勒. 金融与好的社会. 束宇，译. 北京：中信出版社，2012.

---

① 会计职业的公众利益导向是其有别于其他行业的特殊职业属性，大多数行业只对客户负责并维护客户利益；对于职业会计师而言，不论是内部会计师还是注册会计师，他们的“终极客户”都是社会公众。

名家解读
伦理困境应对

当职业会计师面临利益冲突时，应以公众利益为导向，且在保持客观公正的前提下，按如下优先次序处理或平衡各利益方的利益：首先是公众利益，其次是职业界利益，再次是与冲突相关的各方利益（冲突方利益），最后才是职业会计师个人利益，如图 1-2 所示。

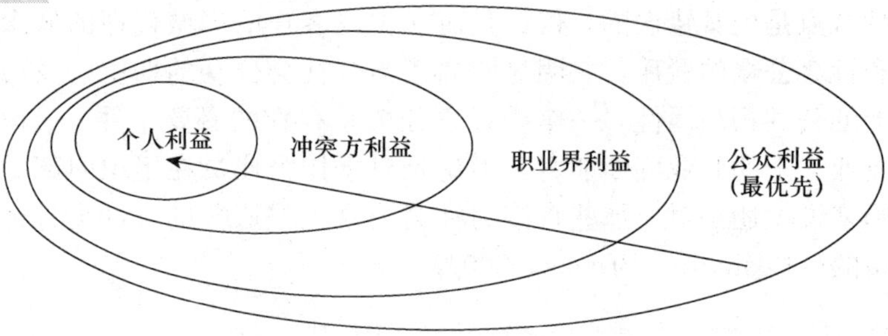

图 1-2　职业会计师的公众利益导向

在任何情况下，社会公众都会将特定组织内部提供的服务视作间接地为他们的利益服务。如前所述，所有职业会计师的主要工作是向社会提供重要的受托责任信息服务，其主要职责是为了保护最终使用者（社会公众）的利益而确保工作的准确性与可靠性。职业会计师需要深刻领会利益相关者（stakeholder）概念和组织的社会契约（social contract）概念。伦纳德 · J. 布鲁克斯（Leonard J. Brooks）描述了会计职业的特征、职责、权利和价值观，如表 1-1 所示。

表 1-1　会计职业的特征、职责、权利和价值观

要素	具体内容
特征	1. 为社会提供重要的受托责任服务 2. 需要更广泛的知识和技能 3. 培训和技能在很大程度上是智力性的 4. 通过会员制组织的自我管理予以监督 5. 对政府等权威机构负有责任
职责	1. 对客户和其他利益相关者的持续关注 2. 发展和保持所要求的知识和技能 3. 保持受托人关系中固有的信任 4. 展示有责任感的价值观的行为 5. 保持令人满意的个人声望 6. 保持职业的可信声誉
权利	1. 坚持按既定职业标准提供重要的受托服务 2. 制定职业的入门标准并考核候选者 3. 基于行为规范的自我管理和纪律惩戒 4. 参与会计与审计实务的发展 5. 进入与会计、审计发展相关的部分或全部领域

续表

要素	具体内容
价值观	1. 诚实 2. 正直 3. 建立在独立判断基础之上的客观性 4. 保持应尽关注职责的意愿 5. 胜任能力 6. 保密性 7. 承诺将社会公众、客户、职业、雇主或事务所的需要置于从业人员自身利益之上

第二节 会计伦理

道德作为指导行为的规范，调整的是人与人之间的关系。道德和伦理基本同义，人们常常把它们等同使用或联用（伦理道德）。伦理，就是人际关系之理，主要指处理人与人之间、个体与群体之间关系的基本原则，而道德既可以指处理人际关系的具体规范，也可以指人的品质。现在人们更多地说伦理学是关于道德的学问，伦理学研究的对象是道德或伦理道德。

第二节
即测即评

一、伦理理论流派

人们运用不同的方法研究伦理道德，形成了不同的伦理理论流派，主要有描述伦理学、元伦理学、规范伦理学、美德伦理学、应用伦理学、马克思主义伦理学等。

名家解读
伦理与道德概念

（一）描述伦理学

运用描述方法来进行研究的伦理学就叫作描述伦理学。这种伦理学的旨趣在于客观、科学地描述和研究各种道德现象，就像心理学客观地描述和研究各种心理现象。描述的方法可分为两种，一种是发生学的方法，也称历史的方法，另一种是比较的方法。发生学的方法主要探究各种道德现象的形成、发展、变化和消亡，探讨道德对其他各种社会现象（如经济现象）和个人生活的影响。比较的方法主要是把不同类型、不同时代、不同民族或不同文化的道德加以比较研究，揭示其异同，并探究造成异同的原因。

（二）元伦理学

元伦理学关心的是道德的语言和逻辑问题，对于各种道德的实质性内容，它是不关心的。元伦理学的方法可分为语言分析方法和逻辑分析方法两种。语言分析方法关注的是道德语言的意义，用分析哲学中的语义学、语用学、语形学的方法去考察道德语言。逻辑分析方法对道德规范、道德判断本身的内容和对错不予关注，它所关注的是道德规范和道德判断是如何得到论证的，论据是否充分，论证的方法是否正确，论证的过程是否合乎逻辑。尽管元伦理学不关心伦理道德的具体内容，不能为现实生活提供指导，但元伦理学所提供的方法对任何类型的伦理学都是有益的。

（三）规范伦理学

规范伦理学关注的是人的行为怎样才是道德的，它提出一系列道德规范，规定人们的行为应如何，不应如何。儒家伦理就具有规范伦理学的特点，它在处理自我与他人的关系时，提出了“己所不欲，勿施于人”和“己欲立而立人，己欲达而达人”这两条基本的规范。这两条基本规范又是“仁”（孔子把它解读为“仁者爱人”）这一根本的道德原则的体现，把这一根本的道德原则运用到君臣、父子等各种关系上，提出了处理这些关系的“忠”“孝”“悌”等规范。规范伦理学的门类繁多，方法也五花八门，但都有一个共同点，即确定一条或几条最基本的规范，再把它运用到各类具体的场合，提出各种具体道德规范，解决各种具体的道德问题。

（四）美德伦理学

美德伦理学关注的是人的道德品质，即如何使人成为有美德的高尚的人。美德伦理学深刻地指出，一个按照某种道德规范和道德义务而行动的人，其行为未必是道德的，因为他这样做未必出自真心，他的行为未必是他的道德品质的体现。因此，伦理学应该为人们制定行为规范，但更重要的是培养人的美德。

（五）应用伦理学

复杂的社会生活可分为许多既相互联系又各自独立的领域。每个领域都有自己的特殊性，都有一些其他领域所没有的独特的关系需要理顺和调整。在环境方面有人与自然、人与环境的关系，在商业领域有商家和顾客的关系，在企业内部有雇主和雇员的关系，在医疗领域有医务人员和患者的关系，在会计领域有会计从业人员和客户的关系，等等。与此相应，也形成了调整这些特殊关系的各种行为规范。例如，“顾客就是上帝”（商业伦理），“救死扶伤，实行革命的人道主义”（医疗伦理），等等。把伦理学的基本方法、一般原理和具有普适性的规范应用于各种特殊领域，就形成了各种应用伦理学——商业伦理学、环境伦理学、行政伦理学、医学伦理学、会计伦理学等。应用伦理学研究的是社会生活各具体领域的道德现象和道德规范，力图为社会各领域的各种社会角色（如会计从业人员）提供指导行为和工作的道德规范，提供做人做事的道德标准，展示成为模范的社会角色应具备的道德品质和理想人格。

上述几种伦理学派之间的关系如图1-3所示。基于元伦理学的逻辑分析及意义分析，描述伦理学、美德伦理学和规范伦理学获得了进一步发展，这些伦理学共同构成了理论伦理学。它们的立场、观点、方法可应用于具体领域、行业、家庭，从而形成了应用伦理学，如领域伦理、职业伦理、家庭伦理等。综观古今中外，许多伦理学说具有综合性。如儒家伦理学说，既有关于种种道德规范如“三纲五常”的大量阐述，也有关于修身养性成仁成圣方法的研究和体会，如“推己及人”“吾日三省”。因此，这一学说兼有规范伦理和美德伦理的性质。不仅如此，它还注重经世致用，有关于文人操守、士大夫节气和家庭伦理的种种论述，因此也包括应用伦理学的成分。

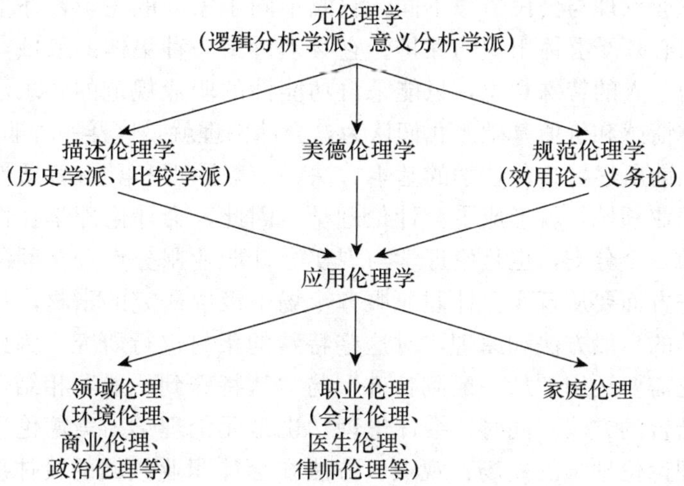

图 1-3 不同伦理流派的关系图

（六）马克思主义伦理学

在我国，马克思主义伦理学是占主流地位的伦理学，对我国人民的道德生活起着主导作用。马克思主义伦理学的基本方法是历史唯物主义和辩证唯物主义。历史唯物主义方法的基本点是从经济活动和物质利益出发来说明道德现象的形成、发展和变化，说明道德的本质、特征和作用。马克思主义伦理学不仅强调经济基础、物质利益对伦理道德的决定作用，而且重视伦理道德对经济基础和利益关系的反作用。这是辩证法在马克思主义伦理学中的运用。例如，在公共利益和个人利益的相互作用和长期博弈的过程中，形成了“先公后私，公私兼顾”的道德规范；而这一规范一旦形成，就会反过来对它所赖以形成的利益关系发挥调节作用，起到促进公共利益，同时维护个人正当利益的作用。马克思主义伦理学还重视伦理道德与上层建筑中的政治和法律等的相互作用，这也是辩证法的体现。马克思主义伦理学为我们提供了研究人类社会的伦理道德现象的科学方法。

二、会计伦理学的性质

埃米尔·涂尔干在《职业伦理与公民道德》中指出：“任何人要想生存，就必须成为国家的公民。不过，显而易见的是，有一类规范却是多样化的；它们共同构成了职业伦理。”涂尔干的职业伦理思想强调了职业伦理的独特性在于它紧密关联于特定职业的实践活动和目标。这种特色的伦理体系不仅规定了从业人员应当遵循的行为准则，还反映了该职业对社会责任、专业精神和服务质量的独特理解。因此，职业伦理与其他公共道德规范在内容、适用范围和强度上存在差异。渠敬东（2014）指出，涂尔干所说的多样性的规范即不同职业的职业伦理。不同职业组织所规定的义务往往差别很大，教师、商人、军人等职业，其规范性的要求不仅不同，有些甚至是对立的。这就是说，职业伦理与公民道德不同，它既不同于家庭的逻辑，亦不同于国家的逻辑，而必须受群体组织的保护。它必须诉诸一种集体的权威，而这种权威不可归为个人的特殊意志，只能来自功能性的职业规范的要求，以及共同生活的集体情感和价值基础。我们认为，会计伦理就是这样一种职业伦理。

如前所述，将伦理学的基本方法、一般原理和具有普适性的规范应用于会计职业领域，就形成了会计伦理学。因此，会计伦理学在性质上是应用伦理学的一个分支，也是伦理学与现实会计职业服务市场之间的中介。会计伦理学一方面要从现实会计职业服务市场中汲取研究的素材，另一方面要运用伦理学的一般方法和原理，对这些特殊的素材进行研究。因此，会计伦理学的研究需要运用“从一般到特殊”与“从特殊到一般”相结合，即演绎与归纳相结合的方法。同时，会计伦理学也是元伦理学、美德伦理学和规范伦理学等理论伦理学的立场、观点、方法在会计职业领域的具体应用。因此，作为应用伦理学分支的会计伦理学亦具有综合的性质。

会计伦理学是一门以会计职业道德为研究对象的科学，即一整套有关会计职业精神、职业价值观与职业道德规范的理论体系。会计伦理学的主要研究对象包括：（1）会计伦理的起源与历史发展；（2）会计职业的基本特征、职业精神与职业价值观；（3）会计职业道德的概念框架、基本原则与具体规则；（4）会计职业道德规范体系的实施、惩戒与治理。

三、会计伦理的基本功能

会计职业服务的需求者（社会公众）与供给者在进行市场交易时，须就该项交易签订合约，对服务的品种、质量、交易金额、完成日期等条款加以约定。然而，会计职业服务作为一种无形商品，其质量如同会计信息的质量一样是难以观察的，需求者与供给者处于关于服务商品质量的信息分布严重不对称状态，需求者处于信息劣势地位。那么，如何在交易合约中对服务商品的质量做出妥帖与周密的约定呢？实践证明，直接、明确、量化的约定是无法达成的，只能通过对该种无形商品的生产、提供程序和行为等方面加以约定，间接地实现质量的控制、保证与提高。因此，对职业会计师的职业服务的生产、提供程序的约定就构成了该种商品交易合约的一个重要组成部分，或可视为一份子合约。这一约定主要包括两部分内容：一是关于该商品生产、提供程序的技术方面的约定；二是关于该商品生产、提供过程中供给者（职业会计师）与相关利益当事人交互行为方面的约定。在某种意义上可以认为，会计职业服务商品的质量就是这两者的函数。其中，前者作为专业技术是逐渐累积和发展的，表现为各种专业技术标准（如会计准则和审计准则等）；后者就是会计伦理与职业道德规范，它与前者共同构成职业会计师的技术标准与伦理道德规范。后者是前者发挥作用的前提和基础条件，因为职业会计师在提供服务的过程中，存在主观判断（即所谓职业判断）和机会主义行为。

在此意义上可以认为，会计伦理在其性质上是一份会计职业服务市场中关于职业服务质量的公共合约（public contract）。早期的社会契约论认为，政府和社会之间的权力关系是基于一种契约或协议，这种契约精神为公共合约提供了理论基础。具体来说，会计伦理作为一份合约，其内容是对职业会计师与相关利益当事人交互行为方面的约定，明确界定职业会计师的行为空间，其功能是指导、评价和教化职业会计师。经过会计职业服务市场的长期发展，这些职业行为标准逐渐得到公认和标准化，得以从各单份交易合约中独立出来，由会计职业团体或相关监管部门发布，对全体职业会计师均具约束力，成为一份隐性的公共合约。虽然从表面上看，会计伦理这一隐性的公共合约仅是会计职业界自身达成的，但实质上是会计职业界作为职业服务的供给者与其需求者（社会公众）共同签署的。

拓展阅读
会计职业道德之性质与实施：契约理论视角的解说

本章小结

通过本章的学习，我们深刻理解到各类组织及整个社会都是建立在一个巨大的受托责任网络之上的，在受托责任履行过程中，职业会计师扮演关键的角色，提供关于受托责任履行情况的公允信息及其可靠性之鉴证。各种类型的职业会计师在受托责任认定、计量与报告系统中是环环相扣的一个有机整体，具有相同的职业角色与属性。会计职业服务的质量会直接影响经营者、投资者、债权人等社会公众的利益，进而影响整个社会的经济秩序。因此，公众利益导向是会计职业赖以生存和发展的重要基础，是会计职业的本质特征。

通过本章的学习，我们还了解了不同的伦理理论流派，理解会计伦理学在性质上是应用伦理学的一个分支，也是伦理学与现实会计职业服务市场之间的中介。会计伦理学的研究需要运用“从一般到特殊”与“从特殊到一般”相结合，即演绎与归纳相结合的方法。同时，会计伦理学也是元伦理学、美德伦理学和规范伦理学等理论伦理学的立场、观点、方法在会计职业领域的具体应用，具有综合性。会计伦理学是一门以会计职业道德为研究对象的科学，即一整套有关会计职业精神、职业价值观与职业道德规范的理论体系。会计伦理在其性质上是一份会计职业服务市场中关于职业服务质量的公共合约，其内容是对职业会计师与相关利益当事人交互行为方面的约定，明确界定职业会计师的行为空间，其功能是指导、评价和教化职业会计师。

关键术语

会计职业
职业会计师
注册会计师
代理理论
剩余索取权
公众利益
信任差距
元伦理学
美德伦理学
马克思主义伦理学
会计职业精神
职业道德规范
会计伦理
单位会计人员
受托责任
企业契约理论
财务报告供应链
期望差距
描述伦理学
规范伦理学
应用伦理学
会计伦理学
职业价值观
公共合约

本章知识点回顾

关键术语解释

思考题

1. 受托经济责任履行及计量过程中包括哪些关键环节？
2. 阐述职业会计师在财务报告供应链中所扮演的角色与功能。
3. 为什么会计职业必须以公众利益为导向？职业会计师应如何平衡各利益方的利益？
4. 阐述会计职业的基本特征、主要职责及职业价值观。
5. 存在哪些不同的伦理理论流派？它们之间的关系如何？
6. 阐述会计伦理学的性质及会计伦理的基本功能。

案例讨论与分析

案例一 会计师伦理与工程师伦理:《工程师的反叛》之启示

工程师可能是与会计师相似性最强的职业，它们都对社会经济发展起到基础性的作用，它们职业分布的广泛性及对职业伦理、纪律与素质的要求都十分接近。爱德温·莱顿在《工程师的反叛》一书中讲述了工程师职业是怎样从壁垒森严的专家型职业变成商业气息浓郁的职业的。

工程师职业主义的困境

这本书描述了现代工程师的多重面具："工程师既是科学家也是商人。工程师是一种科学职业，然而对工程师工作成果的检验并不在实验室，而是在市场中。科学和商业的目标时刻会在两个相反方向拉扯工程师。"

书中写道："工程师的起源伴随着雇主所要求的科层制忠诚和职业主义所隐含的独立性要求之间的矛盾。"当一个专家型工程师同时是一个经营企业的商业经理或谋利商人时，身份冲突就成为必然，工程师的一切行为不可避免地以商业利益为首要选择，而商业利益现实中所遵循的就是商人们的眼前短期利益。于是，工程师在现实中更多背离了职业主义的要求，更多兑现商业要求，从而带来了全社会对工程师职业的极大失望和越来越多的严厉批评。那么，工程师职业是怎样偏离职业主义轨道而陷于金钱利益至上的商业短期利润最大化困境的?

在美国，工程师成为职业以后，工程师们表现出对自身社会地位如痴如醉的追求。这种社会地位并不只是收入和权力的提升，更在于全社会的尊重与认可。为此，工程师职业界达成了共识，为了获得更高的社会地位，必须体现更高的社会责任感。这种社会责任感的提升，完全取决于工程师职业体现的职业精神。关于这种职业精神的重要性，美国杰出工程师万尼瓦尔·布什 1939 年对丧失职业精神的后果做出了十分精辟的论断："我们可能沦为被操控的雇员，丧失自己的独立性。我们可能得出这样的结论，我们只不过是人类社会中又一个群体而已……缺乏崇高理想，唯命是从，唯利是图，在文明团体伟大力量的冲突之间随波逐流。"

会计师应有的职业价值观

职业主义要求会计师与工程师一样认同职业价值观。这种职业价值观包括以下三个方面。

(1) 自治。自治表现在两个层面：一是行业组织对从业者提出从业要求；二是在企业或机构中，职业行为具有自决权力。作为职业工作者，必须有医生那般的处方权，雇主可以"不按处方抓药熬药用药"，但不能干扰医生开出什么处方。会计师工作亦是如此，必须按公认会计准则处理经济业务，向各方报告会计信息，雇主可以不信或不用会计信息，但不可以要求会计师按其意愿和想象生成各种会计信息。

（2）职业工作的同行控制。凡是能成为职业并服从职业主义的工作，其对社会一般都具有至高无上的价值。从这个意义上说，整个社会的职业工会，只是为了实现这种至高无上价值的组织保障。失去了这种保障，在“科层制忠诚”冲击下，职业本身的性质很容易“变异”，职业行为操守在日常很难得到坚守。当然，职业工会如何拥有坚守职业使命的权力和动力并使之不沦为谋取行业利益的工具，这是整个社会制度设计时必须考虑的。

（3）公众利益与社会责任。公众利益与社会责任集中体现在两方面：对内自我监督检查以避免从业者滥用的责任，对外制定充分准确体现社会赋予职业使命规范的责任。社会责任的确立使任何职业都可以免受“科层制忠诚”对职业使命的冲击。会计行业各种法规与准则、独立审计、政府会计监管制度及行业协会自律管理，都是为了最大限度为会计行业切实履行其职业产生之初向社会所做出的基本承诺提供充分的制度性保障。

职业精神瓦解的可能性

当工程师与会计师进入商业高层后，彻底瓦解了他们对自身职业精神的认同。时代发展至今，这种职业主义与商业价值观的冲突依然存在且愈加激烈和复杂，以至于对立的双方谁也不能离开对方而独立存在。《工程师的反叛》中写道：“现代商业需要非常深奥的技术知识，只有职业人员才能提供。技术人员需要组织来应用他们的知识。与科学不一样，技术不能为了自身而存在。关于这个问题，人们一直在寻找合适的平衡和协调机制。对于美国工程师而言，这个平衡已经过度向商业方向倾斜，协调机制也在很大程度上服从雇主的主张。工程师的职业独立性被彻底地剥夺了。”

同时期的会计师何尝不是如此？乔尔·塞里格曼在《华尔街的变迁：证券交易委员会及现代公司融资制度演进》一书中，对20世纪20—60年代美国会计界对企业合并应该采取购买法还是权益联营法的争议事件，再清楚不过地说明，会计准则制定以及业务技术方法选择已完全服从于商业利益，会计准则并不是会计行业首要遵循的原则了。尽管安然事件等一系列大公司会计舞弊案引发了美国会计界从“准则导向”向“原则导向”转变的呼吁，但客观审视近20年美国会计准则和具体实务以及会计学术研究呈现的迹象，商业利益至上的风格仍十分明显，职业主义精神始终是会计界陷于各种困境时的一块“遮羞布”。联系当今会计与审计界现实，国际会计准则提及的“会计中立”身份和审计界公认的“独立性”原则，更像是一句根本无法验证且难以兑现的“呓语”。

对此，美国畅销书作家约翰·布鲁克斯在《沸腾的岁月》一书中说得更直白：“会计师这个高尚而令人自豪的职业，为什么开始堕落？老式传统太根深蒂固了，会计师太过专注于披露原则，却没有意识到，诚实的披露甚至有可能被用来撒谎，迷惑那些没有受过训练或者不太谨慎的投资者。企业越来越壮大，大量的资金和随之而来的权力卷入其中，会计师开始考虑什么是合法的，而不考虑什么是符合良知的，并或多或少地接受公司管理层的摆布。为了赚钱，向管理层出卖灵魂似乎也不是什么了不起的事。会计师开始接受公司的想法，再也不考虑自己的独立性和批判性，以及司法上的审查员身份，而把自己当作管理层的一部分，当作公司团队的一员。会计角色定义出了问题，正在失去它的灵魂，从本义和程度上都是如此。”

会计伦理：路在何方？

如何摆脱困境？《工程师的反叛》一书并未给出答案，该书的结语是“科学职业主义的兴起”，意在唤起工程师对职业主义及职业精神的关注、认同和坚守。但作者又提醒我们，这似乎是一个不可能完成的任务。作者认为，工程师只有获得一种更新的社会意识，才有可能激活内在职业精神，重塑职业主义，实现人类社会的职业理想。

可见，彻底摆脱会计伦理困境，让会计师找回本属于自己的“灵魂”，必须重塑会计职业精神。怎样在商业利益至上的环境中坚守职业操守，是当代会计行业必须思考并需要社会整体层面做出科学合理的顶层制度设计的现实话题。

资料来源：杨雄胜，陈丽花，缪艳娟，等. 中国会计发展. 立足国际大背景的战略思考. 会计研究，2018（11）：12.

案例要求：

1. 工程师职业与会计师职业在职业性质与职业特征上存在哪些异同？

2. 基于伦理理论，职业性质与职业特征是如何影响并决定职业精神与职业价值观的？

3. 现代会计师主要面临哪些职业伦理困境？这些伦理困境与经济社会环境存在哪些相关性？

4. 应该如何探寻现代会计的职业精神？会计伦理的有效实施需要哪些顶层的制度设计？

案例二　公众利益导向——中国会计伦理建设新成果

2020 年 12 月 17 日，中国注册会计师协会（以下简称中注协）修订发布《中国注册会计师职业道德守则（2020）》和《中国注册会计师协会非执业会员职业道德守则（2020）》（以下简称两项《守则》）。这是时隔 11 年，中注协对两项《守则》进行的全面修订。业内人士表示，职业道德是会计行业立足的基石，此次修订意义重大。

维护公众利益　与国际动态趋同

会计信息质量高低将直接影响市场经济秩序和市场有效性。我国自 2020 年 3 月 1 日起施行新修订的《中华人民共和国证券法》（以下简称《证券法》），全面推行注册制，更大程度地发挥资本市场在资源配置中的作用，信息披露的重要性更加凸显。这对作为会计信息披露质量“看门人”的注册会计师的诚信和职业道德水平提出了更高的要求。

中注协相关负责人表示，两项《守则》坚持以维护公众利益为宗旨，进一步加强了独立性要求以保障审计质量，同时吸收借鉴《国际会计师职业道德守则》的最新成果，保持与国际守则的持续动态趋同。

方正证券股份有限公司副总裁尹磊告诉记者，两项《守则》的全面修订，顺应了资本市场与国际接轨推行注册制的发展需要。其中，明确提出注册会计师以维护公众利益为宗旨的总体原则，这主要是由注册会计师职业的特殊性决定的。由于注册会计师提供的服务受益人并不仅仅是委托人，实际上是投资者、债权人等社会公众，注册会计师须向社会公众对自己的服务结果承担责任。因此，注册会计师应牢记自己是社会公众利益的代言人，应本着为社会公众利益负责的态度开展审计工作。

《中国会计研究》(CJAS) 联合主编陈汉文教授表示，注册会计师的职业道德水平是决定审计质量的重要因素。两项《守则》的修订发布非常及时，为审计的国家战略实施提供了重要的微观道德基础。他指出，2020年瑞幸事件触发了世界级的会计职业道德风波，以致出现第二轮中概股危机并催生美国颁布《外国公司问责法案》，对我国资本市场的发展产生长期的不利经济后果。在两项《守则》的修订中保持高度的、持续的国际趋同，也有利于弥补中国职业会计师（包括单位会计人员和注册会计师）职业道德水平的国际期望差距。

安永华明会计师事务所主任会计师、华北区主管合伙人张明益表示，两项《守则》进一步对注册会计师诚信、独立性和职业道德等方面予以明确，强化了维护公众利益的效果。同时，增加了对公众利益实体审计方面的要求，比如：会计师事务所为某一公众利益实体审计客户提供审计服务的时间达到10年或以上应当采取的防范措施；要求会计师事务所强化质量管理的环节及其在政策和程序中的执行，以达到轮换的实施效果等。

中天运会计师事务所执行董事杨晨辉也强调，职业道德是注册会计师职业形象的内核，是注册会计师服务社会的行为指南，是行业被社会、市场认可的基础。只有在职业道德的规范指导和统筹之下，注册会计师具体的职业准则和职业行为才能够成为"有根的一棵树"。

完善职业道德框架　切合中国实际

"本次修订完善了职业道德概念框架，对于应对违反法律法规行为、利益冲突等涉及公众利益较多的方面，提出了更严格的要求并提供了更为详尽、具体的指引。"中注协相关负责人强调，两项《守则》在吸收借鉴《国际会计师职业道德守则》最新成果的同时，还注重结合中国实际，考虑将中华优秀传统文化和社会主义核心价值观融入职业道德基本原则。

陈汉文表示，两项《守则》为注册会计师提供了解决道德困境的通用工具与决策方法，可以使职业道德规则的执行更具体化、流程化。此外，在本质上，概念框架法隐含了原则导向思想，利于将各项基本原则逻辑一致地运用于具体规则，并在具体规则无法穷尽的领域通过概念框架的应用以指导基本原则在这些领域的适用。

“这有效解决了注册会计师职业道德守则体系不够全面，部分条款只有原则指导，可执行性差的问题。”尹磊指出，两项《守则》不仅有原则性的指导，还全面梳理了具有针对性的防范措施。更加强调不利影响与可采取的防范措施之间的对应联系，使防范措施与不利影响更好地匹配。

张明益进一步表示，面对来自不同行业、背景和特性的客户，在不同的处境和职业道德问题上不可能有统一的解决方法。列举可能应对不利影响的防范措施，更有利于注册会计师充分理解并有效运用职业道德概念，帮助其提升解决不同职业道德问题的能力。此外，两项《守则》新增与应对违反法律法规行为相关的规定，也将进一步帮助注册会计师应对以往在实务中面对的挑战。

杨晨辉指出，职业道德的有效性还依赖于良好的执业环境，不仅包括市场环境，还与人文环境息息相关。两项《守则》所体现的中华优秀传统文化与社会主义核心价值观，兼顾了我国注册会计师行业的职业特点和文化环境，更有利于两项《守则》的执行。

让职业道德成为行业共同遵循的基本理念

如何让职业道德成为行业共同遵循的基本理念，在每一个执业人员以及每一个项目中有效贯彻执行，是两项《守则》发布后的一个重要话题。对此，杨晨辉认为，让两项《守则》具有现实的约束力是关键所在。这种约束力主要体现在内在和外在两个层面。其中，内在的约束力来自每一个执业人员对职业定位、职业价值、公众利益的认知和认可，外在的约束力来自其对职业的敬畏感。杨晨辉表示，诚信、公正、正直等要求是内在约束力的体现，而真正让内在约束力发挥作用，需要将职业道德教育贯穿行业从业人员职业生涯的始终。独立性、专业胜任能力等要求则是外在约束力的体现，外在约束力更加具体、清晰。

张明益也指出，继续加强注册会计师后续教育和文化建设十分重要。不仅要注重注册会计师的技能和专业知识培训，还应加大对职业道德教育的重视和培训力度。同时，要提高业内对职业道德的关注度和风险意识，鼓励企业将审计质量以及注册会计师的职业道德水平作为挑选事务所的重要标准。积极构建全行业自律管理体系，与国际职业道德组织并肩而行，让大、中、小型事务所就不同的情况对职业道德的实务问题进行交流，集思广益，保持行业职业道德水平的一致性。

“除了注册会计师个人层面需要提高职业道德意识与修养，还有更重要的两个方面。”陈汉文认为，一是要构建包含事务所文化、治理结构、首席道德官制度、事务所伦理型领导力、事务所质量控制与吹哨制度等在内的注册会计师职业道德的内部治理机制；二是要完善注册会计师职业道德的外部治理机制，包括媒体监督、协会监管、政府监管与法律监督等要素。

尹磊进一步表示，提高注册会计师违规成本，采取以德引导与依法管制相结合的方式来倒逼注册会计师践行职业道德守则，提高专业胜任能力，有利于从根本上提高会计信息披露质量。比如，持续完善对注册会计师违规造假行为处罚办法和提高法律执行力度，加大有关责任人的惩罚力度，把违反职业道德的行为纳入处罚范围。进一步完善中介服务资信评级规则体系，加强行业信用管理、诚信档案、事务所信用评级等制度建设。采取行业自律与舆论监督、政府监管相结合的方式，一旦注册会计师或会计师事务所违规造假，将直接纳入信用体系，并影响其未来执业。

此外，陈汉文强调，在数字时代，审计职业面临新的变革，也会产生新的职业道德问题。因此，未来可以考虑研究并增加数字时代注册会计师职业道德规则方面的内容。尹磊也指出，注册会计师行业应加强对创新行业的学习，加强对信息技术手段的运用，与时俱进，提升自身专业胜任能力，适应注册制下发行人的多样性对注册会计师的执业水平提出的更高要求。

资料来源：高歌. 提升道德标杆 推动行业诚信建设. 中国会计报，2021-01-15（1）.

案例要求：

1. 中注协最新修订的职业道德守则为什么要强调公众利益导向？

2. 职业道德概念框架有哪些作用？它在会计伦理学中具有哪些作用？

3. 修订的职业道德守则在哪些方面契合当前中国的商业与资本市场环境？

4. 在当前新时代的背景下，如何才能让遵守职业道德成为会计行业共同的理念与价值观？

第二章

会计舞弊与道德行为

总书记论道德

核心价值观，其实就是一种德，既是个人的德，也是一种大德，就是国家的德、社会的德。国无德不兴，人无德不立。如果一个民族、一个国家没有共同的核心价值观，莫衷一是，行无依归，那这个民族、这个国家就无法前进。

——2014 年 5 月 4 日，习近平在北京大学师生座谈会上的讲话

素养提升

1. 基于对全球会计舞弊现状的分析，深刻认识到会计舞弊行为在微观、中观和宏观上的危害，进而意识到中国经济和资本市场的健康发展必须以遵纪守法和良好道德行为作为基础和前提。

2. 通过了解会计职业道德的性质，在内心深处体会到会计职业道德是自律与他律的辩证统一，是行为约束与核心价值的辩证统一，以中华优秀传统文化对自身的职业道德进行体悟、修炼与实践。

学习目标

1. 了解全球及中国会计舞弊之现状，包括舞弊的类型、方式、手段与后果；

2. 学习并深刻理解舞弊的动因理论以及舞弊行为的道德决策过程；

3. 了解与区分会计师对职业道德认知与判断的六个不同的发展阶段，理解会计职业道德在性质上是典型的他律与自律的辩证统一、行为约束与核心价值的辩证统一；

4. 学会分析会计职业道德风险并设计职业道德风险的治理系统。

思维导图

引例

泽达易盛：舞弊编织的梦幻泡影

2020 年 6 月 23 日，泽达易盛科技股份有限公司（以下简称泽达易盛）在上海科创板上市，以其在食品、药品信息化领域的卓越表现，吸引了无数投资者的目光。其卓越业绩背后是其连续 6 年虚增营收超 36 亿元，直至 2022 年 3 月董事长林某、财务总监兼董事会秘书应某被调查，其由舞弊编织的梦幻泡影终破灭。

2022 年 11 月 18 日，科创板上市公司泽达易盛发布关于收到中国证监会《行政处罚及市场禁入事先告知书》的公告。中国证监会调查发现，泽达易盛存在开展虚假业务虚增收入、财务披露造假、未如实披露关联交易、虚增在建工程等一系列违法违规行为。其中，最重大的问题在于虚假业务虚增收入。泽达易盛在 2016—2019 年累计虚增营业收入 34.23 亿元，虚增利润 1.87 亿元，在科创板成功上市后，在 2020—2021 年累计虚增营业收入 2.23 亿元，虚增利润 1.09 亿元，连续 6 年财务造假，累计虚增营收超 36 亿元。更离谱的是，2020 年“过半”收入为虚增，当年泽达易盛虚增营业收入 1.52 亿元，占当期收入的 59.5%，虚增利润 8 247 万元，占当期利润的 89%。

此外，泽达易盛于 2017—2019 年累计购买杭商资产私募基金产品 2 亿元，上述资金经杭商资产实际转入泽达易盛关联方，泽达易盛未按规定如实披露上述关联交易。在《招股说明书》的华丽辞藻下，泽达易盛巧妙地隐藏了与关联方的资金往来和私募基金投资的真相，构成了对投资者知情权的严重侵犯。公司还存在秘密股权代持。经查，隋某力通过梅某、杨某合计持有泽达易盛 870 万股，持股比例 13.96%，而泽达易盛未按规定如实披露上述股权代持，使得公司的股权结构更加扑朔迷离。

2023 年 4 月，因涉嫌欺诈发行，上交所依法对泽达易盛启动重大违法强制退市，并对公司及有关责任人予以纪律处分。因涉嫌欺诈发行、信息披露违法违规等，中国证监会拟对泽达易盛给予警告，并处以 8 600 万元罚款。此外，公司相关责任人也被问责，6 名高管拟合计被罚 6 500 万元，作为“看门人”的保荐机构——东兴证券也被中国证监会立案调查。

泽达易盛舞弊的动因是什么？你认为泽达易盛非道德行为的诱发机理是什么？泽达易盛会计舞弊的经济后果包括哪些？如何事先识别职业道德风险？

如本章引例所述，会计舞弊具有严重的经济后果。世界范围内会计舞弊（accounting fraud）、财务丑闻（financial scandal）与审计合谋（auditing collusion）案件的持续发生，使得舞弊行为与职业道德问题在 21 世纪仍然是经济发展所面临的严峻挑战。职业会计师在许多情况下面临会计舞弊与道德行为的困境。为此，本章将在前述会计职业与会计伦理相关理论的基础上，重点阐述会计舞弊行为的现状、舞弊行为的道德决策、职业道德的性质和职业道德风险的分析框架。

第一节　会计舞弊

从历史来看，1720 年的英国南海公司事件、1929 年的美国股市大崩溃、21 世纪初的安然丑闻、2020 年的瑞幸事件等，这些都是会计舞弊行为引发严重经济后果的典型案例。进入 21 世纪，随着经济全球化以及资本市场国际化的快速发展，会计舞弊与职业道德问题的严重性已经引发全球主要市场经济国家的关注。

第一节
即测即评

一、全球会计舞弊情况

会计舞弊[1]行为由利益驱动，埃利奥特和威林哈姆（Eliott and Willingham，1980）较早定义了会计舞弊，认为会计舞弊是指管理者通过重大误导性财务报告实施的有损股东和债权人等相关者利益的蓄意欺诈行为。美国反舞弊性财务报告委员会（Committee of Sponsoring Organizations of the Treadway Commission，COSO）在 1987 年发布的报告中将财务报告舞弊定义为：由于故意或轻率的行为，导致出具虚假或重大遗漏的误导性财务报告，对投资者决策产生实质性影响的行为。美国反舞弊性财务报告委员会在 1999 年发布的报告中认为，财务报告舞弊是在财务报表或财务披露中存在的蓄意错报，或从事对财务报表或财务披露有重大直接影响的非法行为。美国注册

① 本书对会计舞弊概念作广义理解，它包含以下相互关联、相互交叉又相互区别的一组概念：会计信息失真（distortion of accounting information）、财务舞弊（financial fraud）、财务报告舞弊（financial report fraud）、盈余操纵（earning manipulation）、盈余管理（earning management）、管理舞弊（management fraud）、报表粉饰（window dressing）、会计丑闻（accounting scandal）、腐败（corruption）、资产挪用（asset misappropriation）等。

舞弊审查师协会（ACFE）则认为，会计舞弊是有意或故意地错报或漏报重要事实，或者提供误导性或与其他信息一并考虑时将导致阅读者改变或调整其既有判断或决策的会计信息的行为。此外，美国注册会计师协会（AICPA）2002 年发布的《审计准则公告第 99 号》（SAS No. 99）指出，会计舞弊是为了欺骗财务报告使用者而对财务报告列示的数字或披露进行有意识的错报或漏报，这些有意识的错报或漏报导致财务报告在所有重大方面未能与公认会计准则（GAAP）保持一致。

综上可见，会计舞弊行为的本质是对会计职业道德的严重违背，它在微观上会损害投资者、债权人等利益相关者的切身利益，在中观上会破坏证券市场的资源配置效率，在宏观上会对国民经济的可持续发展造成严重阻碍。

名家解读
会计舞弊的危害及全球会计舞弊状况

21 世纪以来，安然、世界通信、南方保健、瑞幸咖啡、恒大集团等知名企业的一系列重大会计舞弊丑闻沉重地打击了投资者信心，侵蚀了市场信用基础，使会计舞弊演变成一个世界性顽疾，并呈现出愈演愈烈的态势。全球最大的反舞弊组织 ACFE 对全球会计舞弊行为进行了长期的持续调查研究，每两年发布一次研究报告，最新版为《2024 全球舞弊研究报告》（Occupational Fraud 2024：Report to the Nation，简称 2024-ACFE 报告）。通过对分布在全球各地的 5 万多名注册舞弊审查师的网络问卷调查，2024-ACFE 报告共收集了 2022 年 1 月至 2023 年 9 月 138 个国家和地区真实发生的 1 921① 个会计舞弊案例。这些案例详细介绍了舞弊采用的方法、损失、受害组织、舞弊者、发现舞弊的方法及组织在发现舞弊后采取的措施。

ACFE 根据 2 000 多名反舞弊专家的长期经验、按照发生舞弊企业年度收入的 5%的均值进行粗略估计，这一期间全球会计舞弊行为导致的潜在总损失高达约 5 万亿美元。② 表 2-1 是 2024-ACFE 报告给出的舞弊案例的主要地区分布、案例占比③及其损失中位数。

表 2-1　2024-ACFE 报告中全球舞弊案例的地区分布等情况

地区	案例数	占比	损失的中位数/万美元
美国和加拿大	623	38%	12

① ACFE 特别声明，这个数据并不代表在这期间全球实际发生的舞弊案例总数，只是各地注册舞弊审查师在问卷调查中有效反馈的案例数。

② 这个数据是 ACFE 根据反舞弊专家的估计方法推算出来的全球会计舞弊所导致的潜在总损失，参照的是 2022 年世界生产总值 101 万亿美元的 5%，并非本报告的 1 921 个案例的实际总损失。ACFE 认为，本报告的 1 921 个案例的直接损失总额只是全球所有会计舞弊行为潜在总损失的很小一部分。本报告 1 921 个案例的直接损失（不包括声誉损害、合作方关系损害等间接损失）的均值为 166.22 万美元，损失总额为 31 亿美元。

③ ACFE 指出，这个占比不应该被理解为各个地区发生会计舞弊的概率，特定地区进入本报告的案例数量和分布在该地区的注册舞弊审查师的数量高度正相关，因为本报告是通过分布在全球各地的注册舞弊审查师进行案例收集的。

续表

地区	案例数	占比	损失的中位数/万美元
撒哈拉以南的非洲	299	18%	12.8
亚太	183	11%	20
拉丁美洲和加勒比海	93	6%	25
西欧	117	7%	18.1
东欧和中西亚	66	4%	20
南亚	124	8%	10
中东和北非	119	7%	16.3

ACFE将广义的会计舞弊行为分为三大类别：腐败、资产挪用和财务报表舞弊，ACFE给出的舞弊分类树如图2-1所示。ACFE发现，尽管随着时代变化，电子支付以及商业科技化给组织带来很多改变，但舞弊方法的本质并没有很大改变。2024-ACFE报告发现（见图2-2），在单独的舞弊行为中，资产挪用发生的概率最高（达51%），财务报表舞弊发生的概率最低（仅为1%），而腐败发生的概率居中（10%）；在组合的舞弊行为中，有35%的案例进行资产挪用并伴随腐败，有2%的概率会出现这三类舞弊行为同时发生（腐败+资产挪用+财务报表舞弊）。总体而言，在1 921个舞弊案例中，涉及腐败、资产挪用、财务报表舞弊的案例分别占比48%、89%、5%。

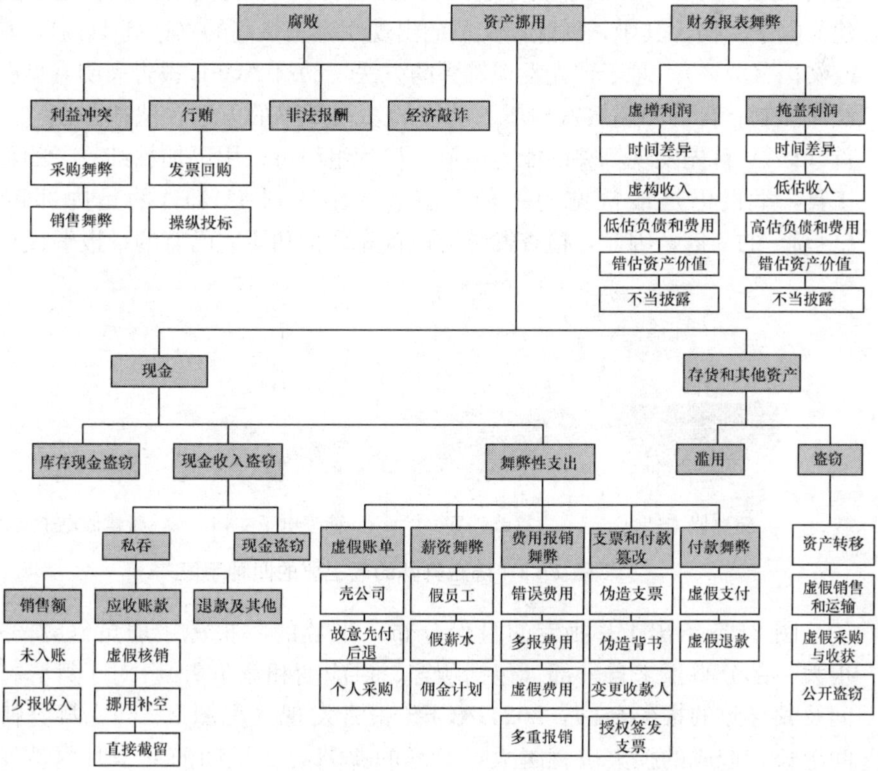

图2-1 ACFE舞弊分类树

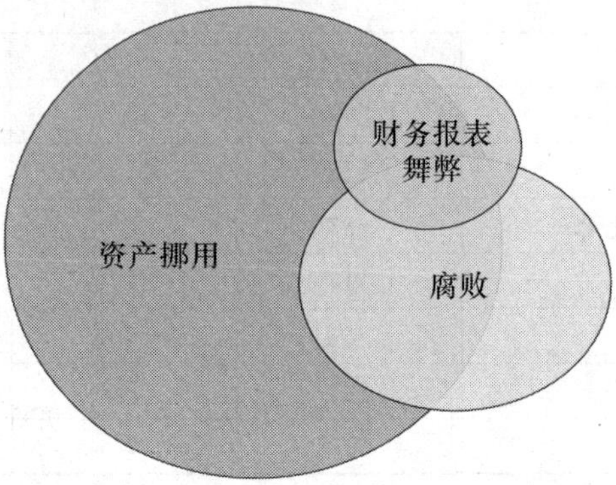

仅资产挪用	51%
资产挪用+腐败	35%
仅腐败	10%
腐败+资产挪用+财务报表舞弊	2%
资产挪用+财务报表舞弊	1%
仅财务报表舞弊	1%
腐败+财务报表舞弊	<1%

图2-2　舞弊实施的类型

对于隐藏会计舞弊行为的手段，2024-ACFE报告发现（见图2-3），舞弊者最常用来隐藏舞弊的手段分别是新建假文档、篡改档案、篡改电子文档和新建假电子文档，其中，新建假文档的出现频率是最高的（达到41%），其次是篡改文档（37%）。对于首先发现舞弊的方法，2024-ACFE报告表明（见图2-4），法律强制、自首和偶然发现属于消极的发现舞弊的方法，法律强制（2%）、自首（1%）首先发现舞弊的能力最弱。尽管组织可以用更加精细复杂的舞弊发现工具，举报仍是最常见的一种方法（占比达到43%），约是内部审计方法（14%）的3倍，因此，检查舞弊应该首先评估和研究已有的举报事宜。

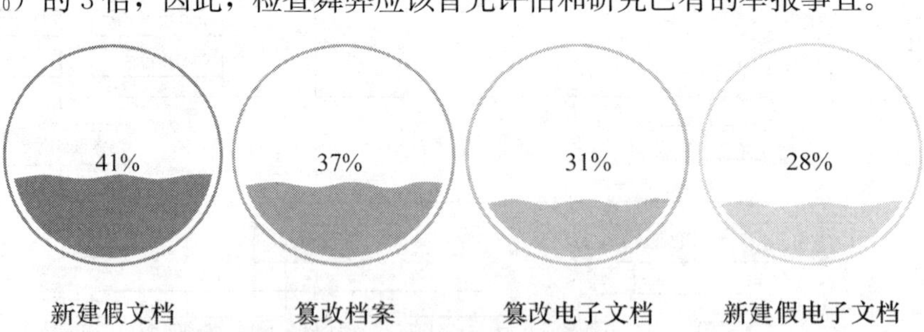

图2-3　隐藏舞弊的最主要的四种手段

图2-5给出了举报者的身份分布，半数的举报源于雇员（52%），也有很大一部分举报来自外部（包括顾客、供应商和竞争者）。对于舞弊持续的时间及其导致的损失金额，2024-ACFE报告发现（见图2-6），舞弊持续的时间越长，造成的损失也就越大，31%的舞弊会在早期的6个月内被发现，约26%的舞弊行为在被发现之前至少已经存在了2年。运行一个设计良好并有

效实施的反欺诈控制系统是会计舞弊风险管理的基本原则之一。但是，任何特定控制或控制组合的存在并不能保证欺诈不会发生。事实上，如图 2－7 所示，当欺诈发生时，受害组织中已实施了许多反欺诈控制措施。最常见的反欺诈控制措施是行为准则（85％的受害组织已实施）、财务报表的外部审计（84％的受害组织已实施）和内部审计部门（80％的受害组织已实施）。为了解不同的反舞弊措施在打击舞弊方面的效果，2024-ACFE 报告比较了有反舞弊措施的企业（控制组）和无反舞弊措施的企业（非控制组）发生的舞弊金额的中位数和舞弊持续时间的中位数，结果见图 2－8 和图 2－9，可以发现，相较于没有采取反舞弊措施的企业，采取反舞弊措施的企业会有更低的舞弊金额和更短的舞弊持续时间。

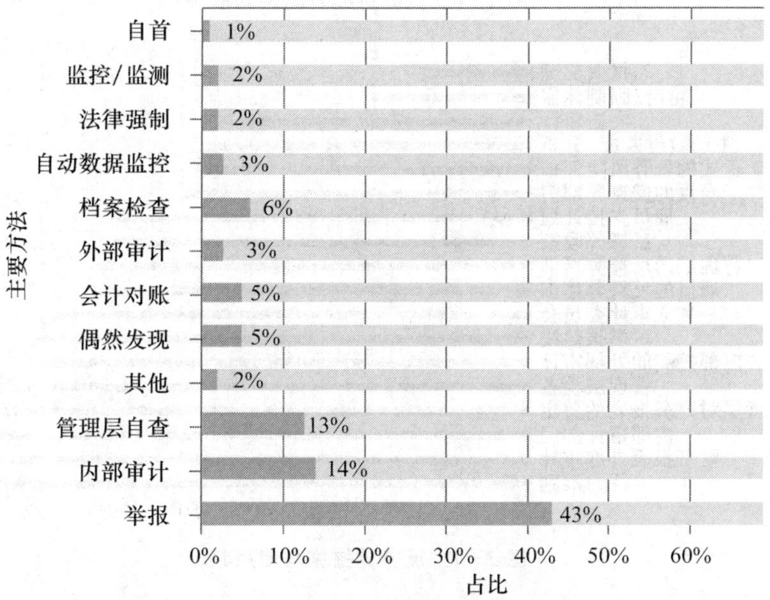

图 2－4　首先发现舞弊的主要方法

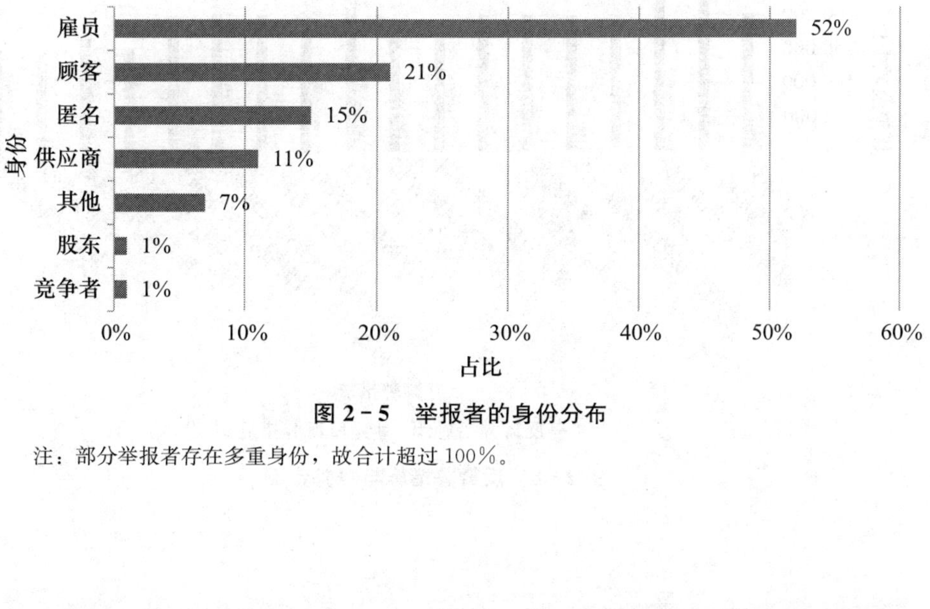

图 2－5　举报者的身份分布

注：部分举报者存在多重身份，故合计超过 100％。

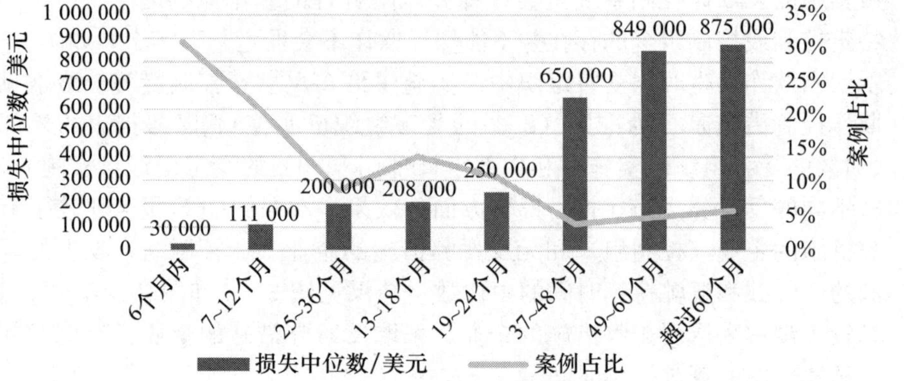

图 2-6　舞弊持续时间及其损失

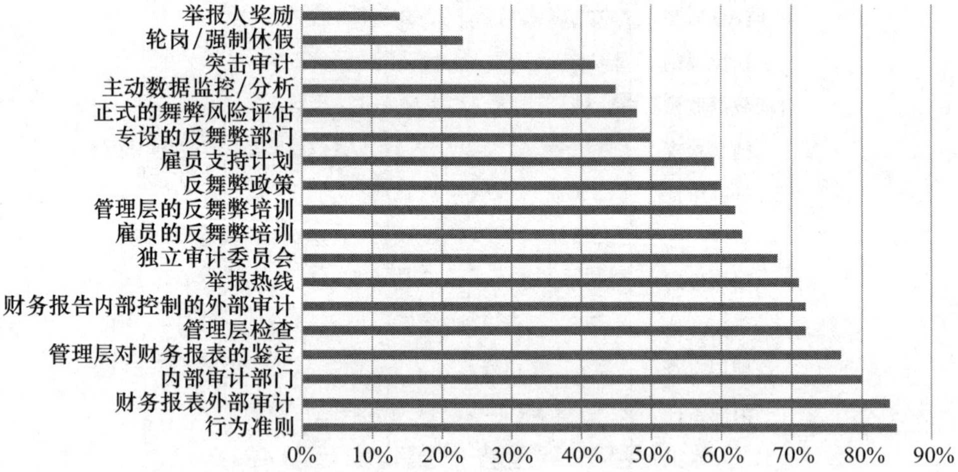

图 2-7　反舞弊措施与使用频率

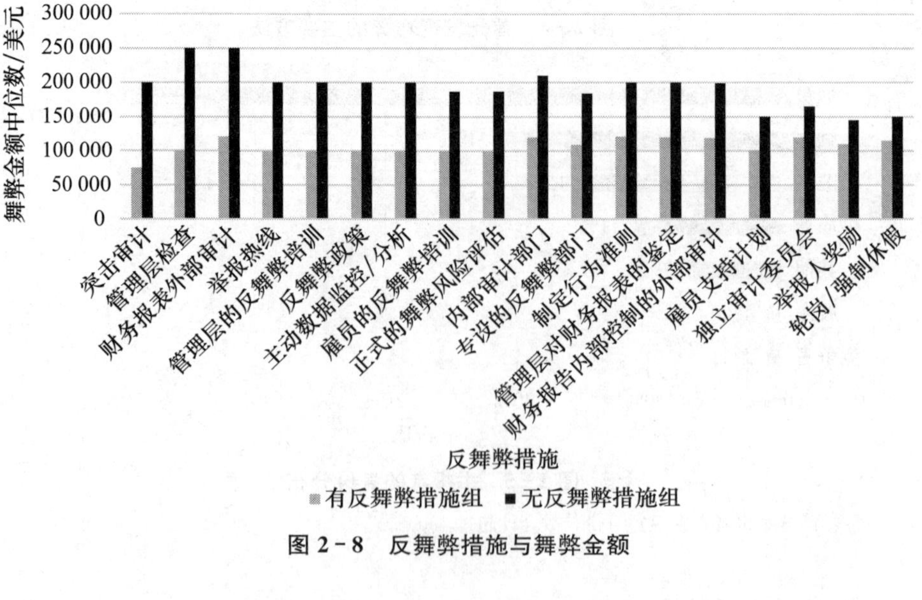

图 2-8　反舞弊措施与舞弊金额

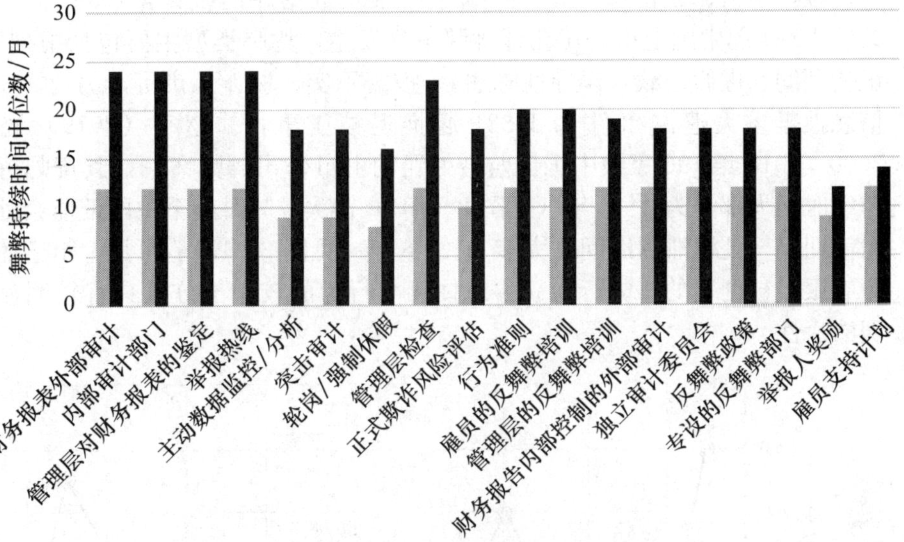

图 2-9　反舞弊措施与舞弊持续时间

总体而言，ACFE 每两年发布一次的持续性研究报告对全球会计舞弊行为的特征、规律及演化趋势进行了全方位的透视，为我们了解和治理全球会计舞弊提供了深刻的洞见。限于篇幅，将 2024-ACFE 报告所得出的其他重要结论概括如下：

(1) 舞弊者的级别和舞弊金额高度正相关，业主/高管欺诈造成的损失中位数比员工欺诈造成的损失中位数高出 7 倍以上。

(2) 由三个或更多行骗者实施的欺诈造成的损失中位数比单个行骗者造成的损失中位数高出 4 倍以上。

(3) 82%的舞弊发生组织在舞弊发生后改进了反舞弊措施，其中 27%的修改预计将在未来非常有效地防止类似行为。

(4) 银行和金融服务和制造业是最常见的舞弊发生行业。其中，损失中位数最大的行业是采矿业（55 万美元）、批发贸易（36.1 万美元）和制造业（26.7 万美元）。

(5) 在所有被调查的行业中腐败是最普遍的，制造业中的组织应该特别注意与腐败、非现金资产盗窃和计费方案相关的风险。

二、中国会计舞弊情况

我国资本市场建立已 30 余年，但会计舞弊案件时有发生，“老三案”“新三案”及近年来发生的泽达易盛、紫晶存储、易见股份等企业的会计丑闻使得中国资本市场多次陷入信任危机。

名家解读
中国会计舞弊现状与舞弊行为的道德决策

根据李清、党正磊（2019）基于国泰安数据库的统计，1996—2017 年，共有 1 264 起中国上市公司会计舞弊事件发生，舞弊类型主要包括虚列资产、虚构利润、虚假记载（误导性陈述）、披露不实、欺诈上市等，另有 1 335 起信息披露重大遗漏事件和 1 821 起推迟披露事件。赵宇（2019）统计了 2000—2018 年 196 家被中国证监会处罚的上市公司舞弊案例，其舞弊行为的持续时间大部分为 2～4 年（见图 2－10），首次舞弊时间至中国证监会处罚的时间间隔（处罚滞后时间）大多为 4～6 年（见图 2－11）。可见，由于监管力量有限，被处罚的舞弊行为只占总体舞弊行为的较小部分且具有较明显的处罚滞后性。

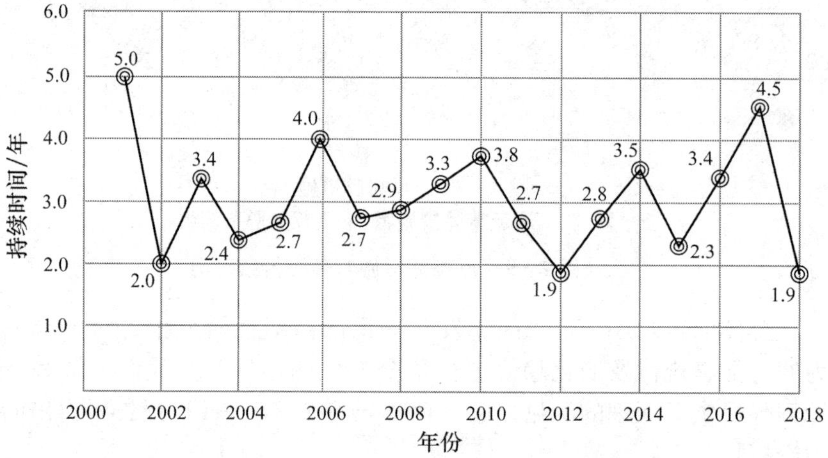

图 2－10　被处罚的上市公司会计舞弊持续时间

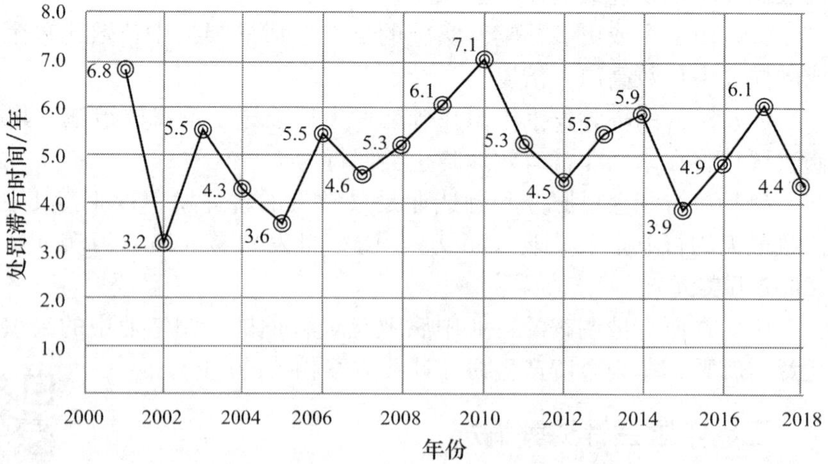

图 2－11　中国上市公司舞弊行为处罚滞后时间

黄世忠等（2020）以我国 2010—2019 年因财务舞弊而被中国证监会处罚的 113 家 A 股上市公司为样本，对舞弊公司的行业与地区分布、经营规模、舞弊金额、舞弊时间、审计意见、舞弊类型、舞弊手法等特征进行了描述和分析。他们发现：

(1) 农林牧渔业舞弊公司数量占行业公司总数的比例较高（9.79%）；制造业中，化学原料和化学制品制造业的舞弊公司数量在制造业二级行业中占比最高（3.63%）；医药制造业的舞弊公司数量行业占比紧随其后（3.46%）。如表 2-2 所示。

(2) 会计舞弊公司的收入规模在 10 亿元以下的居多，占比达 60.75%；净利润规模在 5 000 万元以下（含亏损）的上市公司占比为 51.40%。如表 2-3 所示。

(3) 舞弊金额在 1 亿元以上的上市公司占比为 51.33%，如表 2-4 所示。

(4) 会计舞弊从发生到被监管处罚的间隔（识别时长）多数在 3 年以上，如表 2-5 所示。

(5) 会计舞弊主要集中在对利润表的粉饰和操纵上，收入舞弊成为会计舞弊的“重灾区”，占比高达 68.14%，如表 2-6 所示。收入舞弊的具体手法如表 2-7 所示。

表 2-2　中国上市公司会计舞弊的行业分布

行业类别	舞弊公司数量/家	A 股公司总数/家	舞弊公司占比
制造业——设备制造业	23	810	2.84%
制造业——一般制造业	19	795	2.39%
制造业——化学原料和化学制品制造业	9	248	3.63%
制造业——医药制造业	8	231	3.46%
制造业——电气机械和器材制造业	8	241	3.32%
农林牧渔业	14	143	9.79%
信息传输、软件和信息技术服务业	7	311	2.25%
租赁和商务服务业	4	56	7.14%
建筑业	4	94	4.26%
交通运输、仓储和邮政业	3	104	2.88%
电力、热力、燃气及水生产和供应业	3	112	2.68%
房地产业	3	122	2.46%
批发和零售业	3	167	1.80%
采矿业	2	77	2.60%
住宿和餐饮业	1	9	11.11%
综合	1	22	4.55%
文化、体育和娱乐业	1	59	1.69%
合计	113	3 601	3.14%

表2-3　中国上市公司会计舞弊的经营规模分布

指标	区间	舞弊公司数量/家	占比
营业收入	1亿元以下	9	8.41%
	1亿～10亿元	56	52.34%
	10亿～20亿元	13	12.15%
	20亿～50亿元	16	14.95%
	50亿元以上	13	12.15%
	合计	107	100.00%
净利润	亏损	20	18.69%
	3 000万元以下	29	27.10%
	3 000万～5 000万元	6	5.61%
	5 000万～1亿元	23	21.50%
	1亿元以上	29	27.10%
	合计	107	100.00%

表2-4　中国上市公司会计舞弊的金额特征

舞弊金额	舞弊公司数量/家	占比
5亿元及以上	30	26.55%
1亿～5亿元	28	24.78%
5 000万～1亿元	19	16.81%
3 000万～5 000万元	8	7.08%
3 000万元及以下	18	15.93%
未披露	10	8.85%
合计	113	100.00%

表2-5　中国上市公司会计舞弊的识别时长

舞弊识别时长	舞弊公司数量/家	占比
2年以内	14	12.4%
2～3年	17	15.0%
3～5年	49	43.46%
5年以上	33	29.20%
合计	113	100.00%

表2-6　113家中国上市公司会计舞弊的类型分布

舞弊类型	舞弊公司数量/家	占比
收入舞弊	77	68.14%
费用舞弊	25	22.12%
货币资金舞弊	24	21.24%
成本舞弊	17	15.04%

续表

舞弊类型	舞弊公司数量/家	占比
减值舞弊	13	11.50%
营业外收支舞弊	10	8.85%
投资收益舞弊	7	6.19%
其他舞弊	2	1.77%

表2-7　中国上市公司收入舞弊的具体手法

收入舞弊具体手法		舞弊次数/次	占比
第一类：会计操纵类	提前确认收入	28	22.40%
	净额法按总额法确认收入	3	2.40%
	期后销售退回未调减收入	2	1.60%
	确认已停工或合同取消项目的收入	2	1.60%
	确认预计无法回款的客户收入	1	0.80%
	通过内部关联方交易虚增利润	1	0.80%
	会计政策操纵虚增收入（BT项目未按公允价值计量）	1	0.80%
第二类：交易造假类	关联方/隐性关联方客户协助虚构业务及收入	37	29.60%
	虚构非关联方协助完成收入造假	25	20.00%
	真实非关联方协助虚构业务及收入	16	12.80%
	人为调高合同单价虚增收入	7	5.60%
其他		2	1.60%
合计		125	100.00%

叶钦华等（2023）以我国2018年1月—2023年6月被中国证监会处罚的114家涉及资金舞弊的上市公司为样本，将资金舞弊进一步划分为五大类型，总结出八种典型舞弊手法（如表2-8所示）。

表2-8　资金舞弊的类型及手法

资金舞弊类型	典型舞弊手法
虚增货币资金	通过伪造银行回单、伪造大额存单、虚构银行承兑汇票背书转让等方式，虚增货币资金，配合交易造假类舞弊
占用资金——直接挪用型	通过与关联方、隐性关联方发生非经营性资金往来或未及时披露关联交易（如控股股东直接挪用资金），掩盖资金占用
	通过与关联方、隐性关联方发生非经营性资金往来或关联交易未入账（如以集团共管账户方式归集并挪用资金），掩盖资金占用
占用资金——违规担保型	通过违规关联担保（未履行规定的审批程序，为关联方或隐性关联方贷款、开具汇票等提供质押或担保）且未依法及时披露资金受限情况，构建“体外资金池”
	通过违规非关联担保（未履行规定的审批程序，为非关联方贷款、开具汇票等提供质押或担保）且未依法及时披露资金受限情况，构建“体外资金池”

续表

资金舞弊类型	典型舞弊手法
资金占用交易化——虚构经营活动型	通过虚构采购、工程、应收账款保理等经营活动类业务，将资金体外化转移给关联方或隐性关联方使用
资金占用交易化——虚构投资活动型	通过虚构投资信托产品、私募基金、资产管理计划等金融产品或委托发放贷款等形式，将资金体外化转移给关联方或隐性关联方使用
	通过伪造对外投资、支付较长期限投资意向金等投资活动类业务，将资金体外化转移给关联方或隐性关联方使用

第二节　道德行为

第二节
即测即评

如前所述，会计舞弊已成为一个世界性顽疾，并呈现出愈演愈烈的态势，世界各国都高度重视反舞弊建设与舞弊治理。会计舞弊与道德行为是一枚硬币的两面。本节主要阐述会计舞弊行为的道德决策、会计职业道德的性质和职业道德风险的分析框架。

一、会计舞弊行为的理论解释与道德决策

会计舞弊行为既可能是组织行为，也可能是个人行为，通常，组织层面的会计舞弊需要以个人层面的舞弊行为来呈现。在理解会计舞弊行为的道德决策机制之前，我们首先需要了解诱发会计舞弊行为的基本动因。

（一）会计舞弊行为的理论解释

当前，会计理论界对诱发会计舞弊行为的动因提出了诸多的理论解释，主要包括以下几种基本理论：

1. 舞弊的冰山理论（二因子理论）

冰山理论最早由心理学家弗洛伊德于 1895 年提出，他认为人的行为只有很少一部分受到意识的支配，大部分难以由意识解释的行为受到潜意识的支配。潜意识就像冰山隐藏在水面以下的部分，虽难以观察，但起到相当重要的基础性作用。会计学者基于会计舞弊行为主观性、隐蔽性的特点，很早就借用这一理论解释会计舞弊行为发生的机理。博洛尼亚（Bologna）和林德奎斯特（Lindquist）将舞弊形容为冰山，表现为显性和隐性两部分（如图 2－12 所示），前者是由组织方面决定的可观察因素（如内部控制、公司治理、关键业绩、竞争压力等），后者则是由管理者主观方面决定的不可观察因素（如认知道德、管理理念、文化价值观、情感态度等），且后者对舞弊行为的发生具有更加基础和根本性的作用。因此，会计舞弊治理更重要的是充分关注管理者个人主观因素所导致的舞弊风险。

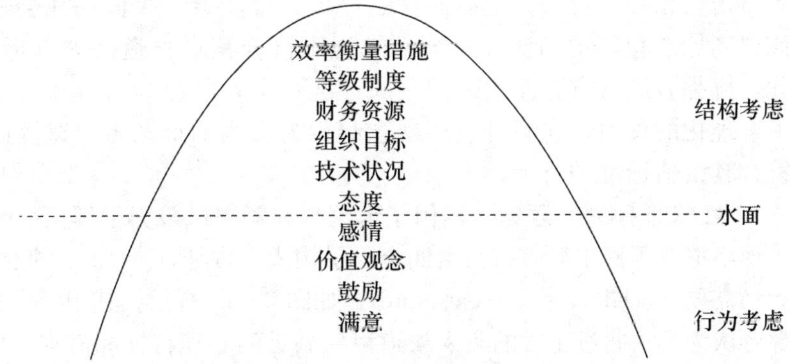

图 2-12　舞弊的冰山理论

2. 舞弊的三角理论（三因子理论）

犯罪学的三角理论最早由美国的犯罪学家唐纳德·克雷西（Donald Cressey）于 1953 年提出，他从 1950 年开始对 250 个因贪污或挪用公款而被指控的罪犯进行调查访谈。结果发现，这些罪犯具有三方面的共同特点：首先，存在一个无法通过正常的收入渠道得到满足的隐秘的财务需求；其次，存在一个不被监管者发现的“良机”，违规行为容易隐瞒；最后，在道德层面都能找到一个自我说服的理由。史蒂夫·阿尔布雷克特（Steve Albrecht）于 20 世纪 80 年代早期将克雷西的这一发现从犯罪学研究引入会计研究领域，推动了会计舞弊理论研究的发展，该发现被后来的学者大量运用，并因其经典架构而被 AICPA 的舞弊审计准则（SAS NO. 99）采纳，用以指导审计师对舞弊风险的识别和评价。阿尔布雷克特等提出的舞弊的三角理论认为，导致会计舞弊行为发生的三个因素是压力（pressure）、机会（opportunity）、自我合理化借口（rationalization），如图 2-13 所示。

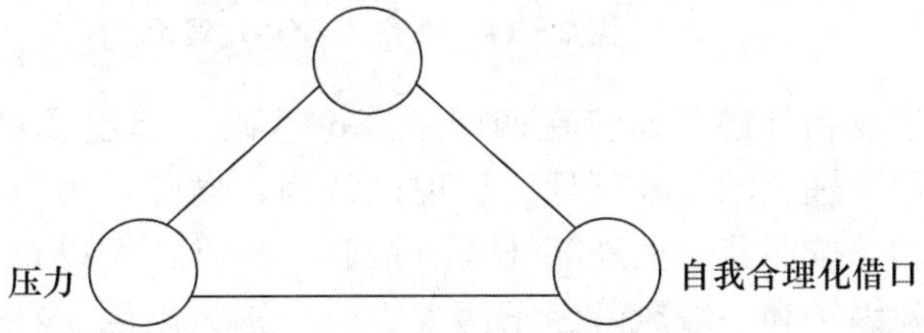

图 2-13　舞弊的三角理论

舞弊的三角理论认为，导致会计舞弊行为发生的这三个要素相互作用，缺一不可。压力是促使行为主体产生舞弊需要的因素，一般源于过高的经营或财务指标的期望值，或是为获取非正常的自身利益，这对于行为主体来说是一种负担。压力主要包括四大类：经济方面的压力、与工作相关的压力、自身癖好导致的压力和其他压力。机会是舞弊行为顺利进行的外在环境和条件，它能够提高会计舞弊行为的可行性，同时使舞弊不易被发现。自我合理化借口则是某种会计舞弊行为的合理化理由，舞弊行为合理化与一个人的道德品质密切相关，对舞弊主体而言是一种心理因素。人们往往会采取与自身道德评判标准相符的行为，不屑和鄙视不符合其自身道德评判标准的行为。因此，舞弊者通常有歪曲的道德判断标准，个人已经为自身违背道德规范找到了合理化的理由，在不良道德观念和行为准则的推动下，舞弊已然成为一种符合其价值标准的行为。

3. 舞弊的GONE理论（四因子理论）和舞弊风险因子理论

博洛尼亚等提出舞弊行为由四个因子构成：贪婪（greed）、机会（opportunity）、需要（need）、暴露（exposure），如图2-14所示。其中，贪婪和需要是舞弊者认为无法通过正常的收入渠道得到满足的心理特征和需求，机会是指舞弊者捕捉到实施舞弊行为而不被发现的概率，暴露是指舞弊行为实施以后被发现的可能性。显然，舞弊四因子理论中的贪婪和需要是从舞弊者自身的角度对舞弊"必要性"的考虑，而机会和暴露是从外部角度对舞弊被发现后果的考虑，四因子理论是舞弊三角理论的继承和发扬。四因子理论实质上表明了会计舞弊行为产生的四个条件，舞弊者有贪婪之心又十分需要钱财、"尊严"时，只要有机会并认为事后不会被发现，他就一定会进行舞弊。因此，在贪婪、机会、需要和暴露四因子共同作用的特定环境中，就可能会滋生舞弊。

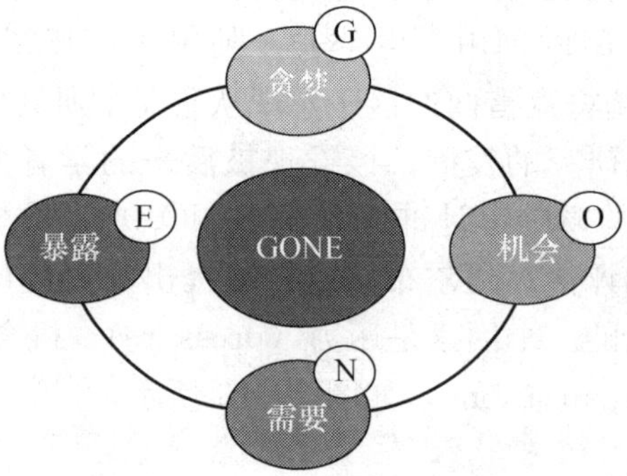

图2-14 舞弊的GONE理论

博洛尼亚和林德奎斯特在四因子理论基础上提出了舞弊风险因子理论，这是对四因子理论的一种延伸。该理论认为，舞弊是由于舞弊风险因子的存在而产生的，按照能否被外部环境所控制的标准，可以将舞弊风险因子划分为个别风险因子和一般风险因子两大类。个别风险因子在舞弊者层面，如舞弊动机（压力）、情绪情感、道德品质等。一般风险因子在组织层面，如舞弊机会、被发现的概率、舞弊后果等。当舞弊者判定结合在一起的两个风险因子对自己有利时，便会实施舞弊行为。

4. 舞弊的菱形理论

沃尔夫和赫曼森（Wolfe and Hermanson，2004）在舞弊三角理论的基础上进一步拓展得到舞弊的菱形理论，增加了舞弊能力因素。他们的研究发现，即使行为人感知到压力且存在"较好"的舞弊机会，也有似乎"合理"的借口，但如果行为人估计自身能力不足以隐蔽地实施舞弊而不被发现，舞弊行为仍然不会发生。换言之，菱形理论强调付诸实施的个人特质和能力对舞弊行为的发生起到重要作用。沃尔夫和赫曼森归纳了一些典型的舞弊能力特质：关键人物所在岗位使其能够发现别人不能发现的舞弊机会；关键人物足够聪明，能够发现内部控制系统的缺陷；关键人物具有强烈的自负或强大的自信，相信自己可以轻易掩盖舞弊行为并顺利逃脱制裁；成功的舞弊者具备胁迫他人舞弊或帮其掩盖舞弊行为的能力；成功的舞弊者善于撒谎并能够“一贯坚持”；成功的舞弊者还要善于应对和化解压力。

5. 舞弊的其他理论

近年来，随着会计舞弊的频繁出现及对舞弊发生原因的研究不断深入，学者们在上述理论的基础上进行了诸多拓展，如新舞弊三角理论、舞弊五角星理论和新舞弊菱形理论。新舞弊三角理论认为，舞弊动因至少应该加入舞弊者能力和正直程度等新因素。图加斯（Tugas）通过对 ACFE 发布的《全球舞弊研究报告》的考察，归纳得到会计舞弊的第五个因素，即外部监管，从而在舞弊菱形理论的基础上拓展得到舞弊五角星理论。格贝吉（Gbegi）和阿德比西（Adebisi）则从法务会计的视角出发，在详细考察舞弊菱形理论的基础上，提出了新舞弊菱形理论。新舞弊菱形理论认为，在舞弊动机、机会、舞弊者正直程度与能力因素之外，有必要考察公司的治理机制，使其与前四个因素相互融合与交叉，构成新的舞弊菱形。

（二）会计舞弊行为的道德决策

奥尔德弗（Aldefor）通过简化马斯洛的五层次需要理论（生理需要、安全需要、社交需要、尊重需要、自我实现需要），提出了三层次的 ERG 理论，即生存（exist）需要、相互关系（relation）需要和成长（grow）需要。按照 ERG 理论，会计舞弊行为动机可以分为以下三类：

（1）不良财务动机。舞弊者通常是由于未能满足自身财务（经济）需要而产生舞弊动机。不良财务动机可分为两种，一种是直接源于个人不合理的财务需要而引发的不良财务动机，另一种是企业管理当局为了获取企业利益的需要而引发的不良财务动机。

（2）不良“自尊”动机。这一动机是出于人类社会关系的基本需要。例如，总经理为了得到社会公认的赞誉，借助舞弊性财务报告对外展示虚假的优良业绩，或者通过公费旅行等公款消费使自己的付出与回报相匹配，以找回自己的尊严。

（3）不良“自我实现”动机。当舞弊者为满足个人价值“自我肯定”和“自我实现”的需要时，可能会借助舞弊这一需要技术、智力、充满挑战性的行为去验证自己的能力。

动机是人的主观心理因素，要完全消除它是不可能的。因此，最好的治理机制是力争事前阻止行为动机的发生或者使已发生的行为动机发生改变。综合前述各种关于舞弊行为动因的理论，我们可以发现，这些理论对会计舞弊诱发机理的解释都离不开舞弊者的主观特征维度，即舞弊者的职业道德与伦理维度。按照马克斯·韦伯的社会行动理论，人的行为由多种因素决定，包括工具理性、价值理性、感情因素和传统习惯。会计舞弊的本质是通过异化会计职业道德以最大化自身效用的机会主义行为，舞弊者实施舞弊行为的"潜意识""合理化倾向""贪婪""情绪情感""舞弊素质"等均与个人的价值观、伦理和职业道德水平高度相关，价值观与职业道德水平最终决定舞弊实施的概率。

墨菲（Murphy）的研究结果表明：（1）在实施舞弊行为的个体中，选择使用合理化来解释其舞弊行为的数量会显著高于从压力、机会角度作出的解释，这说明多数舞弊行为人会选择使用合理化来解释他们的行为；（2）在态度上更倾向于向他人展示自我以及在性格特点上具有高马基雅维利主义（Machiavellianism）① 特质的行为人，当压力与机会并存时，在舞弊可能性和舞弊金额上都会较其他人更高；（3）高马基雅维利主义特质的行为人在实施舞弊行为后，会较其他人承受更低程度的情绪负担。

陈邑早等（2019）根据墨菲的研究和其他文献的修正给出了舞弊行为的道德决策过程，如图 2－15 所示。在此意义上，舞弊行为的职业道德根源便是舞弊治理逻辑的出发点，会计舞弊行为的普遍性就意味着职业道德问题的严重性与紧迫性，会计舞弊治理系统的核心便是会计职业道德治理。

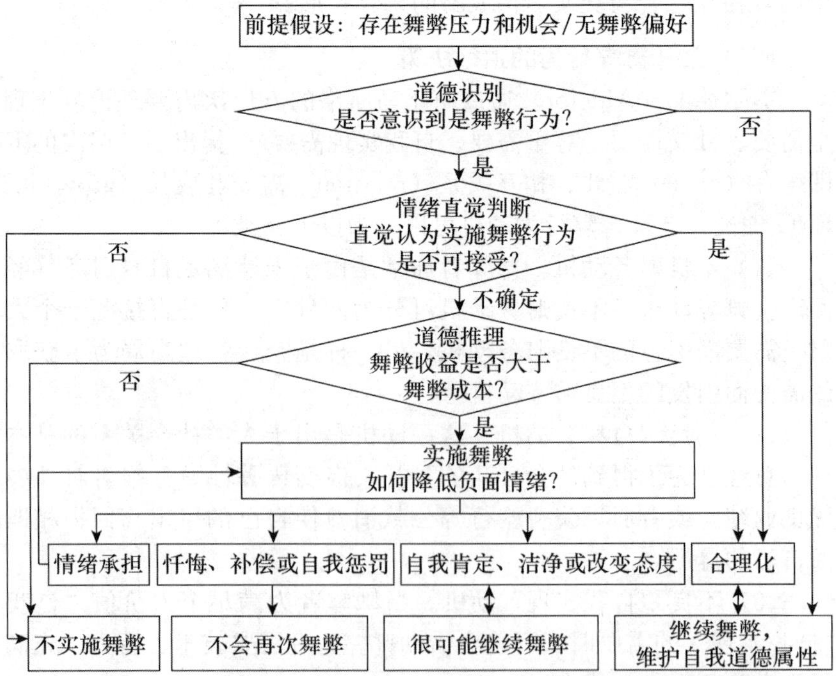

图 2－15　舞弊行为的道德决策过程

① 马基雅维利主义即权术和谋略的代名词，由意大利政治家和历史学家马基雅维利（Machiavelli）提出，通常分为高马基雅维利主义和低马基雅维利主义。高马基雅维利主义的个体重视实效，保持着情感距离，相信结果能为手段辩护，更愿意操纵别人，赢得更多利益。

二、会计职业道德之性质

全球会计舞弊行为的频繁出现更加彰显了会计职业道德建设与治理的紧迫性。芝加哥大学社会学系教授安德鲁·阿伯特（Andrew Abbott）在专著《职业的体系》（*The System of Professions*）中揭示了职业作为一种专家团体相互竞争的生态结构，并提出职业理论（theory of profession），即任何一个职业的产生、维系与发展都必须基于一套随社会环境的变化而不断变化的抽象的知识（观念）体系，以保护和发展该职业的职责范围。对会计职业道德性质的认识及其标准的制定与履行是会计职业的抽象观念体系的重要组成部分。这些知识为职业会计师和社会公众更好地理解和治理会计职业道德问题提供了统一的边界，使其可迎接职业环境变化所带来的机遇和挑战。

（一）他律与自律的辩证统一

美国心理学家劳伦斯·柯尔伯格（Lawrence Kohlberg）提出了著名的个人道德判断能力发展阶段理论，对于道德决策的认知具有广泛的影响。他认为，道德判断能力是道德行为的基础，个体道德判断能力的发展水平越高，道德判断与行为的一致性程度越高。劳伦斯·柯尔伯格将个人道德判断能力分成六个不同的发展阶段，即惩罚与服从的定向阶段、手段性的相对主义的定向阶段、人与人之间的定向阶段、维护权威或秩序的道德定向阶段、社会契约的定向阶段、普遍的道德原则的定向阶段，每一个阶段都比前一个阶段对道德困境的回应更为适当。受劳伦斯·柯尔伯格道德判断能力发展阶段理论的启发，我们可以将职业会计师对职业道德的认知分成六个道德判断发展阶段。

阶段一：舞弊者在实施舞弊前完全没有道德感知，事后的道德感知仅来源于解雇、监管处罚或严厉的法律惩戒。

阶段二：初步意识到职业会计师的公众责任义务与职业行为规则，但内心认为所有的职业行为规则完全是强加的、外在的、被迫的，最终是否实施舞弊取决于个人对舞弊成本收益的主观权衡。

阶段三：在职业意识方面开始能区分何为“好会计师”，即职业会计师个体的道德推理能受到社会公众的期望与意见影响，职业会计师开始愿意按照公众的期望采取行动。

阶段四：职业会计师能在主观上认同诚信、正直、客观的职业道德文化，开始主动拒绝自身的舞弊。

阶段五：职业会计师将职业道德视为一种正当、必要的社会契约，是必须主动遵循的底线行为规则，此时，职业会计师自觉遵守职业道德，开始厌恶他人的非道德行为，会主动发现并揭发他人的舞弊行为，主动维护会计职业的道德秩序。

阶段六：卓越会计师将诚信、正直、客观、公正等视为毕生的道德追求，以示后人。

从上述职业会计师对职业道德认知与判断的不同发展阶段看，会计职业道德是典型的自律与他律的辩证统一，从阶段一到阶段六是他律不断弱化而自律不断强化的过程。总体而言，会计职业道德履行机制包括自我履行和强制履行。

（二）行为约束与核心价值的辩证统一

如前所述，会计职业道德之于职业会计师个人层面是典型的他律与自律的辩证统一，而其之于会计职业层面则是典型的行为约束（behavior constraint）与核心价值（core value）的辩证统一。本书第一章详细阐述了会计职业的公众利益导向，与会计职业道德问题相关的各利益方已延伸到投资者、债权人、政府、社会公众等许多方面，会计职业道德肩负着维护公众利益的使命。

然而，会计职业道德虽使命光荣，但道路曲折。以审计职业为例，自从独立审计被证券法纳入法定要求的那一天开始，其脆弱的公众利益导向就不断受到人们的质疑。1933年，美国国会为此专门召开听证会，当时的肯塔基州众议员阿本这样问阿瑟·卡特（德勤前身Haskins&Sells公司的高级合伙人）："那么谁来审核你们呢？""我们的良心。"阿瑟·卡特这样回答。几十年过去了，众议员阿本当年提出的问题依然不断质疑着以"四大"员工为代表的全球会计从业者。正因为如此，美国审计实务界和理论界一直把审计职业道德视为一项由美国证券交易委员会（SEC）及其他监管机构强加的行为约束，是注册会计师及其事务所必须遵守的一项强制性行为约束。

倘若将行为约束视为他律，核心价值则是自律，在会计职业发展的特定时期，缺乏自律能力成为职业会计师贯彻职业道德的最大障碍，于是，有关方面会制定相关的法律法规，对违背职业道德的各种行为进行限制。随着服务选择范围的拓宽、会计技术的现代化、经济信息的几何级数增长、社会公众对会计审计信息的依赖和期望度的提高，会计职业的持续健康发展面临新的、更大的挑战，会计职业道德不再是对外部限制的一种机械反应，而成为职业会计师赖以生存和发展的必备职业素养。因此，会计职业道德之于会计职业层面是行为约束与核心价值的辩证统一。在理论与实践上，我们可以区分出三种性质明显不同的会计师职业道德文化倾向，即公众责任文化（public interest culture）、风险管理文化（risk management culture）与拥护客户（雇主）文化（advocacy culture），如图2-16所示。

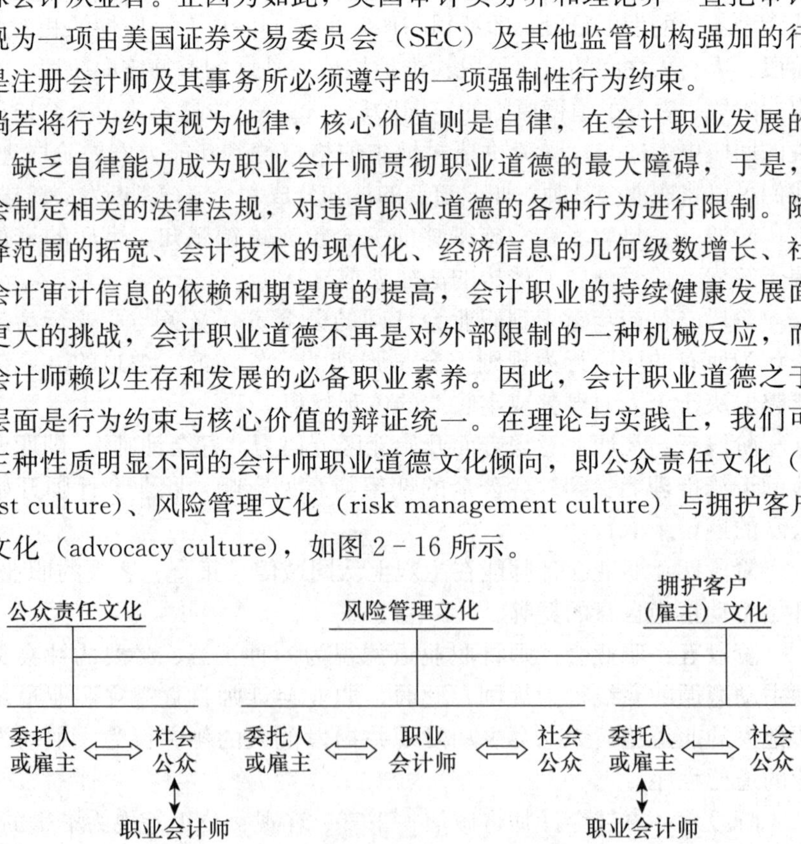

图2-16 职业会计师不同的道德文化倾向

公众责任文化强调职业会计师对社会公众的责任，包括广泛的投资者与债权人；与此截然相反的一种职业道德文化是拥护客户（雇主）文化，职业会计师将自己视为客户（雇主）的商业伙伴，一切以狭义的客户（雇主）的利益为导向。在上述两种极端文化为端点的连续区间存在一系列的相关文化，其中之一便是职业会计师保持完全的中立，他们既不完全以客户（雇主）的利益为导向，也不完全以社会公众的利益为导向，而专注于职业会计师自身的利益及其相关风险的管理与控制，我们将这种文化称为风险管理文化。一般地，只要职业会计师遵循了道德行为规则，就可以视为起到保护投资者的作用，所以风险管理文化与公众责任文化比较相似，不过后者更加关注职业会计师的道德义务，而前者只关注职业会计师因违反公众责任而产生的经济后果，道德义务只是职业会计师个人经济利益的一个参数而已。显然，如果职业会计师将职业道德视为其核心价值，应旗帜鲜明地选择公众责任文化。

三、会计职业道德风险分析框架

会计职业道德风险分析是治理会计职业道德问题的核心，若能在一个单一的分析框架内评估影响会计职业道德风险的相关因素及其后果，可以为降低会计职业道德风险的制度安排的有效性提供全方位的视角。为此，我们试图初步构建关于会计职业道德风险的整合分析框架，这一框架包括导致会计职业道德风险的环境前因、环境前因的减缓因素、会计职业道德风险的后果分析。

（一）导致会计职业道德风险的环境前因

会计职业道德风险分析框架的第一层次是导致会计职业道德风险的环境前因，它包括两个方面：诱因（incentives）和以判断为基础的决策（judgment based decisions）。例如，单位内部会计人员在雇主公司拥有股权激励，外部审计师与客户保持着长期、良好的合作关系且对该客户的收费占事务所收入的比重较大，这些情况都会为会计职业道德风险的产生提供诱致性前提。如果该雇主（或客户）[①] 又面临复杂的收入确认问题并倾向采用激进的会计政策，此时，若该收入确认问题缺乏明确的准则规定，需要职业会计师做出判断，导致会计职业道德风险的环境前因就已形成。

1. 诱因

由于职业会计师违反职业道德规则的行为被发现或被判定后，职业会计师会面临被起诉或声誉受损的潜在风险，因此，职业道德风险产生的一个必要前提就是一种诱因的出现，它可以导致职业会计师有意或无意地承担该风险而行事，或是导致作为第三方的财务报表使用者在合理预期的情况下，认为职业会计师将冒风险而行事。会计职业道德风险的诱因分为直接诱因和间接诱因。直接诱因涉及现实或潜在的财务利益，间接诱因则与一些具体而特

① 在本节，雇主表示单位会计人员之雇主，客户表示外部审计师之客户。

殊的环境状况有关，该环境状况使职业会计师在执业时难以维持其客观性。

具体而言，直接诱因包括与客户（或雇主）的证券或信托基金存在经济利益、职业服务的相机收费、对外部审计的潜在雇佣和对客户（或雇主）存在财务依赖。财务依赖又包括收入的主要来源、外部审计师对某一客户审计收费的比重、审计收费的连续性、低价揽客效应、与高增长的成功客户（或雇主）保持良好关系所带来的声誉。上述直接诱因会导致会计师的专业意见有可能屈服于企业管理层或实际控制人的利益。当职业会计师与雇主（或客户）存在工作关系以外的个人层面或家庭层面的关系以及自我复核时，间接诱因就会出现。人际关系可能会使职业会计师更加重视私人关系而置职业客观性于不顾。自我复核可能会造成一种情形：职业会计师不能批判地看待自己的工作，因为这不符合“没有人能独立地评价自己”这一公认的假设。

2. 以判断为基础的决策

以判断为基础的决策涉及许多不确定的因素，如果没有以判断为基础的决策，即使诱因存在，一般也不会导致低质量的财务报告与审计报告。例如，当审计人员审核客户的小额现金账户或检查截止错误时，只涉及低程度的判断，在这种情况下，诱因降低审计质量的可能性基本不存在。

我们可以将以判断为基础的决策分为三类：疑难会计问题、职业行为决策和重要性判断。疑难会计问题是指那些允许选择性的估价或判断，如计量属性的选择。它还包括那些新近出现的、模糊的、无权威文献明确规范的会计问题，如混合证券问题。当职业会计师面临这些疑难会计问题时，社会公众可能对职业会计师屈从于管理层或实际控制人意志的可能性提出疑问。如果职业行为决策涉及会计问题的性质与范围的判断，且与道德风险的诱因相关，职业会计师可能会在客观性方面妥协。例如，为了将来能在雇主单位升职，会计师主动帮助企业管理层进行盈余管理设计。重要性判断通常会渗透到疑难会计问题与职业行为决策之中，职业会计师可能不恰当地认为某一项目的错报或漏报是不重要的，从而听任企业管理层的盈余管理或舞弊行为。

（二）环境前因的减缓因素

存在导致会计职业道德风险的环境前因并不意味着一定导致低质量的职业服务与非道德行为，还有一系列的因素可以减缓导致职业道德风险的环境前因，比如，公司治理或事务所的质量控制政策可能要求职业会计师遇到疑难会计问题时须向公司外部（事务所内部）的高级专家进行咨询，或与治理层（或事务所合伙人）商榷，这样就可以在某种程度上使职业会计师倾向于采用更为恰当的会计政策。减缓因素主要包括公司治理结构、管制性监管（包括媒体监督、协会监管、法律监督与资本市场监督等）、公司（事务所）文化、职业会计师的道德认知水平等。也许某一因素单独作用并不足以减轻或消除会计职业道德风险，但这些因素的共同作用可以对会计职业道德风险起到很好的消减效果。

公司治理与管制性监管是治理会计职业道德风险的惯用制度安排，它们分别在公司层面与整个资本市场层面向社会公众表明职业会计师的道德风险会得到恰当的控制。由于认识到公司治理对防范会计职业道德风险的重要性，许多监管机构致力于制定相关的公司治理准则。外部广义的管制性监管对导致会计职业道德风险的环境前因的基本减缓机理是：一旦出现会计职业道德风险事件，这些事件首先被媒体披露和追踪报道，相关风险信息被媒体挖掘并迅速传播；做空机构和敌意收购机构闻风而动，它们通过做空交易和敌意收购获利；随着媒体的强烈反应和资本市场的剧烈反响，行业自律组织通过制定行业规范、行业标准、设定准入门槛、行业惩戒等形式实施自律监管；最后可能触动政府监管与法律责任追究防线，对相关组织和个人追究行政责任、民事责任甚至刑事责任。

公司（事务所）文化代表着公司（事务所）整体层面的价值观和经营理念，对员工行为有着潜移默化的影响，因此，伦理型的企业文化是一种引导员工自觉遵守职业道德的有效教化手段；高层的日常行为反映其对于职业道德的态度，这种态度奠定了整个公司的最高基调，并对各个组织层面产生行为影响。此外，职业会计师的道德判断能力是其道德与非道德行为的重要基础，因此，职业会计师的道德认知水平本身就构成了导致职业道德风险的环境前因的重要减缓因素。

（三）会计职业道德风险的后果分析

如本章第一节所述，会计舞弊行为的本质是对会计职业道德的严重违背，会计职业道德风险的基本后果便是导致会计舞弊行为的出现，它在微观上会损害投资者和债权人等利益相关者的切身利益，在中观上会破坏证券市场的资源配置效率，在宏观上会对国民经济的可持续发展造成严重阻碍。

长期来看，投资者和债权人因为无法对职业会计师的真实工作过程予以监控，所以要就承担信息不实风险索求额外的风险补偿。因此，公司与资本市场最终要承担会计职业道德风险的相关成本。它们获得的净收益不过是短期股价上升、融资成本降低与长期融资成本增加的数字之差，但最终将导致资本市场土崩瓦解。对于职业会计师来说，会计职业道德风险的增加会引起会计审计服务价值的持续丧失，整个职业界的巨大获利能力与工作机会也随之丧失。如前所述，会计职业道德是会计职业的核心价值，较高职业道德风险的持续存在会导致职业界声誉价值的持续下跌。此外，如果监管者和社会公众认为职业会计师普遍缺乏职业道德，不能为社会公众提供可靠的专业服务，就可能以更高代价的机制取而代之，因为政府监管机构也是通过对市场风险（包括会计职业道德风险）的适当管理与控制来维持其声誉的。

会计职业道德风险分析框架表明，直接或间接诱因和以判断为基础的决策组成的环境可能导致会计职业道德风险。然而，导致会计职业道德风险的环境前因只是非道德行为的必要非充分条件，公司治理结构、管制性监管、公司（事务所）文化、职业会计师的道德认知水平等因素共同作用可以有效减缓职业道德风险。会计职业道德风险会对资本市场及社会公众产生长期的不利影响，甚至导致资本市场的土崩瓦解。因此，只有对会计职业道德风险产生的前因后果在同一分析框架内做系统的研究，才能对会计职业道德风险的治理做出有效的制度安排，才能使有关的会计职业道德规则成为一套活生生的标准，有灵活性，能适应新时代。该分析框架的内在逻辑关系如图 2-17 所示。

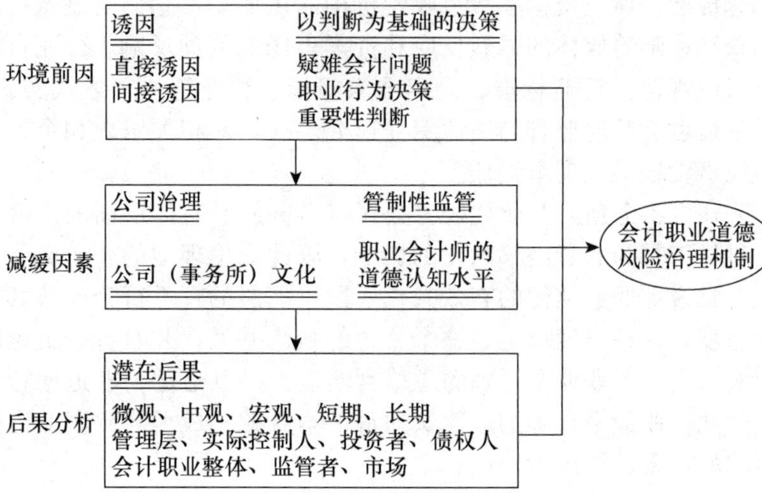

图 2-17　会计职业道德风险分析框架

本章小结

通过本章的学习，我们了解了会计舞弊的类型、方式、手段与后果。会计舞弊行为在微观上会损害投资者、债权人等利益相关者的切身利益，在中观上会破坏证券市场的资源配置效率，在宏观上会对国民经济的可持续发展造成严重阻碍。同时，我们学习了解释会计舞弊行为的诸多动因理论，包括舞弊的冰山理论、舞弊的三角理论、舞弊的 GONE 理论、舞弊风险因子理论、舞弊的菱形理论等。舞弊者实施舞弊行为的“潜意识”“合理化倾向”“贪婪”“情绪情感”“舞弊素质”等均与个人的价值观、伦理和职业道德水平高度相关，价值观与职业道德水平最终决定舞弊实施的概率。此外，我们还了解了舞弊行为的道德决策过程，理解了会计舞弊治理的核心便是会计职业道德治理。

通过本章的学习，我们能认识到，会计职业道德在职业会计师个人层面是典型的他律与自律的辩证统一，而在会计职业层面是典型的行为约束与核心价值的辩证统一。职业会计师对职业道德认知与判断存在六个道德判断发展阶段，从阶段一到阶段六是他律不断弱化而自律不断强化的过程。总体而言，会计职业道德履行机制包括自我履行和强制履行。会计职业道德风险分析框架包括导致会计职业道德风险的环境前因、环境前因的减缓因素、职业道德风险的后果分析。

关键术语

会计舞弊
财务舞弊
盈余操纵
管理舞弊
会计丑闻
资产挪用
经济后果
舞弊的冰山理论
舞弊的 GONE 理论
他律
行为约束
公众责任文化
拥护客户（雇主）文化

会计信息失真
财务报告舞弊
盈余管理
报表粉饰
腐败
道德行为
道德决策
舞弊的三角理论
舞弊的菱形理论
自律
核心价值
风险管理文化
会计职业道德风险

本章知识点回顾

关键术语解释

思考题

1. 全球及中国会计舞弊呈现出哪些特征与规律？您认为会计舞弊有哪些经济后果？

2. 有哪些理论可以解释会计舞弊行为的动因？这些理论有哪些区别？舞弊动因理论的作用是什么？

3. 会计舞弊行为与会计职业道德之间是什么关系？请描述舞弊行为的基本决策机制。为什么说会计舞弊治理的核心是会计职业道德治理？

4. 请阐述职业道德认知与判断的不同发展阶段对会计舞弊行为的影响。如何理解会计职业道德既是他律与自律的辩证统一，又是行为约束与核心价值的辩证统一？

5. 存在哪些不同的会计职业道德文化倾向？不同的会计职业道德文化倾向对职业会计师的行为有何影响？

6. 会计职业道德风险分析框架包括哪些要素？请具体展开论述。

案例讨论与分析

案例一　可控的伦理成本 vs. 失控的伦理代价：瑞幸会计舞弊透视

瑞幸咖啡（中国）有限公司（以下简称瑞幸）总部位于厦门，2017年成立，仅两年时间，其在华门店的数量便超越星巴克，成为我国最大的咖啡连锁品牌。2019年5月17日，瑞幸登陆纳斯达克，成为世界范围内从成立到IPO最快的公司之一，并于2020年1月完成增发及发行可转债，融资规模超过11亿美元。火速上市的背后隐藏着瑞幸财务造假的秘密，这个秘密最终被知名做空机构浑水公司（Muddy Waters Research，以下简称浑水）揭露出来。瑞幸从成为明星IPO企业到2020年6月29日摘牌退市，仅过去了一年时间。

名家解读
瑞幸的伦理问题

浑水指出，瑞幸在2019年通过虚增收入及支出进行欺诈，随后负责瑞幸IPO及年报审计的安永华明会计师事务所公开回应：在对瑞幸2019年年报审计过程中，发现部分管理人员在2019年第二至第四季度通过虚假交易虚增了相关收入、成本及费用，并就此向瑞幸审计委员会进行了汇报。迫于压力随之成立的瑞幸特别调查委员会负责相关内部调查，经调查发现，瑞幸2019年第二至第四季度与虚假交易相关的销售金额约为22亿元人民币，相应的成本和费用也存在问题。

舞弊手段是什么？

（一）虚增收入以满足业绩目标

瑞幸的管理层为获取竞争优势及交易机会，根据再融资和市值管理的业绩需要确定营业收入目标，在多家往来企业的帮助下，采用在线订单数据造假、关联方大量虚假购买代金券等方式虚增收入，最终虚增收入22亿元人民币，实际约占其对外披露收入的一半。

1. 在线订单数据造假

瑞幸因线下业务经营未达到预期状态，面临新客户留存率在初使用第二个月降至35%及以下、非核心客户占比显著增长、线下业务经营不理想等窘境。这“倒逼”瑞幸伪造线上数据。一个门店一天的线上订单量会被瑞幸夸大34～232单。瑞幸内部的数据相当于一个黑箱，外部人员难以查验，这为其数据资产舞弊创造了条件，投资者或监管机构很难发现其数据资产舞弊行为。

2. 关联方大量虚假购买代金券

咖啡属于个人消费品，瑞幸的客户本应以个人客户为主，单位客户购买少量咖啡代金券尚属正常。但2019年5月起，瑞幸咖啡新增的B端大客户和新增供应商多达十几家，例如，青岛志炫商务咨询有限公司在相关交易中扮演B端大客户的角色，但该公司实际上与瑞幸的多名董事和高管存在关联关系。2019年4—12月，瑞幸在确定营业收入目标后，制定咖啡代金券销售数量计划，安排关联公司汇入购买代金券的账款，同时通过信息技术（IT）手段分摊这些咖啡代金券，模拟咖啡消费行为，虚构销售交易。

（二）广告支出大幅增长以合理化净利润

2019年第二季度开始，瑞幸广告支出大幅增长。2019年第二季度瑞幸公开广告支出为2.42亿元，2019年第三季度增加至3.82亿元。虚增的广告费用与瑞幸门店虚高的收入非常接近，前者约为3.36亿元，后者约为3.97亿元。瑞幸夸大广告成本，主要为平滑净利润，避免外界通过简单的财务报表逻辑勾稽关系和同行业数据对比发现其造假的外在逻辑证据。

舞弊后果是什么?

（一）市场反应

瑞幸在浑水发布做空报告的当日股价收跌10.74%，最大跌幅26.51%，并收到纳斯达克两次退市通知，最终于2020年6月29日正式摘牌退市。

（二）监管处罚

瑞幸通过严重虚报公司收入、支出和净经营亏损来虚假显示取得了快速增长和盈利增加并达到公司的盈利预期，对投资者来说是一种严重的欺诈行为。2020年9月18日，国家市场监督管理总局宣布，对瑞幸等五家公司做出行政处罚，罚款200万元人民币。2020年12月16日，瑞幸同意支付1.8亿美元罚款就造假案与美国证券交易委员会（SEC）达成和解。2021年9月21日，瑞幸发布公告，称已与美国集体诉讼的原告代表签署1.875亿美元的和解意向书。

（三）董事责任保险

董事责任保险的全称是董事、监事、高级管理人员及公司赔偿责任保险，这是一种对公司董事、监事及高级管理人员在行使其职责时产生的错误或疏忽的不当行为进行赔偿的保险。在瑞幸事件前，上市公司很少考虑购买董事责任保险，瑞幸在赴美上市之前就购买了总保额达2 500万美元的董事责任保险，这一举措使该险种得到越来越高的关注。但瑞幸事件使中概股信誉岌岌可危，不少保险公司都提高了投保门槛。

（四）中概股信任危机

瑞幸事件引发了持续发酵中的第二次中概股信任危机，2020年2—4月，共有9家中概股公司被做空。这些公司都涉及财务舞弊、公司治理、商业模式等问题。

（五）美国监管部门反应强烈

瑞幸事件同时引发了美国监管部门的强烈反应。2020年4月21日，SEC

发布名为《新兴市场投资涉及重大信息披露、财务报告和其他风险，补救措施有限》的声明，声明称“与美国国内相比，包括中国在内的许多新兴市场，信息披露不完全或具有误导性的风险要大得多，并且在投资者受到损害时，获得追索的机会要小很多”。此外，声明还指出“美国公众公司会计监督理事会（PCAOB）在获取对在美上市中国公司进行审计所需的基础工作文件方面能力有限”。2020 年 4 月 23 日，SEC 主席杰伊 · 克莱顿（Jay Clayton）称：“因为信息披露的问题，投资者近期在调整仓位时，不要将资金投入在美国上市的中国公司股票。”2020 年 5 月 20 日，美国参议院一致通过了《外国公司问责法案》，其中规定，外国公司需按照 PCAOB 对会计师事务所的检查要求披露审计报告，三年内不符合要求的企业将被禁止在美国证券交易所进行交易。

案例要求：

1. 请结合本章内容，谈一谈瑞幸会计舞弊行为的经济动因是什么。根据您的了解，导致瑞幸发生严重舞弊行为的因素有哪些？

2. 瑞幸存在哪些非道德行为？会计舞弊行为的后果包括哪些？

3. 瑞幸事件导致了失控的道德代价吗？瑞幸事件为什么会引发第二次中概股危机？

4. 案例中的安永华明会计师事务所是否审计失败？谈谈您的看法。

5. 瑞幸的会计舞弊行为违反了哪些职业道德原则？

案例二　如何避免重现瑞幸风波

名家解读
瑞幸，始于商业模式，终于商业伦理

瑞幸事件带来的后果是连锁式的，不仅影响到企业个体层面，还影响了监管者、投资者、公众等一系列利益相关者。长期来看，美国投资者对于中概股的信任危机需要较长时间进行修复。那么这样的舞弊到底是如何发生的？我们又该如何避免？下面从瑞幸的商业模式出发，从职业道德的角度讨论这个问题。

商业模式

数据的“潜在价值”成就了互联网企业“工具＋社群”、免费、平台、O2O、长尾和跨界等多样化商业模式的出现。瑞幸和星巴克最大的不同就是瑞幸通过互联网方式销售产品，属于典型的数据驱动的 O2O 商业模式。瑞幸在数据思维和数据技术的驱动下，与客户建立密切联系，所有交易依赖于手机客户端完成，通过手机客户端与客户形成连接，进而分析客户的消费行为，定向差异化营销。

显然，数据成为瑞幸商业模式创新的重要基础。又因为互联网企业存在一定规模效应，瑞幸的业务扩张能够为其带来更多有价值的数据，为其市场估值水平提供更大的空间。瑞幸的商业模式是通过做大流量、获取数据的方式来提升估值，而不考虑盈利问题。这种模式已经被国内众多互联网企业，比如爱奇艺、滴滴出行、哔哩哔哩等流量巨大但始终亏损的企业反复采用，瑞幸的CEO陆正耀也曾通过这种方式运营神州租车等企业。

但是，瑞幸获得这样大体量的数据背后，隐藏着一个数据黑箱：我们只能看到数据输入和输出，中间过程只有少数的“局内人”知道，瑞幸如何处理数据、是否进行篡改或者转卖，对于外部人员来说都是未知的。在无外部人员监督、竞争者很少的情况下，想要诚实、可靠、恰当地使用这些数据，只能依靠职业道德。同理，防止类似瑞幸这种情况的财务报告舞弊，更需要依靠会计职业道德发挥作用。

外部监督

1. 做空

会计职业道德风险分析框架中，做空是外部监督的一种重要形式。在瑞幸事件中，浑水发布做空报告的本质是逐利的，但归根结底，瑞幸本身的确存在严重的数据造假、会计舞弊行为。对于大部分参与做空的机构而言，其切入点仍然是企业未能真实、准确、完整、及时地披露相关信息。从这个角度看，做空的压力能时刻监督上市公司的管理层，迫使他们关注自己的言行、关心公司的治理结构等潜在的风险领域，对净化市场环境、提升市场效率起到了一定的积极作用。也是在这种做空压力下，管理层与会计师的舞弊行为被发现概率大大提升，能减缓职业道德的风险环境，有利于避免类似瑞幸的丑闻再度出现。

2. 政府监管

瑞幸作为一家在美国上市的中国企业，会计舞弊丑闻爆发后，受到了中美两国市场监督机构的惩罚。美国的证券市场采用注册制，相对成熟与宽松，更加强调市场的作用。在企业舞弊与政府监管的博弈之中，如果涉及数据与互联网，政府在这方面的先进性往往处于下风，无法采用更为主动的策略进行反舞弊及伦理监管。如果要规制这种滥用数据的会计舞弊现象，政府需要提升大数据治理的能力。

内部控制

瑞幸事件让监管者意识到，要进一步强化企业内部控制监督，加大违法违规惩戒力度。在事前，应持续加强企业内部控制，提升公司治理水平，从源头上防范舞弊、欺诈等行为的产生；在事后，应借新《证券法》实施的契机，逐步加大对上市公司违法违规惩戒力度，约束公司管理层潜在的非理性行为。但也要认识到，上述事前事后的监管是一个持续完善的过程，难以一蹴而就，事中的强化信息披露仍然是缓解当前资本市场突出矛盾最为快捷有效的手段。应制定长期规划，将事前、事中、事后监督与治理相结合，逐步实现从不敢造假、不能造假到不想造假的转变。

公司治理

就目前瑞幸咖啡事件进展来看，治理层对管理层的造假行为似乎并不知情，虽然事实仍有待进一步挖掘，但是至少表明监事会、独立董事、董事会、专业委员会等没有发挥应有的作用。上市公司应从内部监督做起，完善治理结构，发挥治理层对信息披露的监督作用，持续强化公司治理作用的发挥，将欺诈等行为扼杀于起点。

公司文化

公司文化代表着公司整体层面的价值观和经营理念，对员工行为有着潜移默化的影响，因此，建设伦理型的企业文化，建立倡导职业道德的部门等，都是引导员工自觉遵守职业道德的有效教化手段。同样是互联网企业，腾讯 2019 年首次成立“反腐败调查部”，将“正直”纳入企业价值观；百度成立了“职业道德建设部”，负责保证员工履行职业道德；阿里巴巴成立“廉政合规部”，与内审内控部门保持充分独立。瑞幸在浑水发文数日后，直到其年报审计机构安永承认有舞弊情况后，才成立特别调查委员会，可见其公司文化对于反舞弊以及职业道德的强调还有待提高。2021 年 1 月 6 日，瑞幸的董事长兼 CEO 也深陷腐败丑闻，想要缓解职业道德的风险环境，瑞幸的公司文化仍然需要调整。

案例要求：

1. 请结合本章内容，谈一谈该如何避免瑞幸事件再次发生。

2. 本案例中，瑞幸基于数据驱动商业模式的会计舞弊行为的主要特征包括哪些？

3. 如何评估公司的会计职业道德风险？结合本案例，说明哪些环境因素系统地诱发了瑞幸的会计职业道德风险。

4. 长期而言，您认为该如何设计会计职业道德的治理系统？

第三章

会计职业道德基本规范

总书记论道德

法律是成文的道德，道德是内心的法律。法律和道德都具有规范社会行为、调节社会关系、维护社会秩序的作用，在国家治理中都有其地位和功能。法安天下，德润人心。法律有效实施有赖于道德支持，道德践行也离不开法律约束。法治和德治不可分离、不可偏废，国家治理需要法律和道德协同发力。

——2016 年 12 月 9 日，习近平在主持中共中央政治局第三十七次集体学习时的讲话

素养提升

1. 基于会计职业道德规范的发展历史，深刻领会法治与德治的辩证统一，认识到中国梦的实现离不开会计职业道德规范的实施。

2. 透过会计职业道德的各项基本原则，深刻理解“诚信为本、操守为重、坚持准则、不做假账”这 16 字箴言的重要性，主动形成和践行诚实守信的职业品格和职业信念。

学习目标

1. 了解并掌握主要会计职业团体制定的职业道德规范体系的框架结构；

2. 学习并深刻理解主要会计职业团体制定的会计职业道德基本原则的内涵与要求。

思维导图

引例

正则会计师事务所与屈原：循绳墨而不颇

1918 年 6 月，我国第一位注册会计师、会计师制度创始人谢霖先生向北洋政府农商部、财政部递交了职业会计师业务的呈文和章程，申请在北京设立会计师事务所，同年 7 月 16 日，北洋政府农商部、财政部分别签发了批示。于是，我国第一家会计师事务所正式对外营业，取名为“正则会计师事务所”。

谢霖的会计师事务所为何取名为“正则”呢？这一名字的灵感来自屈原的《离骚》。《离骚》中写道：“帝高阳之苗裔兮，朕皇考曰伯庸。摄提贞于孟陬兮，惟庚寅吾以降。皇览揆余初度兮，肇锡余以嘉名。名余曰正则兮，字余曰灵均。”

正则，即屈原之名，这一名字的含义为“循绳墨而不颇”，是正其礼仪法则，公正公平之意，意在言其谨守法则，决不偏颇走邪路。谢霖为其事务所定名为“正则”，便是希望事务所、事务所的工作人员以及事务所培养的会计人员能够秉承屈原的公平正义之精神去从事会计相关业务。这便是谢霖所倡导的会计职业道德。

谢霖开办正则会计师事务所后，面向社会公众执行公共会计师业务，一直践行并传导“正则”之意。正则会计师事务所高举“求正、守则”大旗，秉守“执业之基在于求正，存身之本在于守则”的理念，在中国会计发展史上留下了光辉的印记。正则会计师事务所后来又创办了正则会计实习学校，开培训会计人才之先河，影响遍及全国。

正则会计师事务所虽已成为历史，但穿越百年时空，会计职业道德规范仍指引着无数的会计从业人员。

资料来源：杨良成. 正则会计师事务所的由来.（2020-10-30）[2024-11-04]. 人文会计微信公众号.

正如本章引例所述，“求正、守则”等会计职业道德基本规范的建立是会计职业得以持续发展的灵魂，是市场经济环境下会计职业发挥社会价值的基石。通过本书第一、二章的阐述，我们已经明确了会计职业与会计伦理以及会计舞弊与道德行为之间的基本关系。在此基础上，本章首先介绍世界上一些主要会计职业团体所制定的会计职业道德规范体系之结构，进而阐述会计职业道德规范体系的核心要素，即会计职业道德基本原则。

第一节　会计职业道德规范体系

美国注册会计师协会（AICPA）的前身美国公共会计师协会（AAPA）对会计职业道德规范的标准化、成文化与体系化发展起到重要的推动作用，它使会计职业道德从“抽象观念”转变为“具体的行为规范”。本节主要介绍世界上一些主要会计职业团体制定的标准化、成文化的会计职业道德规范体系之结构，为本章第二节及本书后续各章对会计职业道德之基本原则、概念框架与行为规则展开详细的讨论做出总括性描述。

第一节
即测即评

一、美国

（一）美国注册会计师协会

19 世纪末 20 世纪初，美国从事注册会计师职业的人数剧增，大量不合格者也自称会计师，招揽业务，广告五花八门。早期从业者和社会公众感到，仅以抽象的职业道德观念约束会计师行为已然失效，有必要在职业界内部建立正式的机构，专门研究和制定职业道德标准。1906 年，在蒙哥马利和劳伦斯·迪克西的极力倡导下，美国公共会计师协会（AAPA）建立了一个正式的道德委员会，以制定职业道德标准（即规范体系）。这标志着职业界从对一般道德概念的理解、内心的体悟、训诫性言辞转而踏上了职业道德规范的标准化轨道，并向体系化发展。1907 年，AAPA 以“职业道德”为标题制定了世界上首份成文的职业道德准则。① 1916 年，AAPA 更名为美利坚会计师协会。

1917 年，美国会计师协会（AIA）成立并取代 AAPA，被全体会员进一步赋予制定和实施职业道德准则的权力。于是，AIA 正式授权道德委员会考察和评价会员遵守道德标准的情况。1917 年，AIA 发布了第一份较为全面的职业道德准则，包括八条行为规则。②

---

①　这样就形成了最初的五条禁令性的职业道德准则，每条都以“会员不得”开始。这些准则禁止：（1）除会员以外的人使用 AAPA 会员的身份；（2）与外行分享专业收费；（3）从事不相容工作；（4）未经 AAPA 会员适当的介入或监督而证明会计工作；（5）在商业广告中，会员使用注册会计师或类似的公共会计师名称，或准许任何组织使用这样的名称，除非所提到的名称是由国家法律授权的。

②　在 1907 年的五条基础上增加以下三条：（1）不得故意对严重失实或严重漏记的财务报表进行证明；（2）不得不通知协会就努力参与制定和修改将对会计实务产生影响的规定；（3）不得恳求委托人，或侵犯其他协会会员的业务。

1929 年，美国股票市场大崩溃，社会公众与政府认为，会计职业界未能提出和实施严格的职业道德和教育准则，这十分明显且达到了令人痛惜的程度。1933 年和 1934 年先后颁布的体现保护投资者思想的《1933 年证券法》和《1934 年证券交易法》，以及美国证券交易委员会（SEC）的成立，标志着美国注册会计师行业正式的外部监管制度（双重管制）的开始。于是，1936 年，与 AIA 对峙、竞争的美国注册会计师联合会（ASCPA，成立于 1921 年）与 AIA 合二为一，并保留后者的名称。1957 年，AIA 更名为美国注册会计师协会（AICPA）。1939 年 SEC 决定，在 AICPA 的道德委员会对协会成员的调查或惩戒方面，SEC 将主动提出建议。针对政府直接干预的威胁，AICPA 理事会于 1940 年授权道德委员会调查任何预示其会员可能违背行为规则的事项，而不管消息来源如何。在此背景下，统一后的职业界明确显示出保护公众利益、提高服务质量的姿态，积极采取行动努力构造和管制会员的行为，对职业道德准则进行了一系列重大修正，并于 1940 年增加到 15 项准则。①

进入 20 世纪 60 年代，美国注册会计师行业迎来了“诉讼爆炸”。② 为此，1967 年，AICPA 的职业道德部发起对当时的职业道德准则的广泛检查，这个任务是由准则重述特别委员会来具体完成的。准则重述特别委员会对当时的准则进行了逐字逐句的分析后指出，必须全面修正职业道德准则。1972 年 5 月，准则重述特别委员会向 AICPA 理事会提交了修正后的《职业道德准则》，于 1973 年 3 月 1 日正式生效。修改后的准则由三部分构成。

（1）职业道德概念（concepts of professional ethics）。包括五个广义的概念：独立性、正直与客观性，一般标准和技术标准，对客户的责任，对同事的责任，其他责任和活动。

（2）行为规则（rules of conduct）。从概念中推导而成，由 15 条规则构成。

（3）对规则的解释（interpretation for rules）。1973—1977 年，又增加了职业道德裁决（ethics rulings）部分，概括了行为规则及其解释在各种特殊情况下的运用。

应该说，AICPA 修正的于 1973 年 3 月生效的《职业道德准则》在世界职业道德标准的体系化方面具有里程碑意义，它标志着职业道德规范走向了第一个巅峰。

---

① 1940—1966 年，几乎没有对职业道德准则进行过新的正式讨论。1956 年，AICPA 重新检查了以前发布的职业道德准则，将注意力放在未曾特别强调的道德问题上，诸如税务业务和管理咨询服务等传统鉴证业务以外的职业道德问题，并将这些规则以单一职业道德规范的形式正式发表。该规范结合职业道德委员会的其他参考意见，于 1962 年被 AICPA 的全体会员正式采纳，并依据注册会计师行为的五个方面加以组织，它们是：（1）协会会员与客户及公众的关系；（2）技术标准；（3）营销惯例；（4）操作实务；（5）与协会会员之间的关系。

② 据《华尔街日报》1966 年 11 月 15 日的一篇文章估计，仅在 1966 年后期，就有将近 100 宗指控注册会计师的法律诉讼。

（1）提出了缜密的规范体系，从道德概念到道德规则、规则解释，再到规则裁决，四大层次之间相互连贯，由疏到密，共同形成了职业道德规范的完整体系。①

（2）一反过去惯常的禁止性戒律，提出了职业道德概念（“肯定的道德原则”或“高标准性质的原则”），表述了注册会计师应努力争取的行为和力求达到的目标，体现出注册会计师职业整体所做的提供高质量的服务以保护公众利益承诺和服务于广大投资人的职业形象。

（3）具有深远的历史及国际影响。它成为当今美国及其他国家会计职业道德规范的雏形。

20世纪80年代，美国资本市场飞速发展，公众对注册会计师提供高质量的服务以保护其利益的期望比以往更高，针对注册会计师的诉讼案件层出不穷的情况②，法庭顺应公众要求，扩大了注册会计师的责任③。在此背景下，AICPA于1983年10月成立了注册会计师职业行为特别委员会（即安德森委员会，The Anderson Committee），其基本任务是：考察变化了的职业和监管环境，彻底评估现行道德准则的相关性和有效性，对今后应采取的行动提出建议。安德森委员会经过三年的广泛调查与周密分析，在1986年发布的《公众期望差距报告》（安德森报告）中指出：科恩委员会（The Cohen Committee）在报告中所保证的审计责任程度尚未满足公众的期望，在美国国会、传媒、管理当局和公众对注册会计师的批评意见中，一些合理的关注主要涉及注册会计师的行为和工作质量。

根据安德森报告的建议，1988年AICPA对《职业道德准则》在内容上进行了全面修正，并更名为《职业行为守则》（Code of Professional Conduct），于1988年1月12日正式采纳，其在结构上基本保持与1973年的准则体系相同，只是将原准则的第一部分“职业道德概念”改为“职业行为原则”。如图3-1所示，这一规范体系在结构上分为四个层次：职业行为原则（principle of professional conduct）、职业行为规则（rule of professional conduct）、行为规则解释（interpretation of rules of conduct）、职业道德裁决（ethics rulings）。

至此，美国以详细规则为导向（rule-oriented）的《职业行为守则》完全成型，其他国家纷纷仿效。此后，AICPA根据会计职业环境的变化对职业行为守则进行多次修订，具体规则更加详细，但其整体结构保持不变。

---

① 历史地看，这套职业道德规范起到了对注册会计师道德行为严密有效控制的作用，使美国在整个20世纪70年代控告注册会计师的诉讼案大幅度下降。

② 据估计，1981—1985年，美国17家大型会计师事务所打官司的费用总和已达2亿美元，同期的保险费用则增加了约100%；最大的20家大型会计师事务所每年支付的失职保险费约在3 500万～5 000万美元。

③ 比如，在罗森布罗诉阿德勒案中，法官认为注册会计师对依赖其审计意见的所有人负有道义上的责任，并通过判决使习惯法基础上注册会计师应承担的过失责任扩大到可预见的第三方。

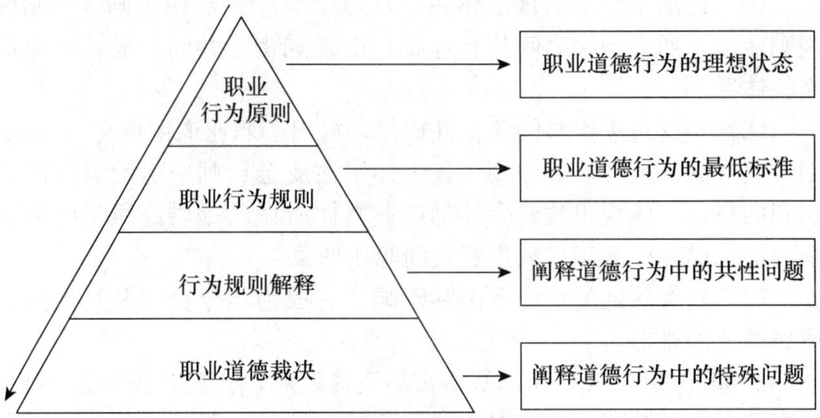

图3-1　AICPA《职业行为守则》框架

随后，由于英格兰与威尔士特许会计师协会（ICAEW，1996）、美国独立性准则委员会（ISB，2000）、国际会计师联合会（IFAC，2004）的推动，将概念框架法（conceptual framework approach）作为制定和修订职业道德守则的方法日益流行起来，并呈现出较快的国际趋同。于是，AICPA职业道德执行委员会于2004年将概念框架法应用于职业道德守则之独立性准则，发布了《独立性准则之概念框架》，并于2014年6月1日首次发布全面基于概念框架法的新版《职业行为守则》，该守则于2014年12月15日起生效。AICPA 2014版《职业行为守则》在内容上分为四大部分：

（1）前言。主要介绍守则的目标、适用范围、守则结构并界定适用于所有类型会计师应遵循的会计职业道德基本原则和各种专门术语等。

（2）适用于注册会计师的职业道德守则。

（3）适用于受雇会计师（单位会计人员）的职业道德守则。

（4）适用于其他类型会员（如退休或离职人员）的职业道德守则。

在上述内容中，除前言外，其他三部分内容在结构上如图3-2所示。2014版AICPA《职业行为守则》的整体结构一直保持至今，其具体条款最近一次更新为2023年12月。

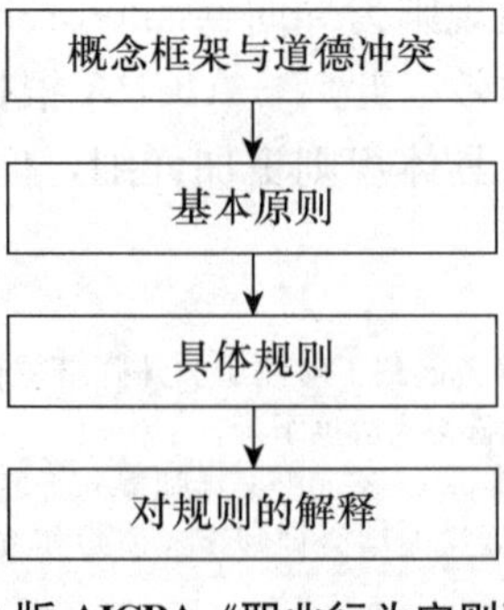

图3-2　2014版AICPA《职业行为守则》的内容结构

（二）美国管理会计师协会

美国管理会计师协会（Institute of Management Accountants，IMA）的前身系美国成本会计师协会（NACA），它创立于 1919 年，1991 年更名为美国管理会计师协会（IMA）。作为 COSO 的创始成员及国际会计师联合会的主要成员，IMA 在管理会计、公司内部规划与控制、风险管理等领域做出了巨大的贡献。此外，IMA 在美国财务会计准则委员会（FASB）和 SEC 等组织中也起到了非常重要的作用。历经多年发展，IMA 在全球范围的影响力与日俱增，现今在全球 150 个国家和地区的 300 多个分会及精英俱乐部拥有超过 125 000 名成员。

IMA 下设道德委员会（IMA Committee on Ethics），它为不断变化的会计职业提供深入的见解，促进和鼓励协会成员践行符合高道德标准的商业惯例。道德委员会负责修订和发布 IMA 的《职业道德守则公告》（Statement of Ethical Professional Practice，SEPP），并向 IMA 成员提供主题专业知识，以解决道德问题。IMA 所发布的最新版《职业道德守则公告》于 2017 年 7 月 1 日生效，新版公告反映了商业和监管环境的变化以及管理会计职业的全球化，公告中指出，IMA 成员的行为应该符合职业道德，遵循职业道德规范实践的行为，包括遵循规定成员价值的所有原则以及引导成员行为的标准。最新版 IMA《职业道德守则公告》框架如图 3－3 所示，其内容主要分为三个部分：第一部分为原则，包括诚实、公平、客观和负责；第二部分为标准，指出 IMA 成员有责任遵守并拥护 IMA 关于胜任能力、保密、诚信和可信性的标准，这一部分内容将在本章第二节详细阐述；第三部分为解决职业道德问题，列示了成员在遇到职业道德问题或不道德行为时应采取的解决方案以及应考虑的问题。

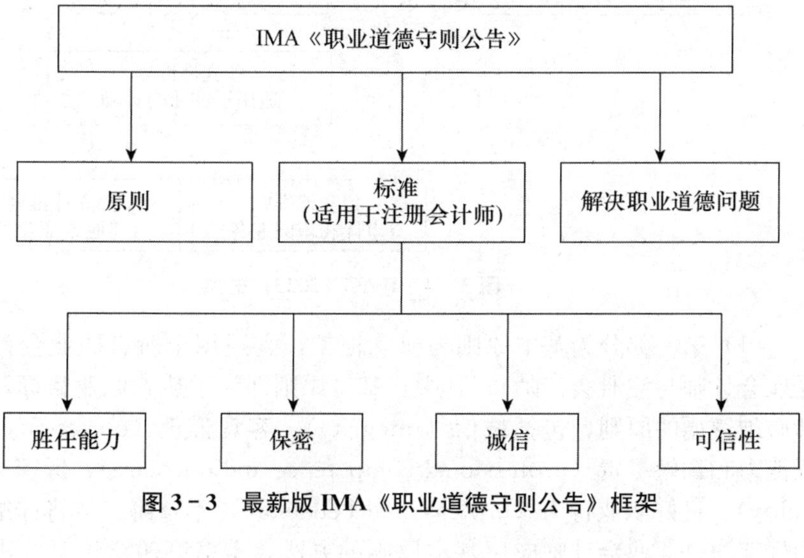

图 3－3　最新版 IMA《职业道德守则公告》框架

二、国际会计师联合会、英国特许公认会计师公会和日本公认会计士协会

（一）国际会计师联合会

国际会计师联合会（IFAC）为了协调国际职业道德规范，其下属的国际会计师职业道德准则理事会（International Ethics Standards Board for Accountants，IESBA）于 1996 年制定和颁布了《国际会计师职业道德守则》（International Code of Ethics for Professional Accountants）。IFAC 自 2004 年开始采用原则导向和概念框架法制定和修订职业道德守则。

原则导向和概念框架法的主要优点有：（1）基本原则有合乎逻辑的指南给予支持，能避免对没有特别禁止的行为方式的争论；（2）基本原则简单易懂，几乎能应用于所有的情形，以避免规则导向所带来的刚性过度问题；（3）商业环境和组织的结构总是处于变化之中，只有建立原则导向和概念结构才能应对这一变化，而规则导向法需要更加全面的规则，并应不断更新；（4）概念框架法认识到，审计师不能做到完全免于任何威胁，所能做的就是使对基本原则遵循的威胁降到不重要的水平。

1996—2020 年，IESBA 每隔 1～2 年对职业道德守则进行一次修订，2023 年版 IFAC《国际会计师职业道德守则》［以下简称 IFAC（2023）］于 2023 年 9 月开始生效，如图 3-4 所示，它主要由四部分内容构成。

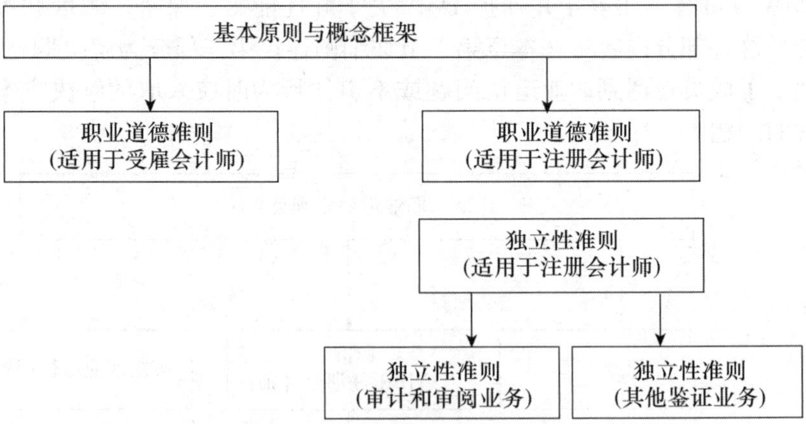

图 3-4 IFAC（2023）框架

（1）第一部分为基本原则与概念框架，它适用于所有职业会计师（包括受雇会计师与注册会计师）。其中，基本原则即为了达到职业目标，职业会计师必须遵循的原则，包括诚信（integrity）、客观公正（objectivity）、专业胜任能力和勤勉尽责（professional competence and due care）、保密（confidentiality）、良好职业行为（professional behavior），本章第二节将详细阐述；概念框架法是职业会计师应用基本原则的方法，本书第四章将对此进行详细的阐述。

（2）第二部分为适用于受雇会计师（内部会计人员）的职业道德准则（基本原则与概念框架对受雇会计师的应用）。该部分涵盖了受雇会计师可能面临的威胁与防护（threats and safeguards）、利益冲突（interest conflicts）、信息编报（preparation and reporting of information）、充分的专业能力（acting with sufficient expertise）、财务利益（financial interests）、诱惑（inducements）、对违反法律和监管的反应（responding to non-compliance with laws and regulations）、违背基本原则的压力（pressure to breach the fundamental principles）。

（3）第三部分为适用于注册会计师的职业道德准则（基本原则与概念框架对注册会计师的应用）。该部分涵盖了注册会计师可能面临的威胁与防护（threats and safeguards）、业务约定（professional appointment）、利益冲突（conflicts of interest）、第二次意见（second opinions）①、收费和其他类型的佣金（fees and other types of remuneration）、诱惑（包括礼物与赠品）（inducement，including gifts and hospitality）、客户资产的保管（custody of client assets）、对违反法律和监管的反应（responding to non-compliance with laws and regulations）等。

（4）第四部分为适用于注册会计师的独立性准则，它又分成平行的两部分——审计和审阅业务应遵循的独立性准则、其他鉴证业务应遵循的独立性准则。

（二）英国特许公认会计师公会

英国特许公认会计师公会（The Association of Chartered Certified Accountants，ACCA）的历史可追溯至1904年。20世纪初，英国的两大皇家特许会计师公会分别是英格兰及威尔士特许会计师协会（ICAEW）和苏格兰特许会计师协会（ICAS）。当时，仅有男性可获取会计师资格，取得执业资格的先决条件是拥有会计师事务所审计工作经验，为此，必须向协会付出高额的见习学费，当时只有少数有条件的人才能负担得起。换言之，ICAEW和ICAS垄断着培养英国会计人才的市场，这为取得会计职业资格设置了一道常人难以跨越的门槛。为了改变这一现状，使更多立志于成为会计师的年轻人能够在会计领域学习和成长，亚瑟·普里德尔（Arthur Priddle）及其同伴创办了伦敦会计师公会（London Association of Accountants），这便是ACCA的前身。

最初，ACCA的目标是帮助英国的年轻人取得专业会计师的资格，打破背景和家庭条件的限制，同时为女性敞开会计专业的大门。自20世纪30年代起，ACCA开始为众多发展中国家提供职业资格考试。1974年11月25日，ACCA获得皇家特许状，确立了其特许地位和资格；随后，英国皇室颁

① 第二次意见（second opinions）是指注册会计师对一个非现有的客户发表意见，相对于其前任会计师所发表的意见而言属于“第二次”意见。

发诏令，ACCA 的会员也可以被称为皇家特许的专业会计师。20 世纪 80 年代，ACCA 资格考试的内容已不再局限于英国的会计专业和体系，协会开始根据不同国家与地区的法律和税制体系设计和提供不同的考题。20 世纪 90 年代，ACCA 根据国际会计准则制定了新的考试大纲，开创了行业先河。经历百年发展，ACCA 在全球拥有超过 220 000 个成员和 540 000 个准成员，为会计职业的国际化发展做出了重要贡献。

作为 ACCA 会员执业的权威指南，《ACCA 规则手册》（ACCA Rulebook，以下简称《规则手册》）自发布以来，几乎每年都会根据法规发展和政策要求进行更新，最新版本于 2024 年 4 月 1 日生效。《规则手册》的内容分为五个部分（如图 3－5 所示）：第一部分为皇家宪章、细则与理事会规章，阐明 ACCA 如何管理自身以及包括 ACCA 理事会在内的成员所发挥的作用。第二部分为规章制度，规定了 ACCA 的成员及学生的基本规章制度，包括成员资格、执业安排、监管和纪律事项等。第三部分为道德和行为守则。在这一部分，ACCA 采纳 IESBA 于 2018 年 4 月发布的《国际会计师职业道德守则》，根据 ACCA 官网披露的内容，ACCA 对此部分的做法为“完全采纳守则的内容并不作修改”[①]。这一部分又细分为以下三个部分：基本原则与概念框架、适用于受雇会计师（内部会计人员）的职业道德准则（基本原则与概念框架对受雇会计师的应用）、适用于注册会计师的职业道德准则（基本原则与概念框架对注册会计师的应用）。第四部分为规则手册档案，由存档的规则手册和存档的规则手册注释组成。合并规则手册的存档版本适用时间为 2007 年 1 月 1 日至 2019 年 10 月 13 日。从 2019 年 10 月 14 日起，附则、个别规定和道德与行为准则为单独的存档版本。第五部分为职业赔偿保险法规，ACCA 于 2023 年 9 月 1 日推出新的职业赔偿保险法规（Professional Indemnity Insurance，PII），该法规对所有持有执业证书并在英国和爱尔兰从事公共执业和监管活动的 ACCA 成员开展强制性要求，为从业人员就专业过失提出索赔提供保障，这一保障将使从业人员避免面临重大业务风险和个人资产损失。

（三）日本公认会计士协会

日本公认会计士协会（The Japanese Institute of Certified Public Accountants，JICPA）成立于 1949 年，是日本会计行业的唯一组织。1966 年，JICPA 根据《公认会计士法》重组，会员由四部分组成：公认会计士、境外公认会计士、审计公司和初级公认会计士（联系会员）。

---

① 与 ACCA 的做法一样，ICAEW 于 2020 年 1 月 1 日开始应用其制定的《道德守则》（ICAEW Codes of Ethics），该守则亦是以 IESBA 的《国际会计师职业道德守则》为基础所制定的，其主要内容和结构均与《国际会计师职业道德守则》趋同，因此在本节中不再赘述。此外，澳大利亚公共会计师协会（The Institute of Public Accountants，IPAAU）之会计职业与道德准则委员会（Accounting Professional and Ethical Standards Board，APESB）于 2018 年 11 月最新发布的《职业会计师道德守则》也与《国际会计师职业道德守则》完全一致，因此在本节中不再赘述。

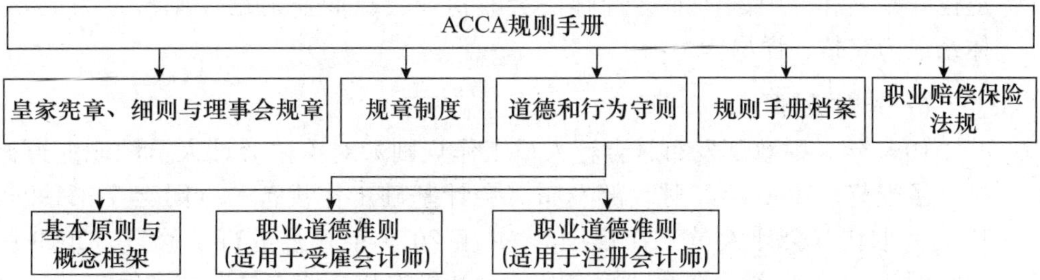

图 3-5　2024 版 ACCA《规则手册》框架

JICPA 于 1966 年 12 月 1 日颁布了《日本公认会计士行为规则》（以下简称《行为规则》），该规则此后经历多次修订，目前采用的版本是 2019 年 7 月 22 日发布的最新修订版。《行为规则》规定了日本公认会计士为保持尊严和公正地履行行为职责而必须遵守的基本职业道德准则（如图 3-6 所示），包括前言和三章。第一章为总则，分为四个部分：协会成员在执业过程中所应遵循的职业道德基本原则、概念框架法的应用、消除各项基本原则之间的冲突、与监事等的沟通。第二章为针对会计师事务所从业人员的规则。第三章为针对企业从业人员的规则。后两章在第一章的基础上，阐述了不同从业人员在执业过程中应如何遵循职业道德基本原则，如何应用概念框架法，如何应对在执业过程中可能遇到的诸如利益冲突、违法行为等问题。

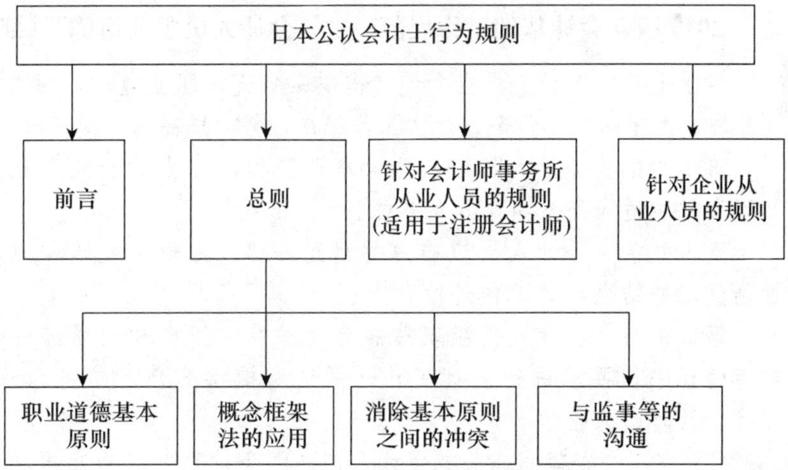

图 3-6　2019 版 JICPA《行为规则》

三、中国

改革开放以来，中国会计职业相关管制部门（如财政部与审计署）与协会组织（如中国注册会计师协会、中国内部审计协会、中国总会计师协会等）均制定了与其管制对象相适应的会计职业道德规范，并进行持续修订。截至 2021 年 3 月，以中国注册会计师协会于 2020 年颁布的《中国注册会计师职业道德守则》和《中国注册会计师协会非执业会员职业道德守则》最为成熟，体系最为完整、详尽。

（一）财政部

1984 年，财政部发布《会计人员工作规则》对单位会计人员的职业道德进行了规范。1996 年，财政部发布《会计基础工作规范》（财会字〔1996〕19 号）取代《会计人员工作规则》，并于 2019 年 3 月进行了修订。2019 版《会计基础工作规范》在其"第二章　会计机构和会计人员"之"第二节　会计人员职业道德"中对单位会计人员的职业道德提出了八条总括性的规范：爱岗敬业、诚实守信、廉洁自律、客观公正、坚持准则、提高技能、参与管理、强化服务。

2023 年，为推进会计诚信体系建设，提高会计人员职业道德水平，财政部印发了《会计人员职业道德规范》，这是我国首次制定全国性的会计人员职业道德规范，明确提出了会计人员"三坚三守"：第一，"坚持诚信，守法奉公"，要求会计人员牢固树立诚信理念，学法知法守法；第二，"坚持准则，守责敬业"，要求会计人员严格执行准则制度，爱岗敬业，忠于职守；第三，"坚持学习，守正创新"，要求会计人员始终秉持专业精神，不断适应新形势新要求，开拓创新，强调会计人员在"坚"和"守"中保持职业特性和价值追求。

2019 版《会计基础工作规范》之"会计人员职业道德"（部分）

第十七条　会计人员在会计工作中应当遵守职业道德，树立良好的职业品质、严谨的工作作风，严守工作纪律，努力提高工作效率和工作质量。

第十八条　会计人员应当热爱本职工作，努力钻研业务，使自己的知识和技能适应所从事工作的要求。

第十九条　会计人员应当熟悉财经法律、法规、规章和国家统一会计制度，并结合会计工作进行广泛宣传。

第二十条　会计人员应当按照会计法律、法规和国家统一会计制度规定的程序和要求进行会计工作，保证所提供的会计信息合法、真实、准确、及时、完整。

第二十一条　会计人员办理会计事务应当实事求是、客观公正。

第二十二条　会计人员应当熟悉本单位的生产经营和业务管理情况，运用掌握的会计信息和会计方法，为改善单位内部管理、提高经济效益服务。

第二十三条　会计人员应当保守本单位的商业秘密。除法律规定和单位领导人同意外，不能私自向外界提供或者泄露单位的会计信息。

拓展阅读
《会计人员职业道德规范》：如何认识和践行

第二十四条 财政部门、业务主管部门和各单位应当定期检查会计人员遵守职业道德的情况，并作为会计人员晋升、晋级、聘任专业职务、表彰奖励的重要考核依据。

会计人员违反职业道德的，由所在单位进行处理。

（二）审计署

审计署于2021年12月发布了最新版的《中华人民共和国国家审计准则》（以下简称《国家审计准则》），在“第二章 审计机关和审计人员”中对国家审计人员的职业道德进行了规范。

《国家审计准则》关于国家审计人员职业道德基本规范的内容（部分）

第十四条 审计人员执行审计业务，应当具备下列职业要求：（一）遵守法律法规和本准则；（二）恪守审计职业道德；（三）保持应有的审计独立性；（四）具备必需的职业胜任能力；（五）其他职业要求。

第十五条 审计人员应当恪守严格依法、正直坦诚、客观公正、勤勉尽责、保守秘密的基本审计职业道德。

第十六条 审计人员执行审计业务时，应当保持应有的审计独立性，遇有下列可能损害审计独立性情形的，应当向审计机关报告：（一）与被审计单位负责人或者有关主管人员有夫妻关系、直系血亲关系、三代以内旁系血亲以及近姻亲关系；（二）与被审计单位或者审计事项有直接经济利益关系；（三）对曾经管理或者直接办理过的相关业务进行审计；（四）可能损害审计独立性的其他情形。

第十七条 审计人员不得参加影响审计独立性的活动，不得参与被审计单位的管理活动。

第十八条 审计机关组成审计组时，应当了解审计组成员可能损害审计独立性的情形，并根据具体情况采取下列措施，避免损害审计独立性：（一）依法要求相关审计人员回避；（二）对相关审计人员执行具体审计业务的范围作出限制；（三）对相关审计人员的工作追加必要的复核程序；（四）其他措施。

第十九条 审计机关应当建立审计人员交流等制度，避免审计人员因执行审计业务长期与同一被审计单位接触可能对审计独立性造成的损害。

第二十条 审计机关可以聘请外部人员参加审计业务或者提供技术支持、专业咨询、专业鉴定。审计机关聘请的外部人员应当具备本准则第十四条规定的职业要求。

第二十一条 有下列情形之一的外部人员，审计机关不得聘请：（一）被刑事处罚的；（二）被劳动教养的；（三）被行政拘留的；（四）审计独立性可能受到损害的；（五）法律规定不得从事公务的其他情形。

第二十二条　审计人员应当具备与其从事审计业务相适应的专业知识、职业能力和工作经验。审计机关应当建立和实施审计人员录用、继续教育、培训、业绩评价考核和奖惩激励制度，确保审计人员具有与其从事业务相适应的职业胜任能力。

第二十三条　审计机关应当合理配备审计人员，组成审计组，确保其在整体上具备与审计项目相适应的职业胜任能力。被审计单位的信息技术对实现审计目标有重大影响的，审计组的整体胜任能力应当包括信息技术方面的胜任能力。

第二十四条　审计人员执行审计业务时，应当合理运用职业判断，保持职业谨慎，对被审计单位可能存在的重要问题保持警觉，并审慎评价所获取审计证据的适当性和充分性，得出恰当的审计结论。

第二十五条　审计人员执行审计业务时，应当从下列方面保持与被审计单位的工作关系：（一）与被审计单位沟通并听取其意见；（二）客观公正地作出审计结论，尊重并维护被审计单位的合法权益；（三）严格执行审计纪律；（四）坚持文明审计，保持良好的职业形象。

（三）中国注册会计师协会

为了保证中国注册会计师行业的健康发展、树立良好的职业形象，中国注册会计师协会（CICPA）自其组建以来一直非常重视职业道德教育和道德标准建设。早在1992年，中注协依据《中华人民共和国注册会计师条例》颁布了《中国注册会计师职业道德守则（试行）》。1996年，中注协依据《中华人民共和国注册会计师法》（以下简称《注册会计师法》）正式颁布了《中国注册会计师职业道德基本准则》，以替代《中国注册会计师职业道德守则（试行）》。考虑到基本准则只对注册会计师职业道德做了原则性的规定，需要进一步制定具体准则对如何遵循职业道德原则加以具体指导，中注协于2002年制定和发布了《中国注册会计师职业道德规范指导意见》。

随着经济全球化、金融国际化加速发展，中国会计准则与审计准则于2006年实现国际趋同。为此，中注协在深入调研和广泛征求意见、全面总结以往职业道德建设实践经验、充分研究借鉴IFAC职业道德准则建设成果的基础上，于2009年首次制定发布了与IFAC全面趋同的《中国注册会计师职业道德守则（2009）》和《中国注册会计师协会非执业会员职业道德守则（2009）》，自2010年7月1日起施行。其中，《中国注册会计师职业道德守则（2009）》由五项准则共同组成，即《中国注册会计师职业道德守则第1号——职业道德基本原则》《中国注册会计师职业道德守则第2号——职业道德概念框架》《中国注册会计师职业道德守则第3号——提供专业服务的具体要求》《中国注册会计师职业道德守则第4号——审计和审阅业务对独立性的要求》《中国注册会计师职业道德守则第5号——其他鉴证业务对独立性的要求》。《中国注册会计师协会非执业会员职业道德守则（2009）》由连续的九章构成一项独立的准则，分别是总则、职业道德基本原则、职业道德概念框架、潜在冲突、信息的编制和报告、专业知识和技能、经济利益、礼品和款待、附则。此外，为了给注册会计师正确理解职业道德守则、解决实务问题提供细化指导和提示，中注协于 2014 年发布《中国注册会计师职业道德守则问题解答》，自 2015 年 1 月 1 日起施行。

2020 年 12 月 17 日，为顺应新时代对注册会计师诚信和职业道德水平提出的更高要求，并保持与 IFAC 职业道德守则的持续动态趋同，中注协发布了最新修订版《中国注册会计师职业道德守则（2020）》和《中国注册会计师协会非执业会员职业道德守则（2020）》[以下简称 CICPA（2020）]。主要修订内容包括：（1）强化了职业道德概念框架；（2）扩展了现行守则中与“礼品和款待”相关的规定；（3）增加了与会计师应对违反法律法规行为相关的规定；（4）增加了与会计师事务所长期审计某一客户相关的规定；（5）修订了与关键审计合伙人轮换及“冷却期”相关的规定；（6）细化了与为审计客户提供非鉴证服务相关的规定；（7）细化了非执业会员在编制和列报信息方面的规定；（8）增加了与非执业会员面临违反职业道德基本原则的压力相关的规定。2020 版的职业道德守则在结构上与 2009 版保持一致，如图 3－7 所示。

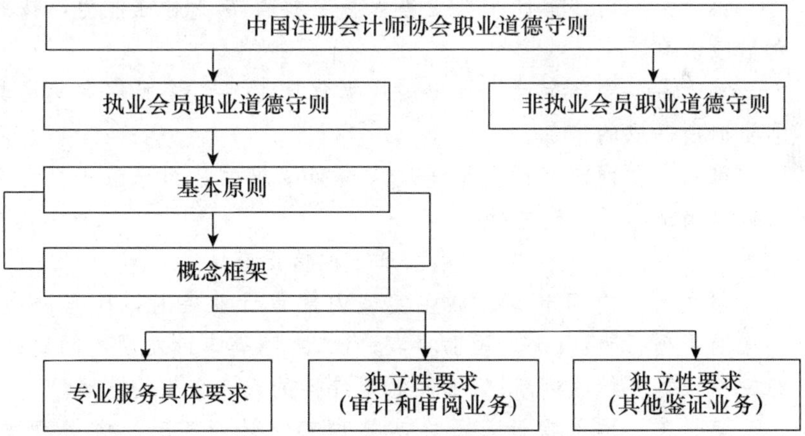

图 3－7 CICPA（2020）框架

2024 年 9 月 14 日，中注协发布《中国注册会计师独立性准则第 1 号——财务报表审计和审阅业务对独立性的要求（征求意见稿）》，将独立性要求从职业道德守则中提取出来形成专门的独立性准则。为强调注册会计师独立性的重要性，并提高独立性要求的权威性和强制力，结合我国实际，对《中国注册会计师职业道德守则第 4 号——审计和审阅业务对独立性的要求》进行全面修订，形成专门的中国注册会计师独立性准则。

（四）中国内部审计协会

2013 年，中国内部审计协会发布了《第 1201 号——内部审计人员职业道德规范》，它由总则、一般原则、对原则的解释和附则构成。

第1201号——内部审计人员职业道德规范

第一章 总则

第一条 为了规范内部审计人员的职业行为，维护内部审计职业声誉，根据《审计法》及其实施条例，以及其他有关法律、法规和规章，制定本规范。

第二条 内部审计人员职业道德是内部审计人员在开展内部审计工作中应当具有的职业品德、应当遵守的职业纪律和应当承担的职业责任的总称。

第三条 内部审计人员从事内部审计活动时，应当遵守本规范，认真履行职责，不得损害国家利益、组织利益和内部审计职业声誉。

第二章 一般原则

第四条 内部审计人员在从事内部审计活动时，应当保持诚信正直。

第五条 内部审计人员应当遵循客观性原则，公正、不偏不倚地作出审计职业判断。

第六条 内部审计人员应当保持并提高专业胜任能力，按照规定参加后续教育。

第七条 内部审计人员应当遵循保密原则，按照规定使用其在履行职责时所获取的信息。

第八条 内部审计人员违反本规范要求的，组织应当批评教育，也可以视情节给予一定的处分。

第三章 诚信正直

第九条 内部审计人员在实施内部审计业务时，应当诚实、守信，不应有下列行为：（一）歪曲事实；（二）隐瞒审计发现的问题；（三）进行缺少证据支持的判断；（四）做误导性的或者含糊的陈述。

第十条 内部审计人员在实施内部审计业务时，应当廉洁、正直，不应有下列行为：（一）利用职权谋取私利；（二）屈从于外部压力，违反原则。

第四章 客观性

第十一条 内部审计人员实施内部审计业务时，应当实事求是，不得由于偏见、利益冲突而影响职业判断。

第十二条 内部审计人员实施内部审计业务前，应当采取下列步骤对客观性进行评估：（一）识别可能影响客观性的因素；（二）评估可能影响客观性因素的严重程度；（三）向审计项目负责人或者内部审计机构负责人报告客观性受损可能造成的影响。

第十三条 内部审计人员应当识别下列可能影响客观性的因素：

（一）审计本人曾经参与过的业务活动；（二）与被审计单位存在直接利益关系；（三）与被审计单位存在长期合作关系；（四）与被审计单位管理层有密切的私人关系；（五）遭受来自组织内部和外部的压力；（六）内部审计范围受到限制；（七）其他。

第十四条　内部审计机构负责人应当采取下列措施保障内部审计的客观性：（一）提高内部审计人员的职业道德水准；（二）选派适当的内部审计人员参加审计项目，并进行适当分工；（三）采用工作轮换的方式安排审计项目及审计组；（四）建立适当、有效的激励机制；（五）制定并实施系统、有效的内部审计质量控制制度、程序和方法；（六）当内部审计人员的客观性受到严重影响，且无法采取适当措施降低影响时，停止实施有关业务，并及时向董事会或者最高管理层报告。

第五章　专业胜任能力

第十五条　内部审计人员应当具备下列履行职责所需的专业知识、职业技能和实践经验：（一）审计、会计、财务、税务、经济、金融、统计、管理、内部控制、风险管理、法律和信息技术等专业知识，以及与组织业务活动相关的专业知识；（二）语言文字表达、问题分析、审计技术应用、人际沟通、组织管理等职业技能；（三）必要的实践经验及相关职业经历。

第十六条　内部审计人员应当通过后续教育和职业实践等途径，了解、学习和掌握相关法律法规、专业知识、技术方法和审计实务的发展变化，保持和提升专业胜任能力。

第十七条　内部审计人员实施内部审计业务时，应当保持职业谨慎，合理运用职业判断。

第六章　保密

第十八条　内部审计人员应当对实施内部审计业务所获取的信息保密，非因有效授权、法律规定或其他合法事由不得披露。

第十九条　内部审计人员在社会交往中，应当履行保密义务，警惕非故意泄密的可能性。

内部审计人员不得利用其在实施内部审计业务时获取的信息牟取不正当利益，或者以有悖于法律法规、组织规定及职业道德的方式使用信息。

第七章　附则

第二十条　本规范由中国内部审计协会发布并负责解释。

第二十一条　本规范自 2014 年 1 月 1 日起施行。

（五）中国总会计师协会

为提高总会计师职业道德水准，规范总会计师职业行为，中国总会计师协会于 2010 年发布了《中国总会计师职业道德与行为规范（试行）》，它由总则、职业道德、行为规范、奖惩和附则构成。此外，中国总会计师协会于 2019 年发布了《中国管理会计职业能力框架》，对管理会计师的职业道德做了以下规范：践行社会主义核心价值观，树立新发展理念；爱岗敬业，坚守诚信原则，提供真实、准确的管理和会计信息，如实反映、报告单位财务状况与经营业绩；维护单位的合法权益，保守工作秘密，积极促进所在单位承担必须的社会责任；在与道德规范冲突的情况下，不以牺牲道德规范为代价达到个人或单位的目的；廉洁自律，不参与舞弊或行贿、受贿等。

中国总会计师职业道德与行为规范（试行）

第一章　总则

第一条　为适应形势发展对总会计师提出的新要求，更好地发挥总会计师在企业发展和我国经济建设中的作用，提高总会计师职业道德水准，规范总会计师职业行为，维护总会计师职业形象，强化总会计师自律管理，特制定本职业道德与行为规范。

第二条　本职业道德与行为规范以《会计法》、《总会计师条例》与《中央企业总会计师工作职责管理暂行办法》等相关法律、法规为依据，同时参照了国外首席财务官制度的有关规定。

第三条　本职业道德与行为规范系中国总会计师协会会员自律性文件，适用于中国总会计师协会全体会员。

第二章　职业道德

第四条　总会计师职业道德是总会计师思想道德修养在本职工作中的体现。

第五条　敬业、诚信、廉洁、公正、遵纪守法、保守秘密，是对总会计师职业道德的基本要求。

第六条　社会责任感，现代环保意识，全局观念，是新形势对总会计师职业道德的新要求。

第三章　行为规范

第七条　学习实践科学发展观，以科学世界观与方法论指导工作，做到尊重规律、尊重科学，按照事物发展规律与科学原则办事。

第八条　学习国家法律法规及相关方针政策，树立法制观念，做到守法经营，依法理财，依法办事，不做违法违纪和违反政策的事。

第九条　学习履职所需的专业知识并保持不断更新，总会计师要具备财务与会计方面的专业知识与工作经验，具备现代管理方面的专业知识与经验，熟悉所在单位主营业务知识。

第十条　忠于职守，廉洁自律，保守秘密。严格执行《企业会计准则》和《企业财务通则》，坚守诚信原则，如实反映、报告企业财务状况与经营业绩，不做假账并勇于同一切弄虚作假、违法违纪行为作斗争。

第十一条 科学理财，精细管理。科学实施财务发展战略，充分发挥财务监督功能，建立科学有效的内部控制制度和风险管理机制，促进企业信息化建设。

第十二条 勇于开拓创新，虚心学习并借鉴国内外先进经验，与时俱进，更新思想观念，创新管理模式，提升财务与会计管理功能。

第十三条 增强社会责任感、树立现代环保意识和全局观念，正确处理单位利益与国家利益、全局利益的关系，积极促使所在单位承担必须的社会责任，为保护地球生态环境，实现经济社会全面、协调、可持续发展做贡献。

第十四条 以身作则，发挥表率作用，带好队伍，培养人才。

第四章 奖惩

第十五条 对模范遵守职业道德与行为规范的会员，中国总会计师协会直接或建议有关单位、部门给予精神和物质奖励。

第十六条 对违反职业道德与行为规范、损害总会计师形象的会员，中国总会计师协会采取适当方式对其进行批评教育；情节严重者，建议有关单位、部门按相关规定进行处理。

第五章 附则

第十七条 本职业道德与行为规范由中国总会计师协会负责解释。

第十八条 欢迎非会员单位总会计师、首席财务官、财务总监以及以 CFO 命名的企业高管参照实行本职业道德与行为规范。

第十九条 本职业道德与行为规范于下发之日起施行。

第二节 会计职业道德基本原则

第二节
即测即评

结合本章第一节所述的会计职业道德规范体系之结构可以发现，目前 IFAC（2023）是最成熟、体系最完整的职业道德规范之一，它由基本原则、概念框架与具体规则组成。基于公众利益导向的关键职业特征，世界许多国家和 IFAC 均制定了职业会计师（包括内部会计人员和注册会计师）应遵循的职业道德基本原则。总体而言，世界主要会计职业团体所设定的职业道德基本原则与 IFAC（2023）较为趋同，但也存在部分细微差别。为此，本节将选取部分全球最具代表性的会计职业组织，对其设定的会计职业道德基本原则加以简要介绍。

一、国际会计师联合会

IFAC（2023）设定了以下五项内部会计师（单位会计人员）和注册会计

师（外部会计师）应共同遵循的职业道德基本原则。①

名家解读
诚信原则

（一）诚信

诚信是会计职业道德的首要原则。该项原则要求会计师在为客户保密的前提下，在所有的职业活动中保持正直、诚实守信，并以公众利益为重。由于会计信息的公共物品属性，职业会计师的诚信原则隐含了以公众利益为导向，即当公众利益与客户或雇主利益发生冲突时，应以公众利益作为是非的判断标准；当公众利益、客户或雇主利益与会计师自身利益发生冲突时，应以公众利益为重。唯有如此，才能促进会计职业的发展和社会地位的提高，并赢得卓越的职业声誉。IFAC（2023）指出，维护公众利益是会计行业的宗旨。公众不仅包括职业会计师服务的客户，也包括广大投资者、债权人、政府机构、社会公众等其他可能依赖会计师提供的信息以作出相关决策的组织或人员。这种依赖赋予会计师维护公众利益的责任。从这个意义上说，公众利益可以定义为那些可能依赖会计师工作的组织或人员的整体利益。

诚信原则容许会计师无意的差错和不同的诚实观点，但不允许欺骗和对原则的妥协。诚信原则要求职业会计师以正当和公正作为职业行为的依据。在缺少具体准则、规则或指南，或遇到观点上的冲突时，职业会计师应自问："我所做的是一个诚信的会计师应当做的吗？我保持了诚信吗？"进而验证自己的决策和行为。诚信原则要求会计师在形式上和实质上如实地遵守各项技术标准和道德准则。

IFAC（2023）规定，基于诚信原则，会计师如果认为业务报告、申报资料、沟通函件或其他方面的信息存在下列问题，不得与这些有问题的信息发生关联：（1）含有严重虚假或误导性的陈述；（2）含有缺乏充分根据的陈述或信息；（3）存在遗漏或含糊其辞的信息，而这种遗漏或含糊其辞可能会产生误导。

会计师如果注意到已与有问题的信息发生关联，应当采取措施消除关联。针对上述情形，如果会计师按照职业准则的规定出具了恰当的业务报告（例如，在审计业务中出具恰当的非无保留意见审计报告），则不被视为违反诚信原则。

诚信原则失守：瑞幸事件失控的伦理代价

2020 年 4 月，瑞幸掀起轩然大波。作为赴美上市最快的中概股，曾被称为"中概股奇迹"的瑞幸，在 2020 年 4 月 2 日承认其 2019 年度存

① ICAEW、加拿大注册会计师协会等世界主要会计职业团体的最新职业道德准则均与 IFAC（2023）趋同，都将会计职业道德基本原则设定为诚信、客观公正、专业胜任能力和勤勉尽责、保密、良好职业行为五项。

在数据造假，金额高达22亿元人民币。根据浑水的做空报告以及对瑞幸的实际经营情况的分析，瑞幸通过虚增销量、夸大商品销售单价、虚增广告费用、虚增其他产品收入的财务造假手段也被公之于众。

瑞幸财务造假事件一经公布便受到社会广泛关注，随之引发公司股价大幅波动。不久，中国证监会同财政部、市场监管总局等部门迅速成立专案组，对瑞幸境内运营主体、关联方及相关第三方公司的涉嫌违法违规行为展开了联合立案调查，同时根据国际证监会组织跨境监管合作机制安排，配合美国证券监管部门开展跨境协查。2020年7月31日，中国证监会发布《关于瑞幸咖啡财务造假调查处置工作情况的通报》，指出瑞幸境内运营主体及相关管理人员、相关第三方公司大规模虚构交易，虚增收入、成本、费用，虚假宣传等行为，违反了《中华人民共和国会计法》（以下简称《会计法》）、《中华人民共和国反不正当竞争法》的相关规定。2020年9月18日，市场监管总局及上海、北京市场监管部门，对瑞幸咖啡（中国）有限公司、瑞幸咖啡（北京）有限公司及北京车行天下咨询服务有限公司、北京神州优通科技发展有限公司、征者国际贸易（厦门）有限公司等协助造假及帮助虚假宣传的多家第三方公司做出了行政处罚决定，处罚金额共计6 100万元。此案中，瑞幸的财务人员在其时任CEO钱某亚和COO刘某的指导下，对财务数据进行造假，违背了会计执业人员应遵循的诚信原则，难辞其咎。瑞幸于2020年4月5日发布声明称，已对涉事高管及员工进行停职调查。

2020年12月16日，瑞幸发布公告，称其与美国证券交易委员会已就部分前员工涉嫌财务造假事件以1.8亿美元的罚款达成了和解。瑞幸诚信原则的失守还引发了第二次中概股信任危机，导致美国颁布《外国公司问责法案》。可以说，瑞幸事件造成了失控的伦理代价，无数会计从业人员应该意识到，诚信才是立身之本，没有诚信就没有会计。

（二）客观公正

名家解读
客观公正原则

客观公正原则包含客观和公正两个紧密关联的要素。客观指看待事物的一种态度或事物本来的自然状态，即不以特定人的角度去看待事物，强调以事物本身的属性为标准，而不以人的意志为转移；在哲学上，客观性是指一个事物不受主观思想或意识影响而独立存在的性质，从而能保持其真实性。公正就是公平正直，没有偏颇，平等对待各方。可见，对于职业会计师而言，客观公正的基本内涵是坚持客观立场，忠于事实，实现公平（包括程序公平与结果公平）。其中，坚持客观立场是基石，忠于事实是核心，实现公平是目的。简而言之，客观公正就是实事求是。

客观公正原则对会计师行为的规范主要表现在对职业判断的约束上。IFAC（2023）规定：（1）会计师应当遵循客观公正原则，公正处事，实事求是，不得由于偏见、利益冲突或他人的不当影响而损害自己的职业判断。(2) 如果存在可能导致职业判断出现偏差，或对职业判断产生不当影响的情形，会计师不得从事与之相关的专业活动。

因对赌协议而舞弊：大股东眼里的"好会计师"

2019年6月，中国证监会的一纸行政处罚决定书揭开了山东新绿食品股份有限公司（以下简称新绿股份）的一场造假大戏。2013—2015年，嘉兴硅谷天堂盈祥投资合伙企业、上海建银国际投资咨询有限公司、方正和生投资有限责任公司、北京方正富邦创融资产管理有限公司、邵某海等以增资控股的形式合计持有新绿股份7.24%的股份，并与公司控股股东及董事长陈某签订了业绩对赌协议。协议规定，若公司净利润未达到协议约定的金额，控股股东须向投资方无偿转让其持有的股权。这为新绿股份的"舞弊大戏"埋下了伏笔。

拓展阅读
《中国注册会计师行业人才胜任能力指南》（2022年）主要修订内容

中国证监会的处罚公告显示，新绿股份通过伪造与收入相关的银行收款等方式，虚增主营业务收入近7.3亿元，占公开披露金额的比例高达53.03%。更有甚者，公司还形成了造假工作指南，并建立了长期、系统的造假账务处理及考核流程。新绿股份控股股东根据对赌协议上的业绩确定需要虚增的业绩，财务部门继而根据虚增目标进行造假，公司甚至按月度对财务人员造假完成情况进行考核。为其新三板挂牌申报进行审计的北京兴华会计师事务所及签字注册会计师宜某民和刘某，也因出具无保留意见的审计报告而受到了中国证监会的处罚。

可见，此案中的会计师与审计师出于控股股东利益的考量，将客观公正的原则置于脑后，没有做到坚持客观立场、公正处事、实事求是。他们带有极大偏向性的行为为大股东带来想要的利益，他们无疑是大股东眼中的"好会计师"，却极大地损害了其他投资人的利益。

名家解读
专业胜任能力和勤勉尽责原则

（三）专业胜任能力和勤勉尽责

专业胜任能力，是指会计师按照既定的标准履行工作职责所应具备的基本知识、专业技能及相关的管理能力与职业价值观，是会计师教育、职业经验和持续学习的综合结果。

勤勉尽责，又称应有的职业关注[①]或应有的职业谨慎，它是会计执业过程非常重要的一个基本原则，是指会计师应持有慎重的实务观念，理智地运用其拥有的知识，认识并适当注意自己的

① IFAC（2023）提出，应有的职业关注的核心是勤勉尽责。

经验，做出相当于社会合理期望水平的判断。

“未尽勤勉尽责义务”——中国证监会处罚决定书的高频词汇

近年来，“未尽勤勉尽责义务”一直是中国证监会行政处罚决定书中的高频词汇。2020年2月25日，中国证监会对致同会计师事务所作出了行政处罚决定，这也是致同会计师事务所第一次被中国证监会处罚。

在此案中，太原化工股份有限公司（以下简称太化股份）2014年年报未完整披露贸易收入确认具体方法，其控股子公司山西华旭物流有限公司和太化股份铁运分公司通过实施无商业实质的贸易业务虚增营业收入。作为其审计机构，致同会计师事务所却对其2014年度财务报表出具了无保留意见审计报告。

中国证监会在对致同会计师事务所的处罚决定书中明确指出，该所对太化股份2014年度财务报表审计时未勤勉尽责，主要体现在以下几个方面：(1) 对收入政策的审计程序不到位，太化股份2014年实际的收入确认具体方法与其审计工作底稿“收入确认政策检查表”不一致，而致同会计师事务所却未对此予以关注；(2) 销售业务循环控制测试不恰当，致同会计师事务所在审计过程中未核对选取为测试指标的“发运日期”，且该指标也并不适用于太化股份；(3) 贸易收入真实性审计程序不到位，致同会计师事务所对铁运分公司贸易业务大幅增长这一现象并未重视，且未关注贸易业务不具备商业实质、贸易业务收入确认时缺失出门证和验收单等情形，相关审计程序严重缺失。

致同会计师事务所及其从业人员的行为严重背离了勤勉尽责这一基本原则的要求。最终，中国证监会山西监管局对此作出行政处罚，没收致同会计师事务所业务收入60万元并处以60万元罚款，同时对该审计项目合伙人、签字注册会计师王某才处以5万元罚款。

对于专业胜任能力和勤勉尽责这一会计职业道德基本原则，IFAC (2023) 规定：

(1) 会计师应当遵循专业胜任能力和勤勉尽责原则，以获取并保持应有的专业知识和技能，确保为客户提供具有专业水准的服务，并做到勤勉尽责。

(2) 会计师应当通过教育、培训和执业实践获取和保持专业胜任能力。

(3) 会计师应当持续了解并掌握当前法律、技术和实务的发展变化，使专业知识和技能始终保持在应有的水平。

(4) 在运用专业知识和技能时，会计师应当合理运用职业判断。

(5) 会计师应当勤勉尽责，即遵守职业准则的要求，并保持应有的职业怀疑，认真、全面、及时地完成工作任务。

(6) 会计师应当采取适当措施，确保在其授权下从事专业服务的人员得到应有的培训和督导。

（7）在适当时，注册会计师应当使客户或专业服务的其他使用者了解专业服务的固有局限。

名家解读
保密原则

（四）保密

保密原则要求职业会计师对职业活动中获知的涉密信息保密。除非有法定或专业的披露权利或义务，否则，未经适当的特别授权，职业会计师不得使用或披露任何所获得的信息。需要特别指出的是，当公众利益与保密原则产生直接冲突时，职业会计师的保密原则需要让位于公众利益，这是保密原则的例外情形。

此外，对于注册会计师而言，遵循保密原则与遵循独立性准则（要求）[①]是否存在冲突？独立性要求的目的是通过形式上与精神上的独立性保持诚信与客观公正，进而提高注册会计师的职业服务质量，最终考量也是公众利益。因此，注册会计师遵循保密原则与独立性原则在本质上是辩证统一、相互依存的。

对于保密原则，IFAC（2023）规定职业会计师应当遵循下列要求：

（1）警惕无意中泄密的可能性，包括在社会交往中无意中泄密的可能性，特别要警惕无意中向关系密切的商业伙伴或近亲属泄密的可能性。

（2）对所在会计师事务所或受雇单位内部的涉密信息保密。

（3）对拟承接的客户或拟受雇的单位向其披露的涉密信息保密。

（4）在未经客户或受雇单位授权的情况下，不得向第三方披露其所获知的涉密信息，除非法律法规或职业准则规定会计师在这种情况下有权利或义务进行披露。

（5）不得利用因职业关系而获知的涉密信息为自己或第三方谋取利益。

（6）不得在职业关系结束后利用或披露因该职业关系获知的涉密信息。

（7）采取适当措施，确保下级员工以及为会计师提供建议和帮助的人员履行保密义务。

（8）在终止与客户或受雇单位的关系后，会计师应当对以前职业活动中获知的涉密信息保密。如果变更工作单位或获得新客户，会计师可以利用以前的经验，但不得利用或披露以前职业活动中获知的涉密信息。

曹某军内幕交易案——违背保密原则的代价

2018 年 2 月，山东丽鹏股份有限公司（以下简称丽鹏股份）实际控制人达成初步意向，准备出让丽鹏股份控制权。通过多方了解与商谈，丽鹏股份最终于 2018 年 6 月 8 日与中锐控股集团有限公司（以下简称中

① IFAC（2023）并未将独立性设定为一项基本原则，CICPA（2020）则将其设定为注册会计师应该遵循的一项基本原则。关于“独立性”问题，将在后文作出阐述。

锐控股）达成一致意见，并确定了其股权转让的比例和价格。三天后，丽鹏股份实际控制人与中锐控股签订了《关于协议转让山东丽鹏股份有限公司股份的意向协议》，当日，华林证券股份有限公司、瑛明律师事务所、中汇会计师事务所进入丽鹏股份开展尽职调查。

此案中的当事人曹某军是中汇会计师事务所高级经理，负责丽鹏股份股权转让的尽职调查工作。2018 年 6 月 7 日，中锐控股方朱某在电话中告知曹某军中锐控股收购丽鹏股份一事，在知悉了内幕消息之后，个人私利驱使曹某军抛弃了保密原则，开始走上了内幕交易之路。2018 年 6 月 11 日，曹某军使用本人手机操作其妻妹王某的账户买入丽鹏股份 48 900 股，总成交金额 179 581 元。2018 年 6 月 12 日，丽鹏股份发布重大事项停牌公告，并于 6 月 27 日发布关于公司股票复牌的公告。在其复牌之后的 7 月 3 日，曹某军又利用该账户卖出丽鹏股份 48 900 股，总成交金额 278 730 元，获利总计 98 503.62 元。但这位会计师事务所高级经理通过内幕交易谋取私利的行为最终败露，大连证监局对其作出处罚决议，没收其违法所得 98 503.62 元，并处以 98 503.62 元罚款。

面对个人利益的诱惑，若违反保密原则，最终必将付出惨痛的代价，这也为其他会计执业人员敲响了警钟。

如前所述，保密原则存在例外情形或豁免情形。对此，IFAC（2023）规定，在下列情况下，会计师可能会被要求披露涉密信息，或者披露涉密信息是适当的，不被视为违反保密原则：

（1）法律法规要求披露，例如，为法律诉讼准备文件或提供其他证据，或者向适当的监管机构报告发现的违反法律法规行为。

（2）法律法规允许披露，并取得客户的授权。

（3）会计师有职业义务或权利进行披露，且法律法规未予禁止，主要包括下列情形：1）接受会计师协会或监管机构的执业质量检查；2）答复会计师协会或监管机构的询问或调查；3）在法律诉讼、仲裁中维护自己的合法权益；4）遵守职业准则的要求，包括职业道德要求；5）法律法规和职业准则规定的其他情形。

此外，IFAC（2023）还规定，在决定是否披露涉密信息时，会计师需要考虑下列因素：

（1）客户或受雇单位同意披露的涉密信息，是否为法律法规所禁止；

（2）如果客户或受雇单位同意会计师披露这些涉密信息，这种披露是否可能损害相关人的利益；

（3）是否已在可行的范围内了解和证实了所有相关信息，信息是否完整；

（4）信息披露的方式和对象，以及披露对象是否恰当；

（5）可能承担的法律责任和后果。

名家解读
良好职业行为原则

（五）良好职业行为

对于良好职业行为原则，IFAC（2023）规定，职业会计师不得在明知的情况下，从事任何可能损害诚信原则、客观公正原则或良好职业声誉，从而可能违反职业道德基本原则的业务、职务或活动。如果一个理性且掌握充分信息的第三方很可能认为某种行为将对良好的职业声誉产生负面影响，则这种行为属于可能损害职业声誉的行为。

无视良好职业行为原则：瑞华扩张的行业代价

2018 年，前有虚增 150 亿元现金的康得新，后又现虚增 300 亿元存款的康美药业，堪称 A 股史无前例的严重舞弊，它们共同的审计机构便是瑞华会计师事务所（以下简称瑞华）——由原中瑞岳华和原国富浩华于 2013 年合并而成。瑞华的扩张合并是一路带病壮大的过程，瑞华在构筑庞大身躯的同时将会计行业的整体声誉抛到九霄云外。

以下列举部分被瑞华并购的会计师事务所处罚案：国富浩华因为键桥通讯、亚太实业出具虚假报告遭到处罚。2013 年，国富浩华又合并了为绿大地、聚友网络、金荔科技、大唐电信、紫鑫药业、北生药业出具虚假审计报告的深圳鹏城所和利安达事务所部分团队，为瑞华埋下了更深的病根。中瑞岳华由中瑞华恒信事务所、岳华事务所合并而成，2012 年，中瑞岳华又合并了因胜景山河欺诈上市而遭到中国证监会处罚的中审国际部分团队和利安达事务所部分团队。而在国富浩华和中瑞岳华两家事务所合并中均出现的利安达事务所也非“善类”，它创造了 9 年 7 次被处分的纪录。

无视良好职业行为原则的激进合并，造就了惊人的“爆雷”名单。瑞华负责审计的康得新、康美药业、振龙特产、华泽钴镍、亚太实业、辅仁药业、大族激光、勤上光电密集“爆雷”，一时间嘘声四起，争议重重。其毁坏的不只是自身的信誉，还有社会对整个会计行业的信任。

此外，IFAC（2023）规定，职业会计师在向公众传递信息以及推介自己和工作时，应当客观、真实、得体，不得损害职业形象。职业会计师应当诚实、实事求是，不得有下列行为：（1）夸大宣传提供的服务、拥有的资质或获得的经验；（2）贬低或无根据地比较他人的工作。

如果职业会计师对其行为是否适当存有疑问，可以向会计职业机构或监管部门咨询，但咨询本身并不能减轻职业会计师对良好职业行为应负有的责任与义务。

二、国际内部审计师协会

国际内部审计师协会（Institude of Internal Auditors，IIA）2009 年在其发布的《职业道德规范》中阐明，内部审计师应当信守并运用以下基本原则。

（一）诚信

诚信原则为内部审计师建立起信用，为公众对其判断的信任提供了基础。

该项原则要求内部审计师：（1）应当诚实、勤恳、负责地开展工作；（2）应当遵守法律，按照法律及其职业要求进行披露；（3）不得蓄意参与非法活动，或参加有损于内部审计职业或其所在组织的行为；（4）应当认同组织的法律和道德目标并为之努力。

（二）客观

在收集、评价和沟通有关被检查活动或过程的信息时，内部审计师应当展现其职业客观性。在做出判断时，内部审计师应当对所有相关环境做出公正的评价，而不应受个人喜好或他人的不当影响。

客观原则要求内部审计师：（1）不应参与可能妨碍或被认为妨碍其公正评价的活动和关系，包括参与与组织利益相冲突的活动和关系。（2）不能接受可能妨碍或被认为会妨碍其职业判断的任何物品。（3）应当披露已知的且如果不予披露可能会歪曲检查报告的所有重大事实。

（三）保密

内部审计师应当尊重其获取的信息的价值和所有权，在没有适当授权的情况下不得披露信息，除非是在有法律或职业义务的情况下。

保密原则要求内部审计师：（1）应当谨慎利用和保护其履行职责过程中获取的信息。（2）不应利用信息谋取私利，或者以任何有悖法律规定或有损于组织法律和道德目标的方式使用信息。

（四）胜任

内部审计师在执行内部审计业务时能够使用其所需的知识、技能和经验。

胜任原则要求内部审计师：（1）应当只从事与其所具备的知识、技能和经验相适应的服务活动。（2）应当根据《国际内部审计专业实务标准》（International Professional Practices Framework，IPPF）开展内部审计服务。（3）应当持续提高能力和服务的效果、质量。

三、美国注册会计师协会

AICPA 在其 2014 版《职业行为守则》中提出了以下六项职业道德基本原则。

（一）责任

该项基本原则要求，作为专业人士，美国注册会计师协会的会员在履行其职责时，应在所有活动中做出敏感的专业及道德判断。同时，作为专业人士的会员扮演着重要的社会角色，协会会员应对所有使用其专业服务的人员负责。会员之间还有责任相互协助，以提高会计水平，保持会计职业的公信力，履行自我管理的特殊职业责任。

（二）公众利益

一种职业的显著特征是接受其对公众的责任。会计职业的公众包括委托人、信贷提供者、政府、雇主、投资人、商业与金融团体以及其他所有依赖注册会计师的客观和诚信来保持商业有序运行的人。这种依赖赋予了协会会员保护公众利益的责任。公众利益被定义为该职业所服务的人群和机构的集体福利。

基于公众利益的基本原则，协会成员应接受按如下方式行动的义务，即服务于公众利益、不辜负公众的信任、表明对专业化的承诺。在履行其专业职责时，协会成员可能会遇到来自这些团体相互冲突的压力。在解决这些冲突时，协会会员应以诚信为本，并遵守履行对公众、客户和雇主的利益所负责任的准则。

（三）诚信

为了维护并深化公众对于会计职业的信任，会员应以最高意义上的诚信来履行所有的职业责任。诚信是会计职业的一个基本特征，是获得公众信任的源泉，并且是会员检验其所有判断所必须参照的基准。诚信原则要求会员在保密性的约束下，做到诚实和坦率。服务和公众信任不应该服从于个人利益。诚信原则可以容忍无意的错误和诚实的意见分歧，但不能容忍欺骗和对原则的妥协。

诚信是用“什么是正确和公正”来衡量的。在缺乏具体的规则、标准或指导，或面对相互矛盾的意见时，会员应该问：“我做的是一个正直的人应该做的事吗？我还保持我的正直吗？”该原则要求会员在形式上和精神上均遵守技术及道德标准，对这些标准的规避构成了判断的从属关系。诚信原则还要求会员遵守客观与独立性原则和勤勉尽责原则。

（四）客观与独立性

客观与独立性原则要求会员在履行职业责任的过程中应当保持客观，免于利益冲突。执业注册会计师在提供审计及其他鉴证业务时，应保持实质上和形式上的独立性。客观性是一种精神状态，一种可以为会员的服务带来价值的品质，这是行业的显著特征。客观性原则赋予了注册会计师公正、理智诚实和无利益冲突的义务。独立性排除了在协会成员提供鉴证服务时可能损害其客观性的关系。

协会会员往往以许多不同的身份服务于多方利益，在不同的情况下展现其客观性。公共执业人员提供证明、税务和管理咨询服务。其他会员受雇于他人编制财务报表、提供内部审计服务，以及在工业、教育和政府部门中担任财务和管理职务。他们还教育和培训那些渴望进入这一行业的人。无论服务或能力如何，会员都应保持其工作的诚信，保持客观性，并避免其判断的从属地位。

对于从事公共业务的会员来说，保持客观性和独立性需要对客户关系和公共责任进行持续评估。提供审计和其他鉴证服务的会员在实质上和形式上应当是独立的。会员在提供其他服务时，应保持客观性，避免利益冲突。尽管从事非公共业务的会员不能保持形式上的独立性，但他们有责任在提供专业服务时保持客观性。受雇于他人编制财务报表或执行审计、税务或咨询服务的会员，应与从事公共业务的会员承担相同的客观性责任，并且必须谨慎地运用公认会计原则，在与从事公共业务的会员进行所有交易时坦诚相待。

（五）勤勉尽责

对完美的追求是勤勉尽责原则的本质。这一原则要求会员以专业和勤勉的态度履行其职责。它赋予了会员尽其所能提供专业服务的责任，同时以服务对象的最大利益为出发点，与该职业对公众的责任相一致。在该基本原则的要求下，协会成员应遵循职业道德及技术标准，不断努力提高胜任能力与服务质量，尽其所能履行职业责任。

能力来源于教育和经验的综合。保持胜任能力需要会员致力于学习和提高专业水平，这必须贯穿于会员的整个职业生涯，这是会员个人的责任。在所有的工作职责中，每个会员都应保证达到一定的能力水平，以确保其服务质量符合这些原则所要求的专业水平。

该项基本原则还指出，当专业工作超出了会员个人或会计师事务所或受雇单位的能力时，可能需要进行咨询或转介，从而明确了会员能力的局限性。每个会员都有责任评估其自身的能力，并评估其教育、经验和判断力是否足以承担责任。此外，勤勉尽责原则还要求协会会员充分地计划和监督其所负责的任何职业活动。

（六）服务的范围和性质

会员在确定其提供服务的范围和性质时，应遵守《职业行为守则》中的原则。会员所提供服务的公众利益属性要求这些服务应与会员可接受的职业行为相一致。诚信原则要求其所提供的服务和公众信任不应当服从于个人利益。客观与独立性原则要求会员在履行职业责任时应免于利益冲突。勤勉尽责原则要求会员在提供服务时必须具备专业胜任能力和勤勉的态度。

每个会员在决定是否在个别情况下提供特定服务时，应考虑上述各项原则。在某些情况下，它们可能代表对可能提供给特定客户的非审计服务的总体约束。没有硬性规则来帮助会员做出这些判断，但他们必须对其在这方面符合原则的精神感到满意。

为了做到这一点，会员应该：（1）在具有内部质量控制程序的公司中执业，以确保服务得到有效交付和充分监督；（2）根据他们的个人判断，确定向审计客户提供的其他服务的范围和性质是否会在为该客户执行审计职能时造成利益冲突；（3）根据他们的个人判断，评估一项活动是否与其作为专业人士的角色相符。

四、美国管理会计师协会

IMA 的《职业道德守则公告》将职业道德基本原则设定为诚实、公正、客观和责任四项。[①] 在这些原则的指引下，《职业道德守则公告》要求会员遵守并拥护美国管理会计师协会关于胜任能力、保密、诚信和可信性的标准。

（一）胜任能力

胜任能力标准要求协会会员：（1）通过提升知识和技术，保持合适的职业领导力和竞争力；（2）根据有关的法律、规定和技术标准，执行职业任务；（3）提供准确、清晰、简洁和及时的决策支持信息和建议，辨识并帮助管理风险。

（二）保密

保密标准规定协会会员应当：（1）除了授权或法律要求之外，不得披露工作中的机密信息；（2）告知有关方面或人员正确使用与工作相关的机密信息并监管其合规性；（3）禁止违反职业道德或非法使用机密信息。

（三）诚信

诚信标准要求协会会员：（1）避免实际的利益冲突，包括定期与业务联系人沟通以避免出现明显的利益冲突，告知所有合适的当事人以避免发生潜在的利益冲突；（2）禁止从事任何可能损害按照职业道德执行任务的事项；（3）禁止从事或者支持任何损害职业的活动；（4）为积极的职业道德文化做出贡献，把职业的诚信置于个人利益之上。

（四）可信性

可信性标准要求协会会员：（1）公平客观地传递信息；（2）充分提供会影响意向使用者理解报告、分析和建议的所有相关信息；（3）根据组织政策和（或）适用法律，提供一切与信息、及时性、流程和内部控制相关的延迟或缺陷；（4）沟通妨碍专业判断或者成功开展活动的职业限制或其他约束。

五、中国注册会计师协会

本章第一节提到，中注协于 1996 年依据《注册会计师法》正式颁布了《中国注册会计师职业道德基本准则》，对注册会计师职业道德基本原则作出了最初的界定，自 1997 年 1 月 1 日起开始实施。此后，多次修改职业道德规范并重新定义注册会计师职业道德基本原则。总体而言，包括职业道德基本

---

① IMA 所发布的《职业道德守则公告》并未对这四项职业道德基本原则的要求详细阐述。我们认为，《职业道德守则公告》中提出的胜任能力、保密、诚信和可信性这四项标准即是其四项基本原则的具体化。

原则在内的与职业道德守则相关规定的多次修订始终与《国际会计师职业道德守则》保持持续动态趋同。

2020年12月17日，中注协印发了《中国注册会计师职业道德守则（2020）》与《中国注册会计师协会非执业会员职业道德守则（2020）》［二者以下合称CICPA（2020）］，前者（针对注册会计师）将诚信、客观公正、独立性、专业胜任能力和勤勉尽责、保密、良好职业行为这六项设定为职业道德基本原则，后者（针对非执业会员，即单位内部会计人员）将诚信、客观公正、专业胜任能力和勤勉尽责、保密、良好职业行为这五项设定为职业道德基本原则。

CICPA（2020）对诚信、客观公正、专业胜任能力和勤勉尽责、保密、良好职业行为这五项职业道德基本原则的要求与IFAC（2023）的要求大体相同，其区别在于针对注册会计师专门增加了独立性这一项基本原则①。CICPA（2020）指出，独立性是鉴证业务的灵魂，是专门针对注册会计师从事审计和审阅业务及其他鉴证业务而提出的职业道德基本原则。对于独立性原则，CICPA（2020）规定，在承接和执行审计和审阅业务以及其他鉴证业务时，注册会计师应当遵循独立性原则，从实质上和形式上保持独立性，不得因任何利害关系影响其客观性，本书第六章将对此展开更为详细的讨论。

六、中华人民共和国审计署

如本章第一节所述，审计署于2021年4月发布了新版的《国家审计准则》，其“第二章　审计机关和审计人员”中对国家审计人员的职业道德进行了规范。其中第十五条将严格依法、正直坦诚、客观公正、勤勉尽责、保守秘密设定为国家审计人员职业道德基本原则。

在《国家审计准则》中，这五项职业道德基本原则表述为：（1）严格依法就是审计人员应当严格依照法定的审计职责、权限和程序进行审计监督，规范审计行为。（2）正直坦诚就是审计人员应当坚持原则，不屈从于外部压力，不歪曲事实、不隐瞒审计发现的问题。（3）客观公正就是审计人员应当保持客观公正的立场和态度，以适当、充分的审计证据支持审计结论，实事求是地作出审计评价和处理审计发现的问题。（4）勤勉尽责就是审计人员应当爱岗敬业，勤勉高效，严谨细致，认真履行审计职责，保证审计工作质量。（5）保守秘密要求国家审计人员对职业活动中获知的信息保密，有法定的或专业的披露权利或义务除外。

---

① IFAC（2023）并未将独立性作为一项基本原则，这并非因为它不适用于内部会计人员，而是因为IFAC认为独立性是一种手段，其目的是获得诚信和客观公正，或者说，对于注册会计师而言，独立性是诚信和客观公正这两项基本原则的一种自然延伸，因此，IFAC将其称为“独立性要求”或“独立性准则”。

本章小结

通过本章的学习，我们了解了国际会计师联合会以及包括美国注册会计师协会和中国注册会计师协会等在内的世界主要会计职业团体的会计职业道德规范体系之结构，明确了规则导向和原则导向的职业道德准则的区别。总体而言，IFAC（2023）是目前最成熟、体系最完整的职业道德规范体系之一，它由基本原则、概念框架与具体规则组成，这个经典体系结构被世界各主要会计团体所借鉴。

通过本章的学习，我们明确了国际会计师联合会及其他主要会计职业团体所制定的职业道德守则基本将职业会计师（包括单位会计人员和注册会计师）遵循的职业道德基本原则设定为诚信、客观公正、专业胜任能力和勤勉尽责、保密、良好职业行为等五项。

关键术语

会计职业道德规范体系	规则导向
原则导向	概念框架法
会计职业道德基本原则	公众利益
诚信	客观公正
专业胜任能力和勤勉尽责	保密
良好职业行为	独立性
美国注册会计师协会（AICPA）	国际会计师联合会（IFAC）
中国注册会计师协会（CICPA）	美国管理会计师协会（IMA）
国际内部审计师协会（IIA）	英国特许会计师公会（ACCA）

本章知识点回顾

关键术语解释

思考题

1. 请简述会计职业道德从“抽象观念”转变为“具体的行为规范”的历史

发展过程。您认为标准化、体系化的职业道德规范的形成有何重要历史价值？

2. 比较、区别与评价规则导向和原则导向的职业道德守则。

3. 世界主要会计团体所制定的职业道德守则的主流结构是怎样的？请评价这种结构的优越性。

4. 国际会计师联合会所设定的五项会计职业道德基本原则分别是什么？为什么这五项基本原则是最为通用的？

5. 如何理解会计职业的公众利益导向？它与会计职业道德基本原则有何关系？

6. 什么是保密原则？它与公众利益导向冲突吗？注册会计师遵循保密原则是否与独立性原则存在冲突？

案例讨论与分析

案例一　职业道德是整个会计师行业的基础
——《中国会计报》对 IESBA 主席斯达沃斯·汤马达基斯的专访

2019 年 11 月，国际会计师职业道德准则理事会（IESBA）主席斯达沃斯·汤马达基斯（Stavros Thomadakis）来访中国，《中国会计报》记者对其进行了专访，请其回答了关于《国际会计师职业道德守则》的制定、《中国注册会计师职业道德守则》与《国际会计师职业道德守则》的趋同、数字时代职业道德基本原则的适用性、如何提高职业道德观念和职业道德意识等方面的问题。以下内容节选自此次专访。

一、关于会计师职业道德守则的制定与采用情况

《中国会计报》：IESBA 是如何制定《国际会计师职业道德守则》的？请介绍一下《国际会计师职业道德守则》在全球范围的采用情况。

斯达沃斯·汤马达基斯：IESBA 是一个国际性的、独立的会计师职业道德准则制定机构。在制定和修改准则时，我们的第一个步骤就是在世界各地广泛磋商，征求所有利益相关者的意见。磋商的对象包括会计师行业相关人士、投资人、监管部门官员、政策制定者和各个国家的准则制定机构。我们的准则由一系列的原则构成，不是简单地把各个国家已经制定的规则进行融合折中，而是要体现一些原则性的规定，这样才能确保准则的普遍适用性。

我们的准则制定过程也是非常严谨、有根据的。因此，我们的守则在全世界的采用率是非常高的，被包括中国在内的 120 多个国家和地区所采纳。

二、中国的与时俱进

《中国会计报》：在《中国注册会计师职业道德守则》与《国际会计师职业道德守则》的趋同方面，您如何看待中国作出的努力？

斯达沃斯·汤马达基斯：我非常高兴地看到，中国的准则制定与国际准则之间实现了高度趋同。中国准则制定者总能与时俱进，他们在这方面的努力也是有目共睹的。《中国注册会计师职业道德守则》是一个很好的例子，它与国际守则实现了实质性趋同，在独立性方面有着更为严格的要求，如合伙人轮换和亲属关系等，这是我们认同的，因为这些规定比国际守则更为严格，更适应中国的具体情况。

2018 年 4 月，IESBA 发布了新修订的《国际会计师职业道德守则》（包括国际独立性标准）。新守则对原来的守则进行了全面改写，更易于阅读、理解和执行。除了结构调整之外，新守则还整合了 IESBA 过去 4 年在职业道德标准建设方面的重要成果，更清晰地规范了职业会计师应该如何处理职业道德和独立性问题。

我们正在呼吁已经采纳原来守则的国家和地区，将守则更新到最新版本。中注协已经很敏锐、密切地关注了这一动态。毕竟我们的环境总是在发生变化，国际准则的调整也是一个随时变化的过程。

三、五大基本原则不会过时

《中国会计报》：在当前飞速发展的数字时代，会计师职业道德五大基本原则是否仍然适用？如何在信息时代保持职业怀疑能力？

斯达沃斯·汤马达基斯：IESBA 五大基本原则为会计师提供了道德行为基础，这五大基本原则是不会过时的，甚至在新的时代，这五大基本原则会更具有适应性和针对性。

实际上，颠覆性技术的出现会使得五大基本原则的具体内容发生变化。比如在保密方面，会计师需要为客户保密的内容会包括数字化的内容，要关注数据和网络的安全等。同时，会计师行业要保持客观中立，这在新技术面前会面临一些挑战，因为审计师进行沟通的对象不一定是人，有可能是具有自我学习能力的机器或其他的人工智能设备。

因此，新技术对于行业的影响有两点：一方面会使得我们对于基本原则的应用和理解更加丰富；另一方面，新技术的使用也带来了一定的风险，具体是什么样的风险需要我们去评估，同时积极地做出应对。

对于如何在信息时代保持职业怀疑能力，也是我们正在研究探索的。毕竟在信息时代，很多数据挖掘和分析工作是由机器完成的，我们没办法检查机器得出结论背后的逻辑、推理分析等中间过程。

四、公众利益与会计师行业利益

《中国会计报》：如何平衡公众利益与会计师行业利益？职业道德在提高审计质量以及会计师行业取得公众信任当中发挥什么作用？

斯达沃斯·汤马达基斯：会计师行业的一个与众不同的地方就在于，它是承诺要为公众利益服务的。我相信公众利益与会计师行业利益之间有很多的交叉点，它们是重叠的。因为会计师行业要在乎自己的声誉，要得到公众信任。没有了信任，我们就不再是一个具有专业威望的行业。比如，一些审计失败的案例，一旦被揭露出来，对这个行业是极大的打击。因此，公众利益与会计师行业利益是能够取得平衡的。

对于职业道德在提高审计质量以及会计师行业取得公众信任当中发挥的作用，可以说职业道德是整个行业的基础。会计行业的职业化发展是离不开职业道德的。我们的五大基本原则，不仅是职业道德守则的制定基础，也是会计师行业获得各利益相关者信任的基础。

资料来源：宫莹. 职业道德是整个会计师行业的基础. 中国会计报，2019-11-15(1).

案例要求：

1. IESBA在制定《国际会计师职业道德守则》时采取的是原则导向还是规则导向？结合本章内容辨析规则导向和原则导向的职业道德准则的区别。

2. 请结合本章内容和此案例，谈一谈中注协与IFAC下属的IESBA制定的职业道德基本原则的异同之处。

3. 请结合此案例，谈一谈在当前飞速发展的数字时代，会计职业道德面临的挑战与机遇。

4. 如何理解会计师提供服务的公众利益属性？

案例二 专网通信舞弊案：新型财务舞弊的挑战

2021年以来，中国证监会集中查处通过专网通信业务实施财务造假的案件，对凯乐科技、上海电气、华讯方舟、新海宜等15家上市公司进行追责，揭开了专网通信造假的神秘面纱。有别于过往财务舞弊以“个案”形式实施，专网通信造假以“窝案”形式实施，即通过隋某力控制的第三方客户和供应商配合造假，叠加融资性贸易、“空转”、“走单”等构建造假生态圈，大幅提高了舞弊识别难度，造成了多起备受关注的审计失败事件。专网通信这类新型财务舞弊具有造假系统性、业务循环性和链条隐蔽性三大特点，并通过第三方配合实施舞弊“断链”，形成舞弊“黑匣子”以躲避追查，对注册会计师审计和监管部门查处提出了新的挑战。

在交易链条设计上，如果链条太短，很容易被发现，因此专网通信这类新型财务舞弊的造假者千方百计“创新”业务模式（如以销定产并引入国企开展虚假交易业务）、“创造”交易主体（如同一方控制多家上下游客户或供应商）、“虚构”资金闭环（如为客户融资提供隐性担保以虚构销售回款），提高舞弊链条的复杂性，以逃避舞弊追查。由中国证监会的处罚决定书可以发现，专网通信业务是隋某力方主导的自循环业务，专网通信产品的虚假生产、加工及购销，上下游买卖方，产品定价，合同签订，资金支付，虚假实物流转均由隋某力控制的企业操控。业务模式上“以销定产”，先由上市公司或其控股子公司与隋某力控制的客户或其“合作”的国有企业签订产品购销合同且仅收取5%～10%的定金，再与隋某力控制的“供应商”签订材料采购合同并支付100%的采购款，完成“交货”后客户再支付剩余的90%～95%的货款。此外，在上海电气等案例中，隋某力在销售环节“游说”或“买通”国有企业作为第一层级客户开展虚假贸易，再将产品间接销售给隋某力方控制的第二层级客户，一方面利用国有企业信用进行背书，另一方面切断了交易造假的关联链条，使得整个交易更具欺骗性。

（1）专网通信舞弊案的本质。从本质上看，专网通信业务的核心是合同、单据和资金的流转，专网通信产品并未真实销售及运输流转，无终端应用，实际上是以贸易业务为掩饰的资金融通业务，提供融资以获取固定收益，不具备商品购销业务的商业实质，不符合收入确认条件。专网通信自循环业务一方面帮助上市公司虚增收入及利润，并帮助国有企业做大收入规模以满足股东考核要求，另一方面帮助隋某力控制的企业实现对上市公司的资金占用，其精心布局迎合了上市公司实际控制人、国企高管、隋某力等各方虚增业务或追求利益的诉求，构建了造假生态圈，影响极其恶劣。这类新型财务舞弊对注册会计师及监管部门提出了新挑战，单纯依靠传统审计程序难以识别及防范，审计风险与监管查处压力大幅增加。

卷入专网通信舞弊案的 15 家上市公司中，财务舞弊 3 年内被监管部门发现的仅占 13.33%（2 家），远低于其他类型财务舞弊样本的 51.52%的 3 年内被发现率；滞后 3 年以上才被监管部门发现的占比高达 86.67%（其中 3～5 年的有 5 家，占比 33.33%，5 年以上的有 8 家，占比 53.34%），远高于其他类型财务舞弊样本的 48.48%的滞后 3 年以上被发现率。可见，专网通信这类新型财务舞弊的“隐蔽性”使得舞弊查处时效大幅延长，ST 舜天（600287.SH）从 2009 年起开始造假，2023 年才被查处，值得深思。

外部审计在发现专网通信这类新型财务舞弊方面发挥的作用相对有限，对于 15 家卷入专网通信舞弊案的上市公司，注册会计师在舞弊发生年度发表非标审计意见的仅有 5 家（占比 33.33%），其中发表带强调事项段的无保留意见 1 家、发表保留意见 4 家，其余 10 家（占比 66.67%）均为标准无保留审计意见。现有研究表明，第三方配合造假既是上市公司财务造假屡禁不止、屡屡得逞的重要原因，也是导致审计准则频繁失效、审计失败屡屡发生的重要原因。可见，在严监管背景下，注册会计师尽管加强了对财务舞弊的专业怀疑态度，但在第三方配合造假的情况下，发现专网通信这类新型财务舞弊的能力仍有待提高。

2. 专网通信舞弊案的群体特征。借助“天健财判”专有数据库对专网通信舞弊案涉案上市公司及其配合造假第三方的企业性质分布进行进一步分析（如表 3-1 所示），结果显示：（1）15 家造假上市公司中有 6 家国有企业（占比 40%）、1 家集体所有制企业、8 家民营企业；（2）60 家配合造假的第三方中有 16 家国有企业（占比 26.67%），有 38 家民营企业。涉案国有企业累计有 22 家（占比 29.33%），国有企业不管作为造假实施者还是配合造假第三方，均令人意想不到。从处罚公告可以看出，国有企业参与专网通信业务的主要动机是通过总额法做大收入规模或者扭转业绩下滑趋势以迎合业绩考核需求。正如对航天动力（600343.SH）的处罚公告所述，航天动力为迅速扭转业绩下滑趋势，寻求新的利润增长点，达到股东考核要求，经总经理办公会决策后于2016年以贸易方式参与隋某力专网通信业务。

表3-1　专网通信舞弊案涉案企业的性质分布　　单位：家

涉案企业	企业性质分析			
	国企	民企	其他	合计
造假上市公司	6	8	1	15
配合造假的第三方				
其中：客户	16	26		42
供应商		10		10
同为客户和供应商		1		1
过桥方/通道方		7		7
合计	22	52	1	75

如表3-2所示，配合造假的第三方有13家企业（占比21.67%）缴纳社保人数为1～10人，有20家企业（占比33.33%）缴交社保人数为0人，累计有33家（占比55.00%）配合造假的第三方具有典型的“空壳公司”特征。已有研究表明，关注“客户”或“供应商”缴交社保人数，判断其是否为“空壳公司”，对于识别财务造假、防范审计失败至关重要。

表3-2　配合造假的第三方规模特征——缴纳社保人数

项目	第三方数量/家	缴纳社保人数					
		0		1～10人		11人以上	
		数量/家	占比	数量/家	占比	数量/家	占比
配合造假的交易对象	60	20	33.33%	13	21.67%	27	45.00%
其中：客户身份	42	14	33.33%	8	19.05%	20	47.62%
供应商身份	10	3	30.00%	1	10.00%	6	60.00%
同为客户和供应商	1	0	0	1	100.00%	0	0
过桥方/通道方身份	7	3	42.86%	3	42.86%	1	14.28%

注：参保人数取自启信宝。“0”一般代表参保人数为0，但也可能代表企业未提交人数信息或第三方为自然人。为了便于统计，本文均视同参保人数为0。

利用“天健财判”及工商数据库开展重要客户和供应商的隐性关联关系穿透核查工作，纳入核查的样本包括7家涉案上市公司处罚书中列明的60家配合造假第三方以及样本公司在舞弊期间年报中主动披露的客户供应商名单，纳入核查的客户供应商数量累计为284家次（详见表3-3）。

表3-3 专网通信舞弊案交易对手隐性关联关系穿透排查

项目	公司数量/家次	上市公司与客户、供应商之间存在隐性关联关系		客户与供应商之间存在隐性关联关系	
		数量/家	占比	数量/家	占比
重要交易对象	284	16	5.63%	50	17.61%
其中：客户身份	130	4	3.08%	29	22.31%
供应商身份	91	5	5.49%	16	17.58%
同为客户和供应商	5	0	0	3	60.00%
过桥方/通道方身份	58	7	12.07%	2	3.45%

表3-3的结果显示，涉案上市公司与客户、供应商之间存在隐性关联关系（具体表现为上市公司与重要客户供应商之间拥有相同董事、监事和高级管理人员、相同联系电话、相同联系邮箱等相似特征）的仅有16家（占比5.63%），这与本文提及新型财务舞弊手法的“断链”有关，通过切断上市公司与客户、供应商之间的隐性关联关系，加大舞弊查处难度。为了提高舞弊识别能力，进一步利用“天健财判”开展样本公司客户与供应商两两之间的隐性关联关系穿透核查，结果显示有50家（占比17.61%）客户与供应商两两之间存在隐性关联关系，该方法利用新技术延伸排查和串并分析其他相关方的造假线索，提升了舞弊识别能力。以康隆达为例，其与主要客户和供应商之间均不存在隐性关联关系，但其主要客户与供应商两两之间却被延伸排查出存在隐性关联关系，具体为航天神禾科技（北京）有限公司股权穿透后的股东为上海星地通讯工程研究所，该研究所背后的股东隋某力也是康隆达主要供应商上海星地通通信科技有限公司的法人及董事（或监事、高级管理人员）。

上述对专网通信相关造假公司新特征的分析表明，上市公司财务舞弊手段已从“个案”走向“窝案”，舞弊手法已从“无中生有”走向“真真假假”（如引入国企作为“通道公司”以实现舞弊“断链”），新型财务舞弊更具隐蔽性、欺骗性和危害性，更容易引发审计失败。此外，对样本公司的企业性质、规模特征和隐性关联特征的研究结果也表明，利用新技术开展上市公司的关联方核查、客户供应商规模特征穿透核查是识别新型财务舞弊的重要突破口。但是，实务中会计师事务所及注册会计师往往难以识别新型财务舞弊，主要原因有：一方面，会计师事务所及其注册会计师的审计手段相对有限，缺乏延伸检查的权力，难以对客户、供应商和金融机构等第三方进行穿透式审计，主要通过函证、走访等方式从第三方获取产品购销、应收应付、银行存款等重大事项真实性的审计证据，这类传统审计程序在第三方配合造假的情况下往往会失效，难以发现专网通信这类新型的财务舞弊。另一方面，会计师事务所及其注册会计师所采用的审计程序，科技含量仍有待提高。以

IPO 企业关联方核查为例，核查程序执行一般分为关联法人及关联自然人两大步骤，涉及工商档案调取、外部数据库查询、人工交叉比对等环节，对于投资层级和控制关系复杂、关联自然人多且隐蔽的项目而言，完全依靠人工来执行该程序很难可靠地完成，往往耗费大量的审计时间成本且效果不佳。

资料来源：叶钦华，黄世忠. 财务舞弊的新特征与新应对：基于专网通信舞弊样本. 财会月刊，2024，45（19）：3-8.

案例要求：

1. 结合本章内容和此案例，简述专网通信舞弊事件中的会计师违背了哪些会计职业道德基本原则。

2. 请概括此案例中专网通信这类新型财务舞弊具有哪些特征。

3. 结合本章内容，谈谈会计师如何应对此类新型财务舞弊。

第四章

会计职业道德概念框架

总书记论道德

法治意识、契约精神、守约观念是现代经济活动的重要意识规范，也是信用经济、法治经济的重要要求。企业家要做诚信守法的表率，带动全社会道德素质和文明程度提升。

——2020 年 7 月 21 日，习近平在企业家座谈会上的讲话

素养提升

1. 基于会计职业道德概念框架的视角，理解如果未识别出对职业道德基本原则的不利影响，会造成什么严重后果，强化职业道德观念与道德决策能力。

2. 通过学习错误的应对方法导致的声誉及其他损失，同时挖掘中华优秀传统文化中抵制利益诱惑的经典案例，自觉提高会计审计职业责任感。

名家解读

本章内容重点讲解

学习目标

1. 了解会计职业道德概念框架的含义和作用；
2. 掌握概念框架三大核心程序的应用方法；
3. 理解并识别对职业道德基本原则的不利影响。

思维导图

引例

三年未按期披露财报，原因竟是无审计机构愿接单

2024 年 8 月 14 日晚，山东如意科技集团有限公司（以下简称山东如意）发布公告称，“截至目前公司未能聘请到 2023 年年报审计机构，未能对 2023 年财务数据进行审计，导致暂时无法确定 2024 年半年报的期初数据”。山东如意表示，由于目前审计机构聘用工作未取得进展，尚不能确定审计机构名称及预计披露的时间。实际上，自 2022 年 4 月，其公告审计招投标项目出现流标情形以后，山东如意 2021—2023 年年报均未按期披露。

山东如意是一家主营纺织品、服装和服饰的设计、生产、销售的公司，曾被评为全国纺织十佳经济效益支柱企业、山东省百家重点企业集团等，曾尝试打造中国“LVMH”。但是 2019 年以来，山东如意面临着经营困境，其营收已连续多年下跌，且近年来一直处于亏损状态。2022 年和 2023 年，山东如意的净利润分别亏损约 8.31 亿元和 6.25 亿元。天眼查显示，截至 2024 年 8 月底，山东如意被列入失信执行人已达 26 次，且全部未履行，仅 2024 年，山东如意被列入被执行人 19 次，被执行总金额 32.4 亿元。

2024 年 6 月，山东证监局就因山东如意首次预告业绩与经审计业绩差异较大，存在信息披露不准确的问题，对山东如意及其董事长、总经理、财务总监采取出具警示函的行政监管措施，并记入证券期货市场诚信档案数据库。2024 年 1 月 31 日，公司披露《2023 年度业绩预告》，预计公司 2023 年归属于上市公司股东的净利润为亏损 1.9 亿元至 2.85 亿元，而 2024 年 4 月 30 日，公司披露《2023 年年度报告》，2023 年经审计的归属于上市公司股东的净利润为亏损 6.25 亿元。可见，公司首次预告业绩与经审计业绩差异较大。

面对山东如意经营困境、频繁执行处罚、信息披露违规等问题，相关审计机构自然不敢贸然接单，公司接连三年难以聘请审计师也在情理之中。

尝试回答以下几个问题：在该案例中，你认为有哪些不利于会计师事务所遵循职业道德基本原则的具体情形？假如有会计师事务所承接了山东如意 2023 年年报审计业务，你认为会计师事务所及注册会计师应如何应对潜在的不利影响？有哪些总体应对措施和具体应对措施？

资料来源：王娟娟. 无审计机构接单 山东如意三年未披露财报. (2024-08-15) [2024-09-04]. 财新网.

名家解读
职业道德概念框架法

名家解读
概念框架的应用流程

要回答本章引例中提出的问题，我们需要具备一项新的知识，即会计职业道德概念框架。如本书第三章所述，国际会计师联合会于2004年首次发布了全面基于概念框架法的职业道德守则。① 此后，概念框架法逐步成为世界各国制定或修订职业道德守则的标准方法。概念框架法不仅是职业道德守则制定或推导的基本方法，也是职业会计师在具体情形下应用职业道德基本原则的决策方法，它为职业会计师遵守职业道德基本原则、解决职业道德问题提供了基本思路与方法。②

会计职业道德概念框架隐含了原则导向思想，包含以下三个核心程序：识别不利影响（identifying threats）、评价不利影响（evaluating threats）与应对不利影响（addressing threats），按照“识别—评价—应对”的思路运用职业判断，指导职业会计师遵循职业道德基本原则。它有利于将各项基本原则逻辑一致地运用于具体规则（即通过概念框架推导职业道德准则），且在具体规则无法穷尽的领域通过概念框架的应用以指导基本原则在这些领域的适用，其决策判断过程如图4-1所示。为此，本章将对会计职业道德概念框架的三大核心程序进行较为详细的讲解，即重点阐述如何识别、评价和应对对职业道德基本原则的不利影响。

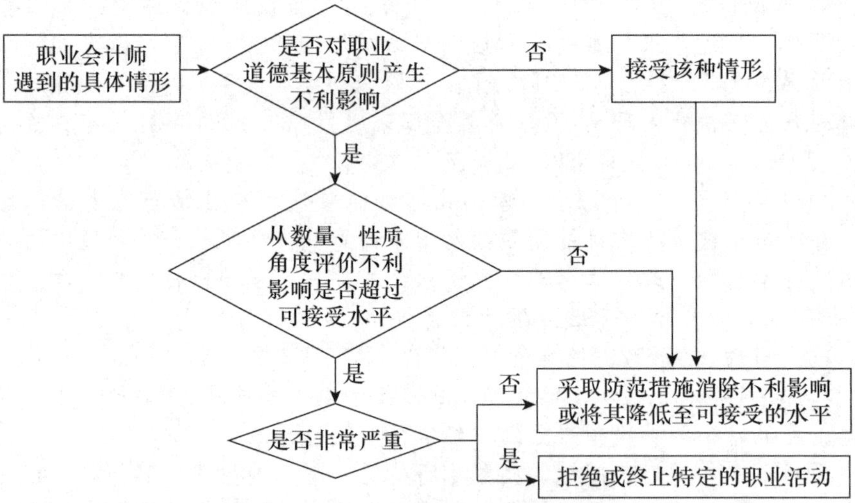

图4-1 概念框架应用的决策判断过程

① 早在1996年，ICAEW提出按照概念框架法修订会计职业道德准则，受其影响，美国独立性准则委员会（ISB）于2000年将概念框架法应用于独立性准则制定。

② 与会计职业道德基本原则一样，职业道德概念框架适用于受雇会计师（即单位会计人员）和公共会计师（即注册会计师）两种类型。

第一节　识别不利影响

IFAC（2023）和 CICPA（2020）均指出，职业会计师识别不利影响的前提是了解相关事实和情况，包括了解可能影响遵循职业道德基本原则的职业活动、利益和关系。某些由法律法规、会计职业团体或会计师事务所制定，用于加强职业会计师遵循职业道德基本原则的条件、政策和程序，也可能有助于识别不利影响。

第一节
即测即评

职业会计师应当识别对职业道德基本原则的不利影响，不利影响的性质和严重程度因职业会计师提供服务类型的不同而不同。通常来说，一种情形可能产生多种不利影响，一种不利影响也可能影响多项职业道德基本原则。可能对职业道德基本原则产生不利影响的因素包括自身利益（self-interest）、自我评价（self-review）、过度推介（advocacy）、密切关系（familiarity）和外在压力（intimidation），主要具体情形如表 4-1 所示。

名家解读
五种产生不利影响的因素

表 4-1　产生不利影响的主要具体情形

类型	主要具体情形	
	单位会计人员	注册会计师
自身利益	(1) 单位会计人员在工作单位中拥有经济利益，或者接受工作单位的贷款或担保； (2) 单位会计人员参与工作单位的激励性薪酬计划； (3) 单位会计人员将公司资产挪为私用具有可行性； (4) 单位会计人员接受工作单位的供应商提供的礼品或款待	(1) 注册会计师在客户中拥有直接经济利益； (2) 注册会计师以较低的报价获得新业务，而过低的报价可能导致注册会计师难以按照适用的职业准则要求执行业务； (3) 注册会计师与客户之间存在密切的商业关系； (4) 注册会计师将接触到的涉密信息用于谋取个人私利； (5) 注册会计师在评价所在会计师事务所以往提供的专业服务时发现了重大错误
自我评价	(1) 单位会计人员负责设计和运行工作单位的内部控制，又对其设计和运行情况进行评价； (2) 单位会计人员负责工作单位的会计处理，同时执行内部审计工作； (3) 单位会计人员对收购决策进行可行性研究后，又确定该项企业合并的会计处理方法	(1) 注册会计师在对客户提供财务系统的设计或实施服务后，又对系统的运行有效性出具鉴证报告； (2) 注册会计师为客户编制用于生成有关记录的原始数据，而这些记录是鉴证业务的对象

续表

类型	主要具体情形	
	单位会计人员	注册会计师
过度推介	(1) 单位会计人员以虚假或误导性的方式宣传工作单位的形象或立场； (2) 单位会计人员以虚假或误导性的方式推介工作单位的股份、产品或服务； (3) 单位会计人员有机会操纵招股说明书上的信息以帮助工作单位融资	(1) 注册会计师推介客户的产品、股份或其他利益； (2) 当客户与第三方发生诉讼或纠纷时，注册会计师为该客户辩护； (3) 注册会计师站在客户的立场上影响某项法律法规的制定
密切关系	(1) 单位会计人员负责工作单位的财务报告，而在同一单位工作的近亲属可以做出影响财务报告的决策； (2) 单位会计人员与工作单位中能够影响经营决策的人员存在长期业务交往； (3) 单位会计人员接受可能影响其客观、公正的礼品或款待	(1) 审计项目组成员的主要近亲属或其他近亲属担任审计客户的董事或高级管理人员； (2) 鉴证客户的董事、高级管理人员，或所处职位能够对业务对象施加重大影响的员工，最近曾担任注册会计师所在会计师事务所的项目合伙人； (3) 审计项目组成员与审计客户之间存在长期业务关系
外在压力	(1) 当工作单位与单位会计人员或其近亲属在会计政策的选择和运用等方面存在分歧时，单位会计人员或其近亲属受到解聘或更换职位的威胁； (2) 上级主管试图影响单位会计人员的决策过程	(1) 注册会计师因对专业事项持有不同意见而受到客户解除业务关系或被会计师事务所解雇的威胁； (2) 由于客户对所讨论的事项更具有专长，注册会计师面临服从该客户判断的压力； (3) 注册会计师被告知，除非其同意审计客户某项不恰当的会计处理，否则计划中的晋升机会将受到影响； (4) 注册会计师接受了客户赠予的重要礼品，并被威胁将公开其收受礼品的事情

一、自身利益

自身利益包括职业会计师情感上、财务上及其他方面的个人利益。某些经济利益或其他利益可能不当影响会计师的判断或行为，从而产生对职业道德基本原则的不利影响。职业会计师可能会有意识或无意识地将自身利益凌驾于公众利益之上。

（一）主要具体情形——单位会计人员

对单位会计人员产生不利影响的自身利益具体情形主要包括：(1) 单位会计人员在工作单位中拥有经济利益，或者接受工作单位的贷款或担保；(2) 单位会计人员参与工作单位的激励性薪酬计划；(3) 单位会计人员将公司资产挪为私用具有可行性；(4) 单位会计人员接受工作单位的供应商提供的礼品或款待。

“蚂蚁搬家”式贪腐：单位公款成个人“金库”

2022年5月17日，S省H市农村经济事务中心会计、执法监督股股长许某平，因挪用公款罪被判处有期徒刑12年。经查实，3年多时间，许某平自己一人竟55次挪用公款共计837万余元。

许某平，原为H市农村经济事务中心会计，自1999年起参加工作，2017年4月起担任H市农村经济事务中心会计。刚参加工作时，他也“想通过努力工作和辛勤付出赢得大家的赞誉，获得受人敬重的社会地位”。然而，一次偶然的操作失误打开了他的贪欲之门。2018年8月，他在报销单位账户年检手续费时因操作失误，未将系统显示的公用经费剩余指标修改为实际金额，意外地将20 507元转入个人银行账户。面对这笔意外之财，许某平虽初感惶恐，但在观察一个月后未被发现，便将其中的2万余元提现用于赌博。

尝到甜头后，许某平的贪欲逐渐膨胀，他开始频繁地采取虚构款项用途、伪造财政直接支付凭证、骗取银行预留印鉴等手段，以多种名目挪用公款。2018—2021年，他55次挪用公款共计837万余元，并全部用于赌博。最终，因赌博输光公款且无法偿还，同时拖欠单位员工绩效工资等费用，许某平在走投无路之下选择投案自首。

经调查，许某平还存在违规兼职取酬等问题。2021年12月9日，他受到开除党籍、开除公职的处分，违法所得被依法追缴，其涉嫌犯罪问题也被移送检察机关审查起诉。

职业会计师本应避免自身利益导致的不利影响，但因职务之便谋取个人私利这根警戒线常常在不知不觉中被逾越。一些会计师心存侥幸，寄希望于通过额外的好处创造财富“神话”，但严厉的法律会告诉他们以身试法的惩罚。

资料来源：陆丽环. 切断“蚂蚁搬家式”贪腐之路. 中国纪检监察报，2022-07-15 (4).

(二) 主要具体情形——注册会计师

1. 注册会计师在客户中拥有直接经济利益

注册会计师与客户相关的经济利益包括直接经济利益（direct financial interests）和间接经济利益（indirect financial interests）。前者是指注册会计师个人或其控制的实体直接拥有与客户相关的经济利益，或通过投资工具拥有与客户相关的经济利益，并且有能力控制这些投资工具或影响其投资决策。后者是指注册会计师个人或其控制的实体通过投资工具拥有与客户相关的经济利益，但没有能力控制这些投资工具或影响其投资决策。它的最大特点就是存在连接注册会计师和审计客户的第三方。比如，注册会计师是某信托财产受托人或遗嘱执行人或管理人，而该信托在客户公司中拥有经济利益，则注册会计师与客户公司之间构成了间接经济利益关系。

通常直接经济利益关系的鉴别较为直观。配偶、未成年子女或与注册会计师共同生活及由注册会计师供养的亲属所拥有的经济利益，一般都视同注册会计师的经济利益。当注册会计师与审计客户存在通过第三方主体的间接投资关系时，鉴于该情形较为普遍且复杂，应通过图 4-2 的流程对其独立性是否受到影响加以判断。

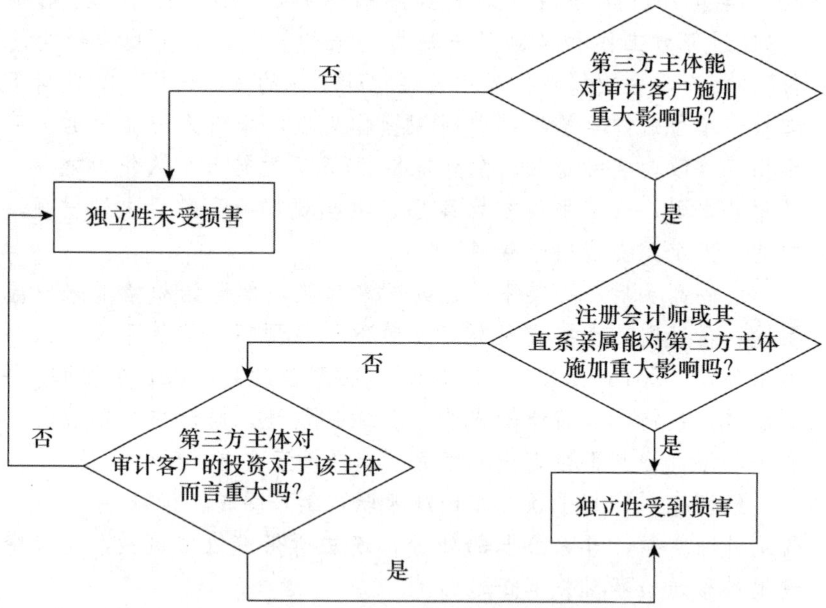

图 4-2　间接投资关系情形

2. 注册会计师以较低的报价获得新业务

IFAC（2023）和 CICPA（2020）认为，收费报价水平可能影响注册会计师按照职业准则提供专业服务的能力。注册会计师可以提供任何报价，只要该报价水平被认为是合理的。报价水平低于另一注册会计师并不一定是不道德的，但是，如果报价水平过低，以致注册会计师难以按照适用的职业准则执行业务，其自身利益可能产生对遵循专业胜任能力和勤勉尽责原则的不利影响。

审计江湖之变：小所低价揽客

如今审计行业的竞争愈发激烈，很多上市公司会在年审前选择变更会计师事务所。除常见的“原事务所已连续多年提供审计服务”“综合考虑公司未来发展需要”等原因外，一些上市公司直言变更会计师事务所是为了“控制成本，减少审计开支”。这引发了行业的不正当低价竞争，会计师事务所不得不降低审计收费以承揽客户，此时，注册会计师专业服务的供给质量、供给能力是否会受到影响？会计师事务所的收费是否公平地反映为客户提供的专业服务的价值？

新三板挂牌公司超能国际发布了《会计师事务所变更公告》，公告称公司于 2020 年 5 月 11 日召开第二届董事会第十三次会议，审议通过了《关于聘请深圳堂堂会计师事务所为公司 2019 年度审计机构的议案》，公告称：根据公司发展需要，经友好协商，公司拟将 2019 年度审计机构由天健会计师事务所（特殊普通合伙）变更为深圳堂堂会计师事务所。引人注意的是，2019 年度审计费用仅为 23 万元！

此次超能国际变更审计所遭到了相关部门的问询，因深圳堂堂会计师事务所收入规模较小，无证券业务从业经验，提取的执业风险基金金额较低，并且未在公告中披露前后任会计师沟通情况。聘请深圳堂堂会计师事务所的提议被超能国际股东大会否决。

拓展阅读
七年四易审计机构——审计低价下的风险识别

会计师事务所低价竞争的原因主要是为了中标，迎合企业低报价的要求，有的报价甚至低于审计成本。低报价、低投入，审计质量势必大打折扣，低价竞争只是饮鸩止渴，会计师事务所应摒弃低价竞争，把关注点放到如何提高增值服务上。

资料来源：中国注册会计师俱乐部. 越挫越勇？深圳堂堂会计师事务转战新三板年审，审计费 23 万元!.（2020-05-12）[2024-09-04]. 搜狐网.

3. 注册会计师与客户之间存在密切的商业关系

商业关系（commercial relationship）主要包括：在与客户或其控股股东、董事、高级管理人员共同开办的企业中拥有经济利益；按照协议，将会计师事务所的产品或服务与客户的产品或服务结合在一起，并以双方名义捆绑销售；按照协议，会计师事务所销售或推广客户的产品或服务，或者客户销售或推广会计师事务所的产品或服务。

IFAC（2023）和 CICPA（2020）均规定，会计师事务所不得介入此类上述商业关系；如果存在此类商业关系，应当予以终止。如果此类商业关系涉及审计项目组成员，会计师事务所应当将该成员调离审计项目组。

4. 注册会计师将接触到的涉密信息用于谋取个人私利

保密原则要求注册会计师应当对职业活动中获知的涉密信息予以保密。注册会计师与客户的沟通，必须建立在为客户信息保密的基础上。

审计成员泄露内幕信息谋取个人私利

根据中国证券监督管理委员会上海监管局行政处罚决定书沪〔2022〕22 号，德勤华永会计师事务所（以下简称德勤）审计项目组成员秦某乔因泄露内幕信息被证监局罚款 50 万元，其亲属涉内幕交易另被罚 50 万元。

2020年8月17日上午，上海柴油机股份有限公司（以下简称上柴股份，现已更名为上海新动力汽车科技股份有限公司）财务总监顾某辉与德勤合伙人胡某媛、审计经理罗某鸣在上海汽车集团股份有限公司召开会议，咨询上柴股份拟资产重组标的公司上汽依维柯商用车投资有限公司（以下简称上依投）、上汽依维柯红岩商用车有限公司（以下简称上依红）、上汽菲亚特红岩动力总成有限公司（以下简称上菲红）的审计范围和审计报价等，并签署了相关保密协议。当天下午胡某媛让罗某鸣、德勤项目经办人员秦某乔提供有关上柴股份及资产重组标的公司上依投、上依红、上菲红相关审计费用的初步报价。2020年12月21日晚间，上柴股份发布《关于筹划重大资产重组的停牌公告》，公告称公司拟通过发行股份及支付现金的方式购买上依投50%股权、上依红100%股权和上菲红10%股权。

上述公告中上柴股份重大资产重组事项，属于《证券法》第八十条第二款第二项规定的"公司在一年内购买、出售重大资产超过公司资产总额百分之三十"的重大事件，在公开前属于《证券法》第五十二条规定的内幕信息。该内幕信息形成时间不晚于2020年8月17日，公开时间为2020年12月21日。秦某乔是参与上述重大资产重组项目的德勤项目经办人员，因履行工作职责，不晚于2020年8月19日知悉了上述内幕信息，属于《证券法》第五十一条第六项规定的内幕信息知情人。

在内幕信息形成后至公开前，秦某乔在上柴股份资产重组项目的关键时间节点，通过微信聊天等方式向其配偶邹某泄露了有关上柴股份资产重组事项的内幕信息。在此期间，其配偶邹某与母亲龚某中持续通过微信进行联络，内容涉及内幕信息及交易"上柴股份"相关情况，2020年8月20日起，"龚某中"账户首次买入"上柴股份"，至公开前该账户累计买入"上柴股份"14.99万股，成交金额1 438 234元，交易意愿强烈且明显异常。同时，该账户交易"上柴股份"的时间节点和买卖方向，与秦某乔与邹某、邹某与龚某中之间联络沟通的时间节点和相关内容高度吻合，与内幕信息进展高度吻合，且不能作出合理解释。

秦某乔作为内幕信息的知情人，受到了个人利益的驱使，未能严格遵守保密义务，将内幕信息泄露给其配偶，进而引发了一系列的内幕交易行为。会计师在执业过程中，应始终坚守保密原则，时刻保持清醒的头脑，坚守职业道德底线，不受任何诱惑和干扰。

资料来源：上海监管局. 中国证券监督管理委员会上海监管局行政处罚决定书沪〔2022〕22号.（2022-11-24）[2024-09-04]. 中国证券监督管理委员会网站.

5. 注册会计师在评价所在会计师事务所以往提供的专业服务时发现了重大错误

注册会计师在评价所在会计师事务所以往提供的专业服务时发现重大错

误，说明当时签字的注册会计师及负责人缺乏专业胜任能力，其所在会计师事务所也没有有效实施项目质量控制。如果报告使用者因为会计师事务所出具的报告造成不良后果，报告使用者可以追究会计师事务所和注册会计师的责任。因此，发现该重大错误的注册会计师，对是否揭示所在会计师事务所及有关签字会计师的失职行为存在顾虑，这也将妨碍该注册会计师进一步提供客观、公正的服务。

二、自我评价

会计师在执行当前业务的过程中，其判断需要依赖其本人或其所在单位以往执行业务时作出的判断或得出的结论，由于很难保持客观的态度，导致该会计师可能不恰当地评价这些以往的判断或结论，从而产生对职业道德基本原则的不利影响。

对单位会计人员产生不利影响的自我评价具体情形包括：(1) 单位会计人员负责设计和运行工作单位的内部控制，又对其设计和运行情况进行评价；(2) 单位会计人员负责工作单位的会计处理，同时执行内部审计工作；(3) 单位会计人员对收购决策进行可行性研究后，又确定该项企业合并的会计处理方法。

对注册会计师产生不利影响的自我评价具体情形包括：(1) 注册会计师在对客户提供财务系统的设计或实施服务后，又对系统的运行有效性出具鉴证报告；(2) 注册会计师为客户编制用于生成有关记录的原始数据，而这些记录是鉴证业务的对象。

当注册会计师为客户提供非鉴证服务或其他鉴证服务时，主要从客户角度考虑问题，甚至承担着管理层责任并提供与经营决策相关的信息和建议。会计师事务所提供服务的内容和结论，将成为客户财务系统、财务数据、经营决策和管理系统的一部分。当注册会计师为客户提供鉴证服务时，实际是对自己工作成果的评估。

自我评价：审计师兼任财务顾问的困扰

1994 年 6 月上市的银广夏公司，曾因其骄人的业绩和诱人的前景被称为“中国第一蓝筹股”，但最终被证明是一场彻头彻尾的骗局。

银广夏公司虚假的财务报告经中天勤会计师事务所审计后向社会发布，投资者的利益遭受重大损失，中天勤会计师事务所最终被吊销执业资格。究其原因之一，中天勤签发银广夏审计报告的负责人与签字注册会计师为同一人，未遵循审计准则规定的会计师事务所三级复核的有关要求。同时，其中一名审计师刘加某还违反注册会计师的有关规定，兼任银广夏公司财务顾问，在形式上和实质上均失去了独立性。可见，注册会计师在提供审计服务的同时提供其他服务，会因自我评价而对客观公正等原则的遵循产生不利影响。

资料来源：中国新闻网．财政部吊销中天勤执业资格 银广夏 10 日复牌．（2001-09-07）[2024-09-04]．中国新闻网．

三、过度推介

过度推介指会计师倾向客户或所受雇单位的立场，这会导致该会计师的客观公正原则受到损害，从而产生不利影响。当注册会计师为审计客户承销证券时，这种不利影响就会产生；当受雇单位与第三方发生诉讼或纠纷或应对反倾销辩护时，其单位会计人员担任受雇单位的辩护人，此时也会因过度推介产生不利影响。过度推介主要会影响职业会计师对诚信、客观公正等基本原则的遵循。

对单位会计人员产生不利影响的过度推介具体情形主要包括：（1）单位会计人员以虚假或误导性的方式宣传工作单位的形象或立场；（2）单位会计人员以虚假或误导性的方式推介工作单位的股份、产品或服务；（3）单位会计人员有机会操纵招股说明书上的信息以帮助工作单位融资。

过度推介：总会计师为公司顺利上市的“努力”

欣泰电气涉嫌欺诈发行，报送中国证监会的 IPO 申请文件中相关财务数据存在虚假记载，17 名相关人员因此受到处罚。

2011 年 11 月，欣泰电气向中国证监会提交 IPO 申请，2012 年 7 月 3 日通过创业板发审会审核，2014 年 1 月 3 日获得核准过会在创业板上市的批复文件，同月，欣泰电气正式上市发行。根据中国证监会调查结果，为实现顺利上市，解决欣泰电气应收账款余额过大问题，公司总会计师刘某胜向董事长、实际控制人温某乙建议，在会计期末以外部借款减少应收账款，并于下期初再还款冲回。

2011 年 12 月至 2013 年 6 月，欣泰电气通过外部借款、使用自有资金或伪造银行单据的方式，在年末、半年末等会计期末冲减应收款项，大部分在下一会计期初冲回。

温、刘两人年末通过自有资金冲减应收账款，账面上看，公司已经收到了客户的账款，实现了当年的营业收入，公司并未面临客户拖欠、坏账等风险。但实际上，温、刘两人是用自有资金进行“走账”。在年度审计完成之后，该笔自有资金再度以还款形式进行账面冲回。看似“健康”的应收账款，在实际运营中难免会面临计提大额坏账的问题。

上市以后，欣泰电气依然存在财务造假问题，总会计师刘某胜付出了一定的“努力”，在年报中继续采用通过外部借款或者伪造银行单据的形式冲减应收账款，使得实际控制人温某乙以个人名义无故占用上市公司 6 388 万元资金。

2016 年 6 月，欣泰电气涉嫌欺诈发行及信息披露违法违规案调查结束，欣泰电气涉嫌欺诈发行遭到证监会顶格处罚，实际控制人温某乙和总会计师刘某胜被实施终身证券市场禁入。可见，总会计师为了“帮助”公司顺利上市而对财务报表进行重大舞弊处理，属于因过度推介而对客观公正等原则的遵循产生了严重的不利影响。

资料来源：黄向东. 欣泰电气坐实 IPO 财务造假 保荐人公司多方受罚.（2016-06-02）[2024-09-04]. 第一财经网.

对注册会计师产生不利影响的过度推介具体情形主要包括：（1）注册会计师推介客户的产品、股份或其他利益；（2）当客户与第三方发生诉讼或纠纷时，注册会计师为该客户辩护；（3）注册会计师站在客户的立场上影响某项法律法规的制定。

注册会计师在执业过程中应保持独立性，过度推介就是有所偏向，站在鉴证客户立场上过度发表有利于鉴证客户的意见或推广其利益。过度的推荐和介绍会失去其独立性，这与职业道德基本原则中的诚信、客观公正原则冲突。

四、密切关系

会计师由于与客户或所在单位存在长期或密切的关系，导致过于偏向客户或所在单位的利益或过于认可客户或所在单位的工作，从而对职业道德基本原则产生不利影响。比如，当注册会计师对审计客户非常熟悉或信任，注册会计师可能会对客户的认定未能保持足够的怀疑，而轻易接受其观点，此时不利影响就会产生。

对单位会计人员产生不利影响的密切关系具体情形主要包括：（1）单位会计人员负责工作单位的财务报告，而在同一单位工作的近亲属可以做出影响财务报告的决策；（2）单位会计人员与工作单位中能够影响经营决策的人员存在长期业务交往；（3）单位会计人员接受可能影响其客观、公正的礼品或款待。

密切关系：会计人员是否需要实行回避制度？

2019 年 10 月 10 日，三达膜环境科技股份有限公司（以下简称三达膜）首发过会，通过了上交所上市委的审核。三达膜招股书显示，公司财务副总监陈某雷系实际控制人之一陈某的弟弟，间接持有三达膜股份，其工作职责主要是在财务总监的领导下协助财务总监工作。保荐机构和申报会计师认为，报告期内发行人财务独立，发行人财务副总监与实际控制人存在亲属关系，但不影响发行人内部控制制度的执行。

《会计基础工作规范》第十六条规定，国家机关、国有企业、事业单位任用会计人员应当实行回避制度。单位领导人的直系亲属不得担任本单位的会计机构负责人、会计主管人员。会计机构负责人、会计主管人员的直系亲属不得在本单位会计机构中担任出纳工作。需要回避的直系亲属为夫妻关系、直系血亲关系、三代以内旁系血亲以及配偶亲关系。对于其他单位是否实行会计人员回避制度没有明确规定。但是会计工作中确实存在利用同在一个单位的密切关系进行舞弊的现象。在会计人员中实行回避制度，避免因密切关系可能造成不利影响，是十分必要的。

资料来源：任宪奎. 三达膜新加坡籍实控人曾厦门首富 弟弟因38万成老赖. (2019-10-08) [2024-09-04]. 中国经济网.

对注册会计师产生不利影响的密切关系具体情形主要包括：(1) 审计项目组成员的主要近亲属或其他近亲属担任审计客户的董事或高级管理人员。(2) 鉴证客户的董事、高级管理人员，或所处职位能够对业务对象施加重大影响的员工，最近曾担任注册会计师所在会计师事务所的项目合伙人。由于辞职、离任、退休或出售股权等原因离开会计师事务所的前任项目合伙人，仍可能与客户发生利益关系，对业务产生不正当的干预，可能存在损害独立性的情形。(3) 审计项目组成员与审计客户之间存在长期业务关系。会计师事务所的合伙人或高级员工与鉴证客户存在业务关系时间越长，与客户的关系就会越密切，薪酬、业绩评价以及职位晋升都可能受到客户的影响，在鉴证业务中更有可能向客户妥协，违背注册会计师客观公正的基本原则。

从客户关系到不适当的亲密关系——安永合伙人的"高价恋爱"

2016年9月，SEC对安永会计师事务所处以934.1万美元罚款，原因是公司审计合伙人与两家上市公司重要客户的关系过于密切，这是此类案件的首例罚款。

SEC的调查发现，一位高级合伙人与其负责审计的纽约一家上市公司的首席财务官发展了不适当的亲密关系；另一位高级合伙人与其负责审计的另一家上市公司的首席财务官发展为恋爱关系。安永在意识到这两段关系不恰当的同时，并未对这两段关系采取适当举措。SEC执法部主任安德鲁·塞雷斯尼表示："安永没有采取足够举措来察觉或阻止这些合伙人与客户建立过于亲密的关系，违背了他们作为独立审计人员的角色。"

(1) 安永合伙人与客户的亲密关系。安永在芝加哥的前合伙人格雷戈里·贝德纳以超过10万美元的待遇款待审计客户的首席财务官及其儿子。在遭到指控后，安永和贝德纳没有承认也并未否认。最后以安永支付 497.5 万美元、贝德纳支付 4.5 万美元并被暂停执业 3 年作为处罚。

(2) 安永合伙人与客户的恋爱关系。合伙人帕梅拉·哈特福德在审计期间与其审计客户公司财务高管罗伯特·布雷勒发展了恋爱关系。哈特福德的上司——安永合伙人迈克尔·卡缅斯基知晓此事，但未展开合理调查或提出疑问。最终，安永支付 436.6 万美元罚金，哈特福德和布雷勒各自支付 2.5 万美元罚金，哈特福德和卡缅斯基被暂停执业 3 年，布雷勒被暂停执业 1 年。

本案中，上述情况因密切关系违反了审计的独立性要求，安永合伙人与审计客户从最初的客户关系发展到亲密关系甚至恋人关系，最终也付出了惨痛的代价。

资料来源：少数非少数. 都挺好：安永因合伙人与客户谈恋爱被罚巨款，审计们颤抖了吗???.（2019-03-22）[2024-09-04]. 搜狐网.

五、外在压力

职业会计师迫于实际存在的或可感知到的外在压力，导致无法客观行事，从而产生对职业道德基本原则的不利影响。

对单位会计人员产生不利影响的外在压力具体情形主要包括：（1）当工作单位与单位会计人员或其近亲属在会计政策的选择和运用等方面存在分歧时，单位会计人员或其近亲属受到解聘或更换职位的威胁；（2）上级主管试图影响单位会计人员的决策过程。

内部会计师人员的“惨状”：被要求做假账，拒绝后遭辞退

2007 年 9 月 26 日，湖南省涟源市检察院以涉嫌偷税罪依法对被告人谢某云提起公诉。作为公司总经理兼法人代表，为牟私利竟辞退不肯做假账的会计，专门聘请新会计做假账，偷逃增值税达 180 万元。

2003 年 3 月，谢某云与其他 4 名股东签订了合股经营合同，成立涟源市创新铸铁有限公司，由谢某云任总经理兼法人代表，其他股东并不参与公司的具体管理。在高层会议上，曾有股东提出做两套账，对内做一套真实账，对外做一套虚假“税务账”。谢某云要求会计师廖某执行，并以辞退相威胁。面对此种压力，廖某依旧依法行事，守护了内心的正义和职业的标准，回复称“不会做”，并予以拒绝。之后，该公司又专门聘请了兼职会计田某明做“税务账”，为少缴税款采取账上少计收入进行虚假纳税申报。后因群众举报，谢某云补税款，因偷税罪被追究刑事责任，帮助其制作“税务账”的田某明也付出了沉重的代价。

正如朱镕基同志强调的“不做假账”，诚信是会计师行业公认的必须遵循的基本原则。会计人员在工作中应时刻牢记遵守基本的职业道德原则，在各种情形下顶住外在压力，遵守会计职业道德基本原则。

资料来源：刘义辉，刘更和. 总经理要求会计做假账逃税 被拒绝后将对方辞退. (2007-09-27) [2024-09-04]. 中新网.

对注册会计师产生不利影响的外在压力具体情形主要包括：(1) 注册会计师因对专业事项持有不同意见而受到客户解除业务关系或被会计师事务所解雇的威胁。如果在重大会计、审计等问题上与客户存在意见分歧，注册会计师可能受到解雇威胁。一旦解除合同，会计师事务所不仅被终止当前业务关系，而且可能难以再与该客户建立业务关系，也会失去因连续提供同类服务而降低业务成本的机会。(2) 由于客户对所讨论的事项更具有专长，注册会计师面临服从该客户判断的压力。当客户对某些业务事项比注册会计师更具有专业性和权威性时，说明会计师事务所指派的注册会计师的专业胜任能力相对不足，此时，注册会计师在职业判断上将面临很大的压力，可能被迫同意客户"更专业"的意见。(3) 注册会计师被告知，除非其同意审计客户某项不恰当的会计处理，否则计划中的晋升机会将受到影响。为了顺利从审计客户那里获取业务收入或机会，会计师事务所或通过其合伙人以职位晋升为要挟，非正常干涉注册会计师的审计工作，要求注册会计师违背职业道德，同意审计客户不恰当的会计处理或不合理的要求。(4) 注册会计师接受了客户赠予的重要礼品，并被威胁将公开其收受礼品的事情。注册会计师不得向客户索取、收受委托合同约定以外的酬金或其他财物，或者利用执行业务之便，牟取其他不正当利益。

外在压力：注册会计师屈服于客户压力

巨人零售公司是美国一家大型零售折扣商店，由于巨大的竞争压力，20 世纪 70 年代初遇到了财务问题。为掩盖真相，公司在应付账款、销售退回以及进价差额的退回方面弄虚作假，将 1971 年 250 万美元的经营损失篡改为 150 万美元的收益。

美国证券交易委员会对负责 1972 年巨人零售公司审计工作的塔奇·罗斯会计师事务所提出批评，暂停该所负责巨人零售公司审计的合伙人执业 5 个月。

引人关注的是，会计师事务所的审计工作是在压力下进行的。

(1) 事务所合伙人由于屈服于客户施加的压力，在该公司的控制下对有关单位进行询证，执行无实效的审计程序。

(2) 对该公司提出的更换审计合伙人，将某位助理审计人员赶出事务所等无理要求听之任之；对审计助理人员发现的公司舞弊不加追究。

(3) 更有甚者，当事务所与该公司讨论审计中发现的问题时，其有关人员当面计算各种财务指标，以能否达到预期目标作为接受事务所调整意见的原则。

塔奇·罗斯会计师事务所面对客户的不合理要求，处处委曲求全，毫无独立性可言，受到了美国证券交易委员会暂停执业的处理。

资料来源：李若山. 巨人零售公司审计案例：会计师事务所因屈服客户压力而执行了许多无效的审计程序，注册会计师难辞其咎的审计案例. 注册会计师通讯，1998（11）：40-44.

第二节 评价不利影响

识别不利影响后，IFAC（2023）及CICPA（2020）均要求职业会计师应当评价该不利影响的严重程度是否处于可接受的水平。在这一过程中，职业会计师应当关注三个方面：确定可接受水平、评估风险水平、考虑成本与收益。

第二节
即测即评

一、确定可接受水平

可接受的不利影响水平，是指职业会计师针对识别出的不利影响实施理性且掌握充分信息的第三方测试之后，很可能得出其行为并未违反职业道德基本原则的结论时，该不利影响的严重程度所处的水平。

IFAC（2023）及CICPA（2020）均要求，在评价不利影响的严重程度时，职业会计师应当从性质和数量两个方面予以考虑，在适当时，需要考虑多项不利影响组合起来的效果。会计师对不利影响严重程度的评价还受到专业服务性质和范围的影响。

小金额引起的大罚金

2010—2014年，济宁经纬会计师事务所（以下简称经纬会计所）为山东瑞中医药有限公司（以下简称瑞中公司）出具年度审计结果，每年收费20 000元，这个审计费用相对来说已经很少了。因瑞中公司年度审计结果均为亏损，经纬会计所的樊某（负责2010年度、2011年度、2012年度审计报告）、刘某（负责2013年度审计报告）与瑞中公司联系，按照瑞中公司要求出具虚假审计报告，瑞中公司利用虚假审计报告向多家银行申请了贷款。

为了20 000元的审计费，注册会计师樊某犯提供虚假证明文件罪，被判处有期徒刑2年，缓刑3年，并处罚金人民币20 000元；事务所办事处负责人刘某犯提供虚假证明文件罪，被判处有期徒刑1年，缓刑2

年，并处罚金人民币10 000元。

无独有偶。2018年10月，法院判决陈某峰犯提供虚假证明文件罪，判处有期徒刑1年，缓刑2年，并处罚金4 000元。处罚原因是：陈某峰原系福州市鼓楼区晟源联合会计师事务所的实际经营者，收取显利洋行800元“好处费”后，在没有进行审计的情况下进行了违规操作，直接于2013年7月8日以晟源联合会计师事务所的名义出具了虚假审计报告。显利洋行利用上述虚假审计报告等材料骗取福建海峡银行石狮支行的贷款，给该行造成直接经济损失约454万元。

这两起事件都是会计师因一时的利益，进行了一系列违规操作，才导致小金额成了大罚金。现实中会计师收受贿赂的行为并不少见，有时虽然涉及的利益金额不大，但这一行为的性质极为恶劣，虚假财务报告给投资者、债权人造成的后果和影响极大。职业会计师应当始终恪守职业道德基本原则，即使诱惑巨大，所涉金额很小，也绝不挑战法律底线和职业道德。

资料来源：山东省注册会计师协会. 关于一起出具虚假报告被追究刑事责任案件的警示.（2016-10-14）[2024-09-04]. 山东省资产评估协会网站.

二、评估风险水平

（一）评价时应考虑的相关因素

IFAC（2023）及CICPA（2020）均规定，评价不利影响的严重程度时，应考虑是否存在以下条件、政策或程序：（1）公司治理方面的要求；（2）职业会计师必需的教育、培训经历和经验；（3）有效的投诉举报系统，使会计师和社会公众能够注意到不道德的行为；（4）明确规定会计师有义务报告违反职业道德的行为；（5）行业或监管机构的监控和惩戒程序。

这里所讲的条件、政策和程序可以分为两种类型：（1）与客户或受雇单位及其经营环境相关的条件、政策和程序；（2）与会计师事务所及其经营环境相关的条件、政策和程序。

针对与客户及其经营环境相关的条件、政策和程序，会计师对不利影响严重程度的评价可能受下列因素的影响：（1）客户是否属于审计客户，以及该客户是否属于公众利益实体；（2）客户是否属于非审计的鉴证客户；（3）客户是否属于非鉴证客户。例如，向属于公众利益实体的审计客户提供非鉴证服务，可能会对客观公正原则产生更严重的不利影响。

针对与会计师事务所及其经营环境相关的条件、政策和程序，会计师对不利影响严重程度的评价也可能受到会计师事务所工作环境和经营环境的影响。例如：（1）会计师事务所领导层重视职业道德基本原则，并积极引导鉴证业务项目组成员维护公众利益；（2）会计师事务所建立政策和程序，对所有人员遵循职业道德基本原则的情况实施监督；（3）会计师事务所建立与薪酬、业绩评价、纪律处分相关的政策和程序，促进对职业道德基本原则的遵循；（4）管理会计师事务所过分依赖从某单一客户处取得收入的情况；（5）在会计师事务所内，项目合伙人有权作出涉及遵循职业道德基本原则的决策，包括与承接客户或向客户提供服务有关的决策；（6）教育、培训和经验要求；（7）用于解决内外部关注事项或投诉事项的流程。

（二）考虑新信息或者事实和情况的变化

会计师在整个职业活动中应保持警惕，如果新信息导致识别出新的不利影响，职业会计师应当评价该不利影响并进行适当应对。新信息或者事实和情况的变化可能对下列事项产生影响：（1）不利影响的严重程度；（2）会计师就已采取的防范措施是否仍然能够有效应对所识别的不利影响得出的结论。

在这些情况下，已采取的防范措施可能无法继续有效地应对不利影响，因此，职业道德概念框架要求会计师重新评价并应对相应的不利影响。举例来说，与下列事项有关的新信息或者事实和情况的变化可能会改变不利影响的严重程度：（1）专业服务的范围扩大；（2）客户或受雇单位成功上市或收购另一业务单位；（3）与另一会计师事务所合并；（4）会计师事务所受两家客户共同委托，但两家客户之间发生纠纷；（5）会计师的私人关系或其主要近亲属发生变动。

“新信息或新情况的变化”：中天勤会计师事务所的崩塌

随着市场经济水平的提高，很多会计师事务所通过合并以寻求规模化发展，但2001年，当时国内最大的事务所中天勤会计师事务所的关闭促使市场反思“强强联合”带来的问题。中天勤会计师事务所是深圳中华/深圳中天和蛇口中华/天勤两家会计师事务所于2000年合并成立，合并后是当年国内第一大证券资格会计师事务所（以上市客户数量衡量）。但合并后不久，中天勤便因银广夏案件被吊销执业资格，市场一片哗然，这也再次引起了监管部门对注册会计师行业的监管高峰。

中天勤的崩塌只是因为银广夏事件吗？据了解，合二为一的中天勤尽管于2000年12月21日领取了深圳市财政局颁发的“中天勤会计师事务所执业许可证”，但一直是两块牌子、两处办公。中天勤的中天办事处地处深圳市福田区深南中路爱华大厦，天勤办事处地处深圳市南山区蛇口招商大厦，两地相距甚远，车程需要40分钟。为了业务方便，中天勤刻制两枚业务专业公章，天勤办事处持业务专用章1，中天办事处持业务专用章2。

合并改制后，会计师们明显感觉到事务所对业务量的追求越来越激进，合伙人更多地把主要精力放在拉项目而非做业务上。按照审计准则，审计报告应由主审合伙人、项目经理、审计人员三级审核，但大多数项目的报告都只经过两级审核。为了赢得客户而压价更是深圳市会计行业普遍的竞争手段。深圳市财政局发布了会计师事务所的最低收费标准，但实际情况是绝大多数会计师事务所都达不到。

研究发现：在合并前，深圳中天的上市客户群比天勤客户群具有显著更高的重大错报风险；如果以签字注册会计师的签字集中度作为事务所审计业务质量控制的一个衡量指标，在合并前，深圳中天的质量控制状况显著弱于天勤或是其他本土大所；在合并后，合并双方的质量控制指标差距进一步拉大，且未观察到合并双方作出适当的风险控制与整合。

可见，中天勤会计师事务所的崩塌并非偶然，会计师在职业活动中应保持谨慎，分析风险，考虑新信息或新情况的变化，以维持自己的独立性。

资料来源：吴溪. 会计师事务所合并与质量控制：基于中天勤合并案例的经验分析. 会计研究，2006（10）：79-85，96.

三、考虑成本与收益

遵循会计职业道德基本原则只是达到最终目标（维护公众利益与资本市场效率）的手段，其本身并非最终目标。因此，应确保从降低的不利影响风险中获取的收益超出实施相关防范措施所耗费的成本。其中，收益包括高质量会计工作对资本市场效率的改进、降低了相关的诉讼费用、遵守职业道德有助于提高会计师事务所及会计师的声誉价值等。成本包括制定、修改和执行防护措施直接相关的成本，如事务所、公共管制与自我管制系统为保证遵守职业道德而发生的质量控制成本，还包括一些间接发生的成本，它们是因制定、执行防范措施而带来的负面效应及会计信息质量降低所带来的成本。遵循职业道德基本原则不仅对职业会计师而言是重要的，对公众利益目标的达成也是重要的。

第三节 应对不利影响

第三节
即测即评

在识别和评价对职业道德基本原则产生的不利影响后，职业会计师应当运用职业判断，确定如何应对超出可接受水平的不利影响，以消除不利影响或将其降低至可接受的水平。

一、应对措施

（一）总体应对措施

IFAC（2023）及 CICPA（2020）提出，职业会计师应对不利影响采取以下三种基本应对方式：（1）消除产生不利影响的情形，包括利益或关系。（2）采取可行的防范措施将不利影响降低至可接受的水平。其中，防范措施是指职业会计师为了将对遵循职业道德基本原则的不利影响有效降低至可接受的水平而采取的行动，该行动可能是单项行动，也可能是一系列行动。(3) 拒绝或终止特定的职业活动。

根据具体事实和情况，某些不利影响能够通过消除产生该不利影响的情形予以应对。然而，在某些情况下，产生不利影响的情形无法消除，会计师也无法通过采取防范措施将不利影响降低至可接受的水平，因此，这种不利影响仅可通过拒绝或终止特定的职业活动予以应对。

职业会计师应当就其已采取或拟采取的防范措施是否能够消除不利影响或将其降低至可接受的水平形成总体结论。在形成总体结论时，职业会计师应当复核所做出的重大判断或得出的结论，同时实施理性且掌握充分信息的第三方测试。

除上述消除不利影响、采取防范措施（将不利影响降低至可接受水平）和拒绝或终止特定的职业活动等应对方式的选择之外，在应对方式选择的过程中还可能涉及与治理层的讨论与沟通以及必要的披露或记录。

1. 与治理层的讨论与沟通

当职业会计师运用概念框架解决职业道德问题时，上述应用过程中就相关情况与客户或雇佣单位治理层取得沟通。在沟通时，会计师应当确定与单位治理结构中的哪些适当人员进行沟通。如果会计师与治理层的下设组织（如审计委员会）或个人沟通，应当确定是否还需要与治理层整体进行沟通，以使治理层所有成员充分知情。如果会计师与同时承担管理层职责和治理层职责的人员沟通，应当确保这种沟通能够向所有负有治理责任的人员充分传递应予沟通的内容。

在确定具体沟通对象时，会计师可能需要考虑下列事项：(1) 具体情况的性质和重要程度；(2) 拟沟通的事项。在某些情况下，治理层全部成员均参与管理。例如，在一家小企业中，仅有的一名业主管理该企业，并且没有其他人负有治理责任。在这些情况下，如果与同时承担管理层职责和治理层职责的人员沟通，会计师已经满足了与治理层沟通的要求。

2. 必要的披露或记录

在职业会计师运用概念框架应对不利影响的过程中，有时候需要根据不利影响的性质和严重程度，通过职业判断来确定是否有必要进行特定的披露以获取相关方明确的同意，并对相关事项加以记录。

在进行披露以获取相关方对特定事项的同意时，应当对保密原则保持警惕。披露通常可以采取以下两种方法之一：(1) 一般性披露，如特定职业服务的惯例、局限性或原则性声明等；(2) 具体披露，即披露特定不利影响的详细情况。如果进行披露以获取相关方的同意未采用书面形式，则鼓励职业会计师记录导致不利影响的情形、已采取的防范措施和已获取的同意等信息。

会计师事务所拒绝审计要约：暴风集团财报“难产”

会计师事务所拒绝审计要约，CFO 职位无人担任，昔日“股王”——暴风集团财报“难产”了。2019 年 12 月 25 日，暴风集团发布公告称存在无法按时发布 2019 年报告、股票被暂停上市的风险。财报难产的原因有两点：一是目前公司尚未完成聘任 CFO 的工作，现有员工无法承担编制任务；二是自公司披露与审计机构终止合作后，暂无有意愿合作的年报审计机构。

暴风集团前任 CFO 张某娜于 2019 年 10 月辞职，公司员工持续流失，除董事长冯某之外的高级管理人员已全部辞职，协助信息披露事务的证券事务代表也已辞职。暴风集团此前的审计机构是大华会计师事务所（特殊普通合伙，以下简称大华），2019 年 11 月，暴风集团遭到大华的“抛弃”，宣布终止合作，大华给出的官方理由为“由于业务规模进一步扩大，2019 年年报审计业务繁重，在时间和人员安排等方面已不能充分满足暴风集团的需求，特辞去暴风集团 2019 年年报审计会计师”。

拓展阅读
会计师事务所应对不利影响：未名医药年报“难产”

与大华“分手”之后，暴风集团聘请审计机构一事成为难题。对于公司审计机构的聘请工作，深交所也曾下发关注函。尽管暴风集团表示，公司仍在努力寻找审计机构，但暴风集团当下 CFO 一职无人担任、经营状况不佳、业务停滞、拖欠员工工资、负面新闻过多的艰难现状，大多数会计师事务所稍加评估，就会拒绝承接这一审计业务，财报“难产”是正常现象。后公司实际控制人冯某因涉嫌犯罪被公安机关采取强制措施，2020 年 11 月 10 日，A 股市场上的老牌“妖股”暴风集团正式退市。

出于遵循职业道德基本原则、风险防范和业务质量的要求，会计师事务所有着严格的业务承接的管理政策和程序，在接受或保持客户关系时，会计师事务所会认真评估客户方面的“不利影响”，采取适当的职业活动，审慎选择客户。

资料来源：李曼宁. 昔日“股王”财报难产！找不到 CFO，也找不到审计机构，无限逼近暂停上市.（2020-04-22）[2024-09-04]. 证券时报网.

（二）具体防范措施

具体事实和情况不同，采取的防范措施也随之发生变化。执行具体业务时，职业会计师可以运用职业判断采取一种或多种防范措施。具体防范措施包括但不限于以下措施：

（1）向已承接的项目分配更多时间和有胜任能力的人员，可能能够应对因自身利益产生的不利影响。

（2）由项目组以外的适当复核人员复核一致性的工作或在必要时提供建议，可能能够应对因自我评价产生的不利影响。适当的复核人员，是指具备必要的知识、技能、经验和权威性，客观地复核已执行工作或已提供服务的专业人员。

（3）向鉴证客户提供非鉴证服务时，指派鉴证业务项目组以外的其他合伙人和项目组，并确保鉴证业务项目组和非鉴证业务项目组分别向各自的业务主管报告工作，可能能够应对因自我评价、过度推介或密切关系产生的不利影响。

（4）由其他会计师事务所执行或重新执行业务的某些部分工作，可能能够应对因自身利益、自我评价、过度推介、密切关系或外在压力产生的不利影响。

（5）向客户披露因推荐服务或产品而收取的介绍费或佣金，可能能够应对因自身利益产生的不利影响。

（6）由不同项目组分别应对具有保密性质的事项，可能能够应对因自身利益产生的不利影响。

二、强调事项

当运用概念框架解决职业道德问题时，职业会计师应该关注以下三个方面。

（一）运用职业判断

职业判断涉及对与具体事实和情况（包括特定职业活动的性质和范围，以及所涉及的利益和关系）相关的教育和培训、专业知识、技能、经验的运用。在从事具体职业活动的过程中，当职业会计师运用概念框架对可采取的行动做出知情的决策，并确定这些决策在具体情况下是否适当时，应当运用职业判断。

当运用职业判断了解已知的事实和情况时，职业会计师可能需要考虑：（1）是否有理由担心遗漏了某些相关信息；（2）已知的事实和情况是否与职业会计师的预期不符；（3）职业会计师的专长和经验是否足以得出结论；（4）是否需要向具有相关专长或经验的人员咨询；（5）所了解到的这些信息是否能够为得出结论提供合理的依据；（6）职业会计师的先入之见或偏见是否可能影响其职业判断；（7）从现有可获得的信息中是否还可能得出其他合理的结论。

（二）对新的信息以及事实和情况的变化保持警觉

了解已知的事实和情况是正确运用概念框架的前提。职业会计师在确定为了获取这些了解有必要采取哪些行动，以及就职业道德基本原则是否得以遵循形成结论时，同样应当运用职业判断。职业会计师要对新信息、事实和情况的变化保持警觉，应对职业道德问题时，应当考虑产生该问题的具体事实和情况（包括特定职业活动的性质和范围，以及所涉及的利益和关系）。

（三）实施理性且掌握充分信息的第三方测试

除不合规风险清单（不利影响）和减少上述风险的策略清单（防范措施）外，概念框架还引入一项认知活动，即实施理性且掌握充分信息的第三方测试。第三方测试是检验会计师得出的结论是否客观公正的一种测试方法。具体来说，是指职业会计师应当考虑：假设存在一个理性且掌握充分信息的第三方，在相同的情况下是否可能得出与自己相同的结论。

在这里，理性且掌握充分信息的第三方不一定需要也是职业会计师，但需要第三方具备相关的知识和经验，以使其能够公正地了解和评价职业会计师结论的适当性。若理性且掌握充分信息的第三方，在权衡了职业会计师于得出结论的时点所了解的所有具体事实和情况后，仍认为该不利影响的严重程度超过了可接受的水平，那么就必须采取应对措施。

首例追究违法会计师事务所工作人员以外第三人责任案件

2023年9月，北京市高级人民法院就刘某某不服中国证监会在A会计师事务所（以下简称A所）未勤勉尽责案中对其作出的行政处罚及市场禁入提起诉讼一案，作出了二审判决。这一案件成为中国证监会首例追究违法会计师事务所人员以外第三人责任，并经司法审查获得全面支持的案件。

中国证监会调查发现，A所在某上市公司B公司的年报审计执业中，与B公司签订了协议，承诺不在审计报告中出具“无法表示意见”或“否定意见”，并要求如发生被监管部门处罚的情形，B公司应予以补偿。A所的审计独立性严重缺失，执行的审计程序存在多项重大缺陷，出具的审计报告存在虚假记载和重大遗漏，构成了违反《证券法》的违法行为。在A所未勤勉尽责案中，中国证监会不仅处罚了A所及其相关责任人，还首次追究了审计“掮客”刘某某的责任。刘某某作为另外一家会计师事务所的合伙人，向A所推介审计业务，并约定收取居间费用，影响A所独立发表审计报告的审计意见，直接参与并组织人员参与上市公司B公司相关审计报告的复核工作，协助A所出具含有虚假记载和重大遗漏的审计报告。

刘某某的行为包括：约定支付居间费，协助签订“抽屉协议”，影响B公司审计报告意见类型，指导删除审计报告重要内容；组织团队成员复核、修改A所审计报告，深度介入B公司审计工作。这些行为严重违反了职业道德和操守底线，对A所的审计独立性造成了严重损害。

在此次案件中，A所相关会计师及刘某某均未对相关不利影响采取积极措施，这一案件提醒了资本市场各方的会计从业者要勤勉尽责、对外在事物及信息变化时刻保持警惕，遵守法律法规和职业道德规范，共同维护资本市场的健康稳定发展。

资料来源：汪云鹏．首例！严打审计市场“掮客”．（2024-05-31）［2024-09-04］．券商中国．

本章小结

通过本章的学习，我们能了解概念框架法不仅是职业守则制定或推导的基本方法，也是职业会计师在具体情形下应用职业道德基本原则的决策方法，它为职业会计师遵守职业道德基本原则、解决职业道德问题提供了基本思路与方法。

通过本章的学习，我们应熟练掌握概念框架应用的三个核心程序，即识别不利影响、评价不利影响与应对不利影响，学会按照“识别—评价—应对”的总体思路运用职业判断，指导职业会计师遵循职业道德基本原则。同时，能理解并区分对职业道德基本原则产生不利影响的五种基本因素，即自身利益、自我评价、过度推介、密切关系和外在压力。

关键术语

概念框架	识别不利影响
评价不利影响	应对不利影响
自身利益	自我评价
过度推介	密切关系
外在压力	可接受水平
防范措施	与治理层的讨论与沟通
必要的披露或记录	职业判断

对新的信息以及事实和情况的变化保持警觉

实施理性且掌握充分信息的第三方测试

本章知识点回顾　　关键术语解释

思考题

1. 会计职业道德概念框架的基本含义与作用是什么？
2. 会计职业道德概念框架包含哪些核心程序？
3. 对职业道德基本原则产生不利影响的因素有哪几种？分别举例说明。
4. 在评价不利影响的严重程度时，职业会计师应从哪些方面考虑？
5. 面对不利影响，有哪些总体应对措施和具体应对措施？
6. 如何实施理性且掌握充分信息的第三方测试？概念框架应用过程中需要强调哪些方面？

案例讨论与分析

案例一　职业道德守则的概念框架法——历史发展与基本作用

会计职业的特点是会计人员利用自身的专业知识和专业技能为社会公众提供专业服务，社会公众之所以信赖会计人员提供的服务成果，是基于对会计职业专业胜任能力和职业道德水平的信任，这一信任的来源是完善的会计职业道德规范。

职业道德概念框架发展的历史回顾

职业道德概念框架的提出已有20多年的历史，得到多个职业团体的支持。20世纪80年代末至90年代初，英国发生一系列财务舞弊和审计合谋事件。ICAEW从1996年起按照概念框架修订并应用职业行为准则。ICAEW认为概念框架法更加有效，这种方法强调注册会计师要按照概念框架法对基本原则加以应用，而不是规则导向法下对具体规则的机械遵循。

安然事件之后，各国都对本国的职业行为准则进行审查。2000年11月美国独立性准则委员会发布了《审计人员独立性概念框架》，受到广泛重视。AICPA明确表示支持职业道德概念框架，2003年5月，AICPA理事会主席和执行总裁联合写信给公众公司会计监管理事会，表示AICPA会按照概念框架对职业行为准则进行大幅修订或重新制定。AICPA职业道德执行委员会于2004年1月发布类似的《独立性准则之概念框架》。AICPA在2014版《职业行为准则》中增加了“概念框架”，于2014年12月15日生效，该概念框架模仿了由国际会计师职业道德准则理事会（IESBA）制定的《国际会计师职业道德守则》概念框架。AICPA作为国际会计师联合会的组织成员，其职业道德守则必然向IESBA发布的道德守则靠拢。英国政府、欧洲会计联合会和国际会计师联合会已基本认可了建立在概念框架法下的职业道德准则。

IESBA 于 2001 年 11 月第一次在鉴证业务独立性规定中引入了概念框架，在以后的几次修订中把该框架扩大应用至守则的其他部分，包括对执行公共业务的会计师和受雇会计师的规定，在其 2004 年发布的《国际会计师职业道德守则》中，概念框架法首次得到全面应用。目前，包括我国在内的各成员组织都直接采用国际守则或概念框架法修订相关道德守则。

为满足新环境对注册会计师职业道德提出的新要求，充分借鉴国际会计师职业道德守则的最新成果，实现职业道德守则的国际趋同，中注协在 2009 年发布的《中国注册会计师职业道德守则》中也首次运用了职业道德概念框架法。职业道德概念框架要求会计师识别、评价和应对对遵守职业道德基本原则产生的不利影响。

规则导向型与概念框架型职业道德规范的对比

规则导向型职业道德规范形成于美国，AICPA 在 2014 年之前颁布的各版职业行为准则是规则导向型守则的典型代表。这种规则导向型职业道德规范的形成与美国审计职业界所面临的审计环境有着密切的关系。美国的资本市场非常发达，上市公司数量多，社会公众对审计职业提供高质量服务以保护其利益的期望极高，由此产生的诉讼案件也远比其他国家多。与此同时，美国政府为保护投资者利益，越来越深入地介入对审计职业的管制。

概念框架法使会计职业道德规范的结构呈现出明显的与规则导向相反的原则导向的发展趋势。职业道德概念框架包括三个层次：一是识别对职业道德基本原则的不利影响，二是评价不利影响的严重程度，三是必要时采取防范措施消除不利影响或将其降低至可接受的水平。

与规则导向的职业道德规范相比，原则导向的框架型职业道德规范具有更大的效力，弥补了规则导向的固有缺陷。职业道德基本原则体现了职业道德的最高理想标准，概念框架体现了指导职业会计师解决道德冲突的理念和方法，对具体规则的理解和运用在概念框架的思路下进行，用以指导职业会计师识别、评价和应对对遵守基本原则的不利影响。

首先，原则导向的职业道德概念框架可以指导职业会计师在处理道德问题时更加灵活，根据特定情况进行特定分析，但这种特定的分析建立在合乎逻辑的道德原则和概念框架的制约之下，而不是机械性地逐步检查对每项规则的遵循。这有利于会计师根据不同的执业环境进行合理判断。其次，有时人们会趋向于密切关注规则并探寻规则的边缘但又不实际违反规则，原则导向的职业道德概念框架可以避免会计师通过将法规的要求解释得过窄以逃避道德要求的不良操控行为，可以起到鼓励遵循规范的作用，减少故意的职业欺骗行为。最后，原则导向的职业道德概念框架可以应对新情况和新问题的出现，随着会计职业的快速发展和会计环境的变迁，只有建立概念框架才能实现与时俱进，有效应对发生的变化，避免频繁更新道德规则。

近年来 IESBA 对《国际会计师职业道德守则》的修订表明：原则导向的

职业道德概念框架将主导守则的制定，职业道德守则重拾“职业判断”，强调原则导向。

资料来源：沈征. 审计职业道德规范的结构选择：基于规则型和框架型的比较分析. 中国注册会师，2012（8）：107-110.

案例要求：

1. 请结合本书第三章和本章内容以及此案例，比较规则导向型与概念框架型职业道德规范的优缺点。

2. 请结合本章内容和此案例，谈一谈职业会计师如何运用职业道德概念框架。

3. 除上述消除不利影响、采取防范措施（将不利影响降低至可接受水平）和拒绝或终止特定的职业活动等应对方式外，在应对方式选择的过程中还可能涉及哪些方面？

案例二 “财技”还是“诡计”——万福生科财务造假

万福生科是一家稻米加工企业，位于湖南常德。2011 年 9 月 27 日，它以每股 25 元的发行价成功登陆创业板，加上超募资金，共募集 4.25 亿元，曾被多家券商誉为“新兴行业中的优质企业”。顶着“稻米精深加工第一股”光环的万福生科承认财务造假，成为“创业板造假第一股”。从包装上市到收到中国证监会《行政处罚决定书》，万福生科的拙劣造假手段给投资者留下陷阱，也挑战了资本市场的底线。

2012 年 9 月，万福生科因财务造假受到调查，原因是涉嫌违反相关证券法律法规，公司半年报虚增营业收入、营业成本和净利润的金额分别为 1.88 亿元、1.46 亿元和 4 023.16 万元。经调查发现，万福生科 2008—2011 年年度报告均存在虚假记载，2008—2011 年累计虚增营业收入 7.4 亿元左右，虚增营业利润 1.8 亿元左右，虚增净利润 1.6 亿元左右。万福生科招股说明书及 2011 年年度报告显示，公司 2008—2011 年净利润分别是 2 565.82 万元、3 956.39 万元、5 555.4 万元和 6 026.86 万元，四年内净利润总数为 1.81 亿元，而实际上，四年合计净利润只有 2 000 万元左右，其中有约 1.6 亿元净利润是虚构的，近九成为财务造假所得。

一、舞弊手段是什么

（一）虚增收入

万福生科 2012 年上半年实际营业收入为 8 231 万元，而公司半年报披露营业收入为 2.7 亿元，虚增营业收入近 2 亿元，虚增收入近七成。分析万福生科虚增收入的过程可以发现，其主要通过虚构客户和虚构合同的方式增加公司营业收入，进而虚增利润。

1. 虚构客户

为虚构收入，万福生科虚构了 5 家客户，分别是东莞常平湘盈粮油有限公司、湖南祁东佳美食品有限公司、湖南傻牛食品厂、怀化小丫丫食品有限公司和津市市中意糖果有限公司。

2. 虚构合同

虚构合同的目的是让虚构的业务看起来更加真实合理，万福生科先后虚构了5份销售合同。其中，虚构东莞樟木头华源粮油销售合同2份，虚构湖南傻牛食品厂销售合同3份。

（二）虚增资产

1. 虚增在建工程

万福生科把虚增利润转化为在建工程等长期资产，暴露的风险要比转化为应收账款等流动资产小很多。2012年供热车间改造、淀粉糖扩改、污水处理这三项工程分别虚增金额1 300万元、2 100万元和4 000万元，虚增金额累计达7 400万元。

2. 虚增预付账款

上市前，万福生科2011年半年报显示预付账款只有2 000多万元，上市后，该科目余额迅速上升，2011年年末就达到1.2亿元，监管部门进场检查时，预付账款已经高达2亿多元。但实际仅有1 200万元，远低于披露的1.2亿元。万福生科以采购的名义，将公司自有资金作为预付款支付给农户和粮食经纪人。这些预付款只有少数用在真实发生的交易上，多数资金汇入了由万福生科自己控制的银行账户，随后将其账户内的采购预付款作为销售回款以现金支取的方式转入公司账户中，实现资金的“体外循环”。

二、单位会计人员扮演了什么角色

（一）财务总监：造假的策划者

2012年7月31日，万福生科董事长龚某福在深交所互动交流平台信誓旦旦地表示公司的业绩是真实的。然而真相是残酷的，龚某福主要关注产品的市场和销售，不太关注公司财务，把公司财务基本上交给财务总监覃某军。覃某军仅有大专学历，此前未有上市公司的财务经验。

覃某军早期曾任职于桃源县一家木材公司和一家燃气公司，其亲属在税务部门任职，1988年，龚某福请覃某军到公司做会计。2009年10月，覃某军任万福生科财务总监，公司开始筹备上市。

覃某军的成长可以说是万福生科董事长龚某福一手栽培与提拔的，所以她主持的公司财务部门，完全就是董事长意志的推行部门。为美化公司业绩，在龚某福的授意下，覃某军从外部找来“高手”指导公司财务造假，并最终骗过了会计师事务所、保荐机构和发审委，公司成功上市。

（二）会计人员：造假的直接执行者

“参与造假的普通财务人员都非常害怕，迫于龚某福和财务总监的压力，也为了保住饭碗，无奈、违心地参加了这次财务造假。”一位参与造假的万福生科前财务员工在面对采访时说道。在准备出半年报那段时间里，近20名财务人员每天都要在办公室和会议室里挑灯夜战。“天天编假资料、做假账，自己都弄迷糊了，连跟家人讲话的时候都分不清自己说的是假话还是真话。”

三、注册会计师扮演了什么角色

（一）识别：未尽职调查以识别风险

事务所如果尽职调查，万福生科不可能明目张胆地造假，并成功在创业板上市。审计失败的主要原因是审计机构中磊会计师事务所在执业过程中利益至上，发表了不实审计报告，未能履行监督职能，甚至成为财务造假的推手。

（二）评价：未充分了解被审计单位及其环境以评估风险

风险导向审计中，了解被审计单位及其环境是必要程序。万福生科所处的稻米加工行业早在 2009 年开始就发生重大变化，全国稻米加工企业由于原料供应不足爆发了大面积停产危机，但在招股书中，万福生科对此风险只字未提，并隐瞒 2012 年上半年由于断粮危机造成的停产。中磊会计师事务所没有充分关注万福生科所处行业格局的重大变化，未能识破其原材料供应谎言，以识别和评估重大错报风险。

（三）应对：未执行有效的措施以应对风险

如果注册会计师能够尽职审慎，设计实施有效的审计程序，重视专业判断能力，即便万福生科的手段再高明，其财务造假也终会露出破绽。中磊会计师事务所未执行有效的细节测试，也未全面执行分析程序。

上市公司财务造假违背商业伦理与职业道德规范的现象在资本市场并不少见，企业坚守职业道德看似容易，实则具有挑战性，会计师更应该提高自身责任意识，坚守职业道德。

资料来源：中国证监会. 证监会通报万福生科涉嫌欺诈发行及相关中介机构违法违规案.（2013-05-10）[2024-09-04]. 中国证券监督管理委员会网站.

案例要求：

1. 结合本章内容和此案例，简述万福生科的财务总监和会计人员遵循职业道德基本原则会受到哪些不利影响。

2. 本案例中，中磊会计师事务所面临哪些可能会对职业道德基本原则产生不利影响的因素？中磊会计师事务所应该如何评价不利影响的严重程度？

第五章

单位会计人员职业道德

总书记论道德

我们坚持德才兼备、以德为先，坚持五湖四海、任人唯贤，突出政治标准，培养造就忠诚干净担当的干部队伍。

——2018 年 7 月 3 日，习近平在全国组织工作会议上的讲话

素养提升

1. 通过了解导致单位会计人员违反会计职业道德基本原则的主要情形，深刻领会不管在民营企业、国有企业还是行政事业单位，都要建立以德为先、任人唯贤的基本观念，只有这样才能为组织创造可持续的竞争力。

2. 请收集并讲述“全国先进会计工作者”的系列感人事迹，坚定文化自信，以先进为榜样，发挥榜样的力量和模范先锋的作用。

名家解读
本章内容重点讲解

学习目标

1. 理解导致单位会计人员违反职业道德基本原则的三组主要压力事项；

2. 能运用职业道德概念框架，将职业道德基本原则应用于单位会计人员所面临的各种道德困境和不利影响。

思维导图

引例

利益诱惑：街道办会计的百万“额外收入”

2019 年 3 月 18 日，河北省邢台市桥西区纪委监委宣布对蒋琴（化名）采取留置措施。核查结果令办案人员感到震惊，7 年多时间里，蒋琴通过虚增工资总额等手段，贪污公款近 160 万元。

第一次套取 10 元工资作为试探

2010 年 3 月，蒋琴出任街道办会计一职。儿子的出生让蒋琴的家庭开销增多，蒋琴的个人消费需求开始得不到满足。2011 年 7 月，桥西区审计局对街道办账目进行审计。蒋琴发现，审计人员主要核实报销票据和个人工资发放情况，对工资合计数却似乎没有仔细计算。蒋琴想，审计人员可能是默认合计数由公式自动生成，如果保证个人工资准确，但手动虚增合计数，别人可能很难发现。“与蒋琴搭班的出纳年纪大，不会操作电脑网银，制表和发放多由蒋琴一人完成，这给她实施贪污提供了方便。”桥西区纪委监委干部谢宝江说。

发现机会的蒋琴没有贸然行事。街道办当时聘任了三名计生小组长，每人每月固定工资 300 元。2011 年 10 月，一名计生小组长因报表不及时被扣了 10 元，当月应发共计 890 元，蒋琴却仍按 900 元上报。不出蒋琴所料，单位领导并没有发现这张工资单的异常，顺利签字通过。两个月后，没有任何人关注到单位账上这多余的 10 元钱，蒋琴决定正式套取公款。这个月，她通过虚增工资和取暖费总额骗取了 6 500 元。

有了第一次，蒋琴再也控制不住伸向公款的手。“贪欲让她的胆子越来越大，手段也越来越多样。”办案人员说。最初，蒋琴每月的“额外收入”在 2 000 元至 4 000 元不等，2015 年提高到 25 000 元。急用钱时，她还伪造临时工工资表或冒用已调离人员之名，再给自己“多发”一些钱。

买车买房，网购金额过百万

随着贪污金额越来越大，蒋琴从担心、纠结变成害怕、悔恨。党的十八大后，国家反腐败力度不断加大，有一次街道办开展警示教育，用的就是会计贪污的案例，蒋琴听后很受触动。但这时她已无法停手，虚增钱数越来越多，工资总额一旦恢复正常就会被人发现；她也不敢调动工作、更换岗位，换一个会计，事情就会立刻败露。收不能收，躲无处躲，焦虑不堪的蒋琴精神压力不断加大，个人消费却持续走高。有同事注意到，蒋琴用的名牌化妆品渐渐多起来，连脚上的袜子都是几十元一双的名牌。"她还用贪污款购买了一套公寓和一辆新车，美容消费 10 万余元，手机记录的网购金额更是高达 100 多万元。"办案人员介绍。

2019 年，因为贪污，蒋琴被开除党籍、开除公职，她还面临法律的惩罚。

资料来源：2019 正风反腐改变人生. 中国纪检监察杂志，2020（1）：40.

如本章引例所述，利益诱惑导致单位会计人员①违反了诚信、良好职业行为等会计职业道德基本原则。通常而言，单位会计人员所面临的违反会计职业道德基本原则的压力，主要来自利益冲突与利益诱惑、信息编报及其相关利益、违法违规行为与缺乏专业技能这三组事项。本章主要阐述单位会计人员应如何识别、评价与应对上述三组主要事项对职业道德基本原则的不利影响。

第一节　利益冲突与利益诱惑

当单位会计人员面临利益冲突或利益诱惑时，可能会使其职业行为偏离诚信、客观公正、保密与良好职业行为等职业道德基本原则，从而给社会公众或其他利益相关方带来损害。

第一节
即测即评

名家解读
利益冲突

一、利益冲突

利益冲突是指与单位会计人员所提供的职业活动相关的双方或多方②之间存在某种形式的利益对抗，从而使其职业判断可能偏离客观公正等职业道德基本原则。比如，单位会计人员的家庭成员拟竞标成为其所在工作单位的供应商，这将使得单位会计人员面临倾向于选择其家庭成员而非其他供应商的压力。

（一）对利益冲突的识别

单位会计人员所面临的利益冲突通常分为两种基本类型：（1）单位会计人员为在某一特定事项中存在利益冲突的两个或多个利益

① 本章所讲的单位会计人员是一个广义概念，它指各种营利与非营利组织内部的会计师，他们在职务上可能是单位的董事、高级管理人员、正式员工、临时员工、志愿者等。单位会计人员通常负责编报财务信息或其他信息以供所在单位或第三方使用，也可能负责从事有效的财务管理、税务、投融资工作等。其专业头衔包括出纳人员、簿记员、会计师、会计主管、总会计师、财务经理、财务总监、稽核员、财务分析师、管理会计师和内部审计师等。上述所有人员也可统称为内部会计师，与外部会计师（如注册会计师）相对应。

② 这里的双方或多方既可能包括也可能不包括单位会计人员本身，但利益冲突的各方均会受到单位会计人员所提供的职业活动的影响。

相关方[①]从事与该事项相关的职业活动，即单位会计人员的职业活动会影响其他各方之间的利益（简称为第一类利益冲突）；（2）单位会计人员自身在某一特定事项中存在利益，且与该事项相关的其他方的利益存在冲突，即单位会计人员的自我利益或自我评价与其他相关方利益存在冲突（简称为第二类利益冲突）。

第一类利益冲突包括但不限于以下情形：（1）单位会计人员同时在两家单位担任管理层或治理层职位，从其中一家单位获取的涉密信息可能被其用来对另一家单位产生有利或不利影响；（2）单位会计人员同时为合伙企业的双方合伙人提供专业服务，如协助其解除合伙关系；（3）单位会计人员为工作单位中正寻求管理层收购的某些管理层成员编制财务信息。

会计人员应如何应对资金占用行为：大股东与中小股东的利益冲突

维维股份2017年半年报、2017年年报、2018年半年报、2018年年报、2019年半年报未按规定披露维维集团占用资金形成的关联交易。经中国证监会查实，2017—2019年，维维股份或其子公司维维六朝松面粉产业有限公司、维维粮仓粮食储运有限公司，通过支付货款的方式将资金划转至徐州正禾食品饮料有限公司、密山金源油脂油料有限公司、铜山区棠张包装箱厂、徐州秋禾粮油贸易有限公司、徐州永光物资贸易有限公司、徐州长旺粮食贸易有限公司等6家中间方，通过中间方将资金划转至维维集团。上述资金划转不是基于真实业务发生，实质构成维维集团对维维股份资金的非经营性占用。

经统计，2017年，维维集团全年累计占用702 900 000元，占维维股份2016年末经审计净资产的26.42%，其中1—6月累计占用477 000 000元，当年归还529 900 000元，期末占用余额173 000 000元。2018年，维维集团全年累计占用896 800 000元，占维维股份2017年末经审计净资产的32.98%，其中1—6月累计占用551 320 000元，当年归还646 800 000元，期末占用余额250 000 000元。2019年，维维集团全年累计占用1 153 650 000元，占维维股份2018年末经审计净资产的43.55%，资金占用全部发生在上半年，当年全部归还。

上述资金占用事项由维维集团总经理崔某、财务总监宋某梅组织策划并向维维股份下达指令，维维股份财务负责人张某扬具体组织实施。维维股份董事长杨某典知悉资金占用事项，且在资金占用相关的付款申请单上签字；维维股份总经理赵某卿知悉资金占用事项；维维股份副总经理、财务负责人张某扬负责资金调度，参与策划并具体实施资金占用事项。杨某典、赵某卿、张某扬签署确认涉案定期报告，未能勤勉尽责

① 利益相关方可能包括工作单位、供应商、客户、贷款人、股东或其他方。

和保证信息披露真实、准确、完整，为维维股份上述违法行为直接负责的主管人员。其他时任董事、监事、高级管理人员崔某亮、藤某一、孟某永、孙某、张某明、罗某梁、侯某松、丁某礼、徐某、肖某、曹某开、赵某磊签署确认涉案定期报告，未能基于自身的法律地位依法独立履行勤勉尽责义务，保证信息披露的真实、准确、完整，为维维股份上述违法行为的其他直接责任人员。

维维集团总经理崔某、财务总监宋某梅组织策划了资金占用事项，为维维集团上述违法行为直接负责的主管人员。根据当事人违法行为的事实、性质、情节与社会危害程度，江苏证监局对维维股份、维维集团、直接负责上述违法行为的主管人员及其他直接责任人员进行了相应处罚。

显然，大股东对上市公司的资金占用行为导致大股东与中小股东产生严重的利益冲突，此时，会计人员应识别资金占用带来的利益冲突，并根据职业道德规则加以评估与应对。

资料来源：维维股份．维维食品饮料股份有限公司关于收到中国证券监督管理委员会江苏监管局《行政处罚决定书》的公告．(2020-07-24)［2024-09-04］．维维股份网站．

第二类利益冲突包括但不限于以下情形：(1) 单位会计人员负责为工作单位选择供应商，而其主要近亲属有可能从该交易中获得经济利益；(2) 单位会计人员在工作单位中担任治理层职务，负责审批公司的特定投资事项，而其中的某项投资将为其本人或其主要近亲属的投资组合带来增值。

首都在线财务总监张某莎因直系亲属违规交易公司股票收到警示函

2023年10月17日，北京首都在线科技股份有限公司（以下简称首都在线）的财务总监张某莎因直系亲属违规交易公司股票，收到了北京证监局的警示函。

张某莎2006—2014年先后任普华永道中天会计师事务所（特殊普通合伙）北京分所审计师、高级审计师、审计经理，2015—2017年任北京和睦家医院有限公司财务经理，2018年历任公司高级财务经理，2022年起任首都在线财务总监。《关于对张某莎采取出具警示函监管措施的决定》显示，张某莎在担任首都在线财务总监期间，其直系亲属孙某美于2023年6月19日以37.87万元的价格买入了公司股票2万股。然而，不到一个月，孙某美于2023年7月3日以29.82万元的价格将这2万股股票全部卖出。这一行为明显违反了《证券法》第四十四条关于禁止内幕交易和短线交易的相关规定。

拓展阅读

利用职权为亲属谋取利益：街道办事处财务负责人的道德腐化

此次案件中，尽管孙某美（张某莎的直系亲属）在 2023 年 6 月 19 日—7 月 3 日的短线交易行为并未直接获得实际利益，但并不影响其行为的违规性。《证券法》第四十四条明确规定，上市公司董事、监事、高级管理人员、持有上市公司股份百分之五以上的股东，将其持有的该公司的股票在买入后六个月内卖出，或者在卖出后六个月内又买入，由此所得收益归该公司所有，公司董事会应当收回其所得收益。同时，上述人员的配偶、父母、子女等直系亲属持有或者通过其他方式控制该公司股份的，买卖该公司的股票也必须遵守相关限制。

资料来源：中新经纬. 首都在线财务总监收警示函：直系亲属违规交易公司股票. (2023-10-07) [2024-09-04]. 中新经纬.

（二）对利益冲突的评价与应对

在面临利益冲突时，IFAC（2023）和 CICPA（2020）均要求单位会计人员对利益冲突所产生的不利影响是否在可接受水平内进行评估，鼓励单位会计人员积极向所在单位内部或其他人员（如专业机构、法律顾问或其他会计师）寻求指导。当在单位内部进行披露、信息共享或寻求第三方指导时，单位会计人员需要遵循保密原则。

通常而言，如果利益冲突产生的不利影响在采取防范措施后依然无法消除或将其降低至可接受水平，单位会计人员应首先在单位内部寻求解决，比如，与上级商讨解决方案；如果在重大原则问题上仍存在不一致，则应与更高一级的管理当局或治理层商讨解决方案。在穷尽了所有的解决方法之后，如果仍然不能解决，单位会计人员通常只能选择辞职，但应向所在单位的适当代表提交一份信息备忘录，辞职后仍应注意保密义务。

当单位会计人员在面对上述两类利益冲突时，应采取以下措施以消除不利影响或将不利影响降低至可接受的水平：（1）退出与利益冲突事项相关的决策流程；（2）对某些责任和义务进行重新规划或分离；（3）引入适当的监督。

在披露与获取同意方面，当单位会计人员遇到利益冲突时，IFAC（2023）和 CICPA（2020）要求：（1）向相关方（包括单位中受冲突影响的适当层级的人员）披露利益冲突的性质以及如何应对利益冲突产生的不利影响；（2）如果已采取防范措施应对不利影响，需要在征得相关方同意的情况下继续从事职业活动。

如果单位会计人员有充分证据表明各方从一开始便知悉有关利益冲突的相关情况，且未对已存在的冲突提出异议，在这种情况下，各方的行为可能已经暗示其同意接受已存在的利益冲突。如果披露或同意未采用书面形式，那么，单位会计人员应记录下列事项：（1）导致利益冲突的情形的性质；（2）用于应对不利影响的防范措施；（3）已取得相关方的同意。

二、利益诱惑

利益诱惑是指用以影响其他人员行为的物质、情况或行为①，它可能含有或不含不当影响意图②。当利益诱惑产生时，单位会计人员就会面临某种压力，这种压力既可能来自同事，比如要求其接受贿赂或其他利益诱惑（如在竞标过程中接受潜在供应商的不当礼品或款待），也可能来自工作单位外部，比如要求提供利益诱惑以不当影响个人或组织的判断或决策。法律法规可能会禁止在特定情况下提供或接受利益诱惑，如有关反腐败和反贿赂的法律法规，单位会计人员应当了解并遵守这些法律法规。

然而，即使法律法规未予禁止，在某些情况下，单位会计人员提供或接受利益诱惑，仍有可能对职业道德基本原则的遵循产生不利影响。单位会计人员提供或接受利益诱惑时，可能会因自身利益、密切关系或外在压力对职业道德基本原则的遵循产生不利影响，尤其可能会对诚信、客观公正、良好职业行为原则的遵循产生不利影响。

名家解读
利益诱惑

（一）对含有不当影响意图的利益诱惑的识别、评价与应对

IFAC（2023）和CICPA（2020）均规定，单位会计人员不得提供（或接受）或授意他人提供（或接受）任何自身或理性且掌握充分信息的第三方认为含有不当影响意图的利益诱惑。在确定是否含有不当影响意图时，单位会计人员需要综合考虑以下因素并进行职业判断：（1）利益诱惑的性质、频繁程度、价值和累积影响；（2）提供利益诱惑的时间，并结合该利益诱惑可能影响的行动或决策来考虑；（3）利益诱惑是否符合具体情形下的惯例或习俗，例如，在节日或婚礼上赠送礼品；（4）利益诱惑是否从属于专业服务，例如，提供或接受与商务会议有关的午餐；（5）所提供的利益诱惑是仅限于个别接受方还是可以提供给更为广泛的群体，更为广泛的群体可能来自工作单位内部或外部，如其他客户或供应商；（6）提供或接受利益诱惑的人员的角色和职位；（7）是否知悉或有理由相信接受该利益诱惑可能违反交易对方所在单位的政策和程序；（8）提供利益诱惑的透明程度；（9）该利益诱惑是否由接受方要求或索取；（10）利益诱惑提供方以往的行为或声誉。

---

① 利益诱惑范围非常广泛，小到单位会计人员与同事之间微不足道的正常交往，大到违法违规行为。利益诱惑可能采取以下一种或多种形式的组合：（1）礼品；（2）款待；（3）娱乐活动；（4）政治性或慈善性捐助；（5）表示友谊或忠诚；（6）工作岗位或其他商业机会；（7）特殊待遇、权利或优先权。

② 这里的不当影响意图，是指利益诱惑的提供方在提供利益诱惑时隐含了旨在影响利益诱惑接受方或接受方之相关者的行为的意图，以使后者最终所做出的行为有利于其所欲达成的目的，这种意图通常在法律、习俗与道德层面上是不正当的。

含有不当影响意图的利益诱惑：西宁特钢原财务总监受贿获刑15年

2018年12月，裁判文书网披露的一则二审刑事裁定书显示，西宁特钢财务总监王某军安排公司财务部副部长李某勇、计划财务部资金管理室主任代某挪用单位公款折合1.1亿元，替四川运亨实业股份有限公司偿还银行到期贷款，三人分别从运亨实业处获得金额不等的好处费。

刑事裁定书显示，2008—2016年，王某军与周某国（四川运亨实业股份有限公司法人）预谋，王某军利用担任西钢集团总会计师、副总经理、西宁特钢财务总监等职务上的便利，安排李某勇、代某虚构西宁特钢与运亨实业的贸易业务，违规帮助运亨实业办理银行融资贷款。在运亨实业不能偿还银行到期融资贷款时，挪用西宁特钢票面金额为4 068.91万元的银行承兑汇票及7 000万元银行账户资金，共计折合11 068.91万元用于替运亨实业偿还到期银行贷款。

为了答谢王某军等人在运亨实业办理银行融资贷款以及还贷过程中的帮助，周某国代表运亨实业向三人行贿。2012年9月，代某收受周某国给予的75万元。2013年4月，李某勇以其妻弟张某的名义与周某国签订了一份地德矿业股份转让协议。2014年9月，周某国以入股分红的名义给予李某勇30万元。2014年11月，王某军收受周某国为表示感谢给予的20万元。

2018年6月，西宁市中级人民法院开庭审理此案，相关当事人均受到相应的刑罚处罚，其中王某军获刑15年。

资料来源：贺梨萍. 原西钢集团副总经理受贿替四川民企违规融资，挪公款逾1亿元.（2018-12-11）[2024-09-04]. 澎湃新闻.

如果单位会计人员知悉或认为利益诱惑可能包含不当影响意图，应当采取以下措施进行应对：（1）就该利益诱惑的相关情况告知所在单位或提供方所在单位的高级管理层或治理层；（2）修改或终止与提供方之间的业务关系。

（二）对不含不当影响意图的利益诱惑的识别、评价与应对

即使单位会计人员认为某项利益诱惑不含不当影响意图，提供或接受此类利益诱惑仍可能对职业道德基本原则产生不利影响。这种不利影响可能源自以下几种情形：（1）供应商向单位会计人员提供兼职工作，可能因自我利益产生不利影响；（2）单位会计人员经常邀请单位客户或供应商观看体育赛事，可能因密切关系产生不利影响；（3）单位会计人员受到款待，而该款待一旦被公开，其性质可能被认为是不适当的，这种情况可因外在压力而产生不利影响。

从小额不含不当影响意图的利益诱惑开始：学校财务处处长滋长的贪心

2015 年下半年，南京市审计局在审计时发现南京市某学校在工程项目投标、项目资金支付等环节存在较大问题，存在采取“化整为零”的方式指定施工方、虚假招标等现象。案件线索移送南京市江宁区检察院后，办案人员经侦查发现了该校财务处处长史某平等人收受贿赂的犯罪事实。

柳某原本只是一名普通的泥瓦匠，跟着工头干过一些学校的活。2004 年，他在学校成立的后勤总公司挂职维修部项目经理的虚衔。后勤处交给总公司的维修工程，实际上是由柳某和他召集的民工完成的。当时还是后勤处副处长的史某平是柳某的老朋友，一直对他十分关照，把零星维修工程都交给他做。为了回报老朋友，2005—2013 年，每逢佳节，柳某都会给史某平送上购物卡，端午、中秋各 2 000 元，春节 5 000 元。金额虽然不大，但史某平的贪心由此滋长。2012 年，史某平想装修房子，柳某得知后，主动提出为他装修。

2010 年春节前，史某平应约与学校工程承包商黄某设一起吃饭。席间，黄某设向史某平递去 5 万元钱，史某平客气了几句就收下了。2012 年春节前，黄某设又让人送去了 10 万元。

史某平升任该校财务处处长后，2012 年和 2013 年，他还两次收受某绿化公司项目经理贿赂。他敛财手段并不止于收受工程承包商的贿赂，2014 年，史某平在校财务处会计招聘面试中给他一同学的亲属最高分，使其成功被学校录用。为表示感谢，他的同学为他送去 10 万元。

2016 年 9 月 18 日，经南京市江宁区检察院公诉，法院以被告人史某平利用其职务便利，在工程审核、决算等方面为他人谋取利益，先后多次收受贿赂款共计人民币 37.6 万元，以受贿罪判处史某平有期徒刑 3 年，并处罚金 20 万元。

资料来源：陈菲. 南京一高校财务、基建、审计负责人组团腐败.（2016-12-26）[2024-09-04]. 金陵晚报.

IFAC（2023）和 CICPA（2020）规定，单位会计人员需要运用职业道德概念框架对不含不当影响意图的利益诱惑所产生的不利影响的严重程度进行评估。

单位会计人员可以采取以下应对措施消除不利影响：（1）拒绝接受或提供利益诱惑；（2）将涉及交易对方的业务决策责任移交给其他人员，并且单位会计人员没有理由相信该人员在提供专业服务时可能会受到不利影响。

以下具体应对措施可以将不利影响降低至可接受的水平：（1）就提供或接受利益诱惑的事情，与自己单位或交易对方单位的高级管理层或治理层保持透明；（2）在由自己所在单位或交易对方单位维护的记录中登记该利益诱惑；（3）针对向单位会计人员提供利益诱惑的个人或组织，由未参与提供专业服务的适当复核人员复核自己的工作或作出的决策；（4）在接受利益诱惑之后将其捐赠给慈善机构并披露该事项，如向单位的治理层或提供利益诱惑的人员披露该项捐赠；（5）支付所接受利益诱惑（如款待）的价值；（6）在收到利益诱惑（如礼品）后尽快将其返还给提供者。

（三）对单位会计人员近亲属接受或提供利益诱惑的识别、评价与应对

当出现下列情况时，表明可能存在不当影响单位会计人员自己或交易对方行为的意图：（1）单位会计人员的近亲属向与单位会计人员存在业务关系的交易对方提供利益诱惑；（2）与单位会计人员存在业务关系的交易对方向单位会计人员的近亲属提供利益诱惑。单位会计人员应当建议其近亲属拒绝提供或接受此类利益诱惑。

在确定是否可能存在不当影响意图时，需要考虑下列人员之间关系的性质和密切程度：（1）单位会计人员与其近亲属；（2）近亲属与交易对方；（3）单位会计人员与交易对方。例如，当单位会计人员与某交易对方正就某项重要合同展开谈判，而该交易对方向单位会计人员的配偶提供正常招聘流程之外的就职机会，就可能表明存在不当影响意图。

第二节 信息编报及其相关利益

第二节
即测即评

名家解读
信息编报及其相关利益

信息编报，即信息的编制和列报，包括信息的记录、维护、批准和报出等程序。一般来说，所有级别的单位会计人员都会参与本单位信息编报工作，这些信息包括公开发布或仅供内部使用的财务和非财务信息。这些信息除有助于相关方了解和评价所在单位的状况并作出相关的决策之外，单位内部人员（包括单位会计人员）的相关财务利益、薪酬和激励等可能直接或间接与信息编报的结果（如财务数据）相挂钩。

一、信息编报过程

由于信息编报会对依赖这些信息进行决策的各类利益相关者产生广泛的经济后果，IFAC（2023）和CICPA（2020）均要求，单位会计人员在编报信息时应当遵守：（1）按照适用的财务报告编制基础的规定编报信息（如适用）；（2）编报信息的方式不得误导或者不当影响合同或监管结果；（3）运用职业判断，在所有重大方面准确、完整地反映事实，清楚地描述交易、活动的真实性质，及时并恰当地分类和记录信息；（4）职业判断中自由裁量权的运用不得有意误导他人或者不当影响合同或监管结果；（5）不得遗漏任何内容以使信息存在误导性，不得不当影响合同或监管结果。

（一）识别信息编报过程中的不利影响

通常而言，单位会计人员在信息编报过程中所面临的主要压力包括：（1）为了符合投资者、分析师或贷款人的预期而面临列报误导性财务信息的压力；（2）来自政绩的压力，要求单位会计人员向有关主管部门作出不符合事实的计划或项目的陈述；（3）来自同事的压力，要求对收入、支出或回报率作出错报，以就投资方案和收购项目作出存在偏差的决策；（4）来自上级的压力，要求批准或处理非正当业务的费用支出；（5）不允许内部审计报告包含负面结果的压力。

信息编报中的“张冠李戴”意欲何为：上市公司财务总监被查

2018 年 9 月 10 日，上海恺英网络科技有限公司（恺英网络子公司，以下简称上海恺英）以向宁波九晋投资合伙企业（有限合伙）（以下简称宁波九晋）增资为由，通过上海恺英子公司上海悦腾网络科技有限公司（以下简称上海悦腾）向宁波九晋支付 5 000 万元。该款项实际为上海恺英为表达与蓝沙信息技术（上海）有限公司（以下简称蓝沙信息）及相关主体达成和解的款项，作为前期双方纠纷的和解意向金，由宁波九晋代为保管。2018 年 9 月 29 日，上海悦腾将该笔 5 000 万元款项记入“可供出售金融资产”科目核算，在恺英网络 2018 年年报中，上海悦腾将前述支付给宁波九晋的5 000 万元由“可供出售金融资产”调整至“其他应收款”科目核算，并全额计提减值准备，恺英网络的合并财务报表对前述款项相应全额计提减值准备5 000 万元。

经查证，中国证监会认为恺英网络对上述 5 000 万元款项全额计提减值准备依据不充分，宁波九晋当时状态为合法存续的合伙企业，具备还款能力，未发现其持续经营能力出现异常；从实际用途看，上海恺英与蓝沙信息仅达成和解意向，并未签署正式协议。恺英网络上述行为不符合《企业会计准则第 22 号——金融工具确认和计量》的规定。

时任恺英网络法定代表人、总经理及主管会计工作负责人陈某聪、时任恺英网络董事长金某应对恺英网络 2018 年年报中财务报告存在虚假记载承担主要责任，属于直接负责的主管人员。根据当事人违法行为的事实、性质、情节与社会危害程度，中国证监会对恺英网络给予警告，并处以 60 万元的罚款；对财务总监陈某聪给予警告，并处以 30 万元的罚款；对董事长金某给予警告，并处以 30 万元的罚款。

在本案中，会计人员在信息编报过程中，完全以大股东的利益为出发点，没有正确识别、评价和应对大股东压力所带来的不利影响。

（二）评价信息编报过程中的不利影响

面对上述压力，单位会计人员可能会因自身利益、外在压力或其他原因导致对客观公正等职业道德基本原则的遵循产生不利影响。下列情形可以被认为单位会计人员滥用了职业判断中的自由裁量权：（1）作出不当估计。例如，作出不当的公允价值会计估计以粉饰损益。（2）在适用的财务报告编制基础所允许采用的多项会计政策或方法中进行特定目的的选择或更改。例如，针对长期合同，选择特定会计政策以粉饰损益。（3）确定交易的时间安排。例如，在接近期末时进行资产销售以实施误导。（4）确定交易的结构。例如，安排融资交易的结构以歪曲资产、负债或现金流量的分类。（5）选择性披露。例如，遗漏或模糊披露与财务或经营风险相关的信息以实施误导。

（三）应对信息编报过程中的不利影响

当单位会计人员知悉或认为与其职业活动相关的信息存在误导时，应当采取下列行动加以解决：（1）与其所在单位的上级或者适当级别的管理层或治理层讨论，并要求其采取适当行动加以解决，如对信息作出更正，或者在信息已向预期使用者披露的情况下，告知使用者对信息的更正情况；（2）就工作单位内部处理此类问题的政策和程序（如职业道德政策或警示政策）进行咨询。

如果单位会计人员认为所在单位未采取适当的行动，并且有理由相信信息仍然存在误导，则在遵循保密原则的前提下可以采取：（1）向相关专业机构、单位内部或外部审计人员、法律顾问咨询；（2）确定是否存在应当与第三方（包括信息使用者）或监管机构进行沟通的要求；（3）避免与该信息发生关联，即向工作单位提出辞职。

二、与信息编报相关的利益

当存在与信息编报相关的利益（如财务利益、薪酬或激励）时，单位会计人员可能面临来自上级、同事或其他人员要求其操纵相关业绩指标的压力。

（一）识别与信息编报相关的利益所产生的不利影响

IFAC（2023）和CICPA（2020）规定，单位会计人员不得操纵信息或利用涉密信息谋取个人利益或为他人谋取经济利益。当单位会计人员及其近亲属存在下列情况时，可能因自身利益对客观公正、保密原则的遵循产生不利影响：（1）有动机和机会通过操纵对价格敏感的信息获益；（2）在单位中拥有直接或间接经济利益，该经济利益的价值可能直接受单位会计人员决策的影响；（3）有资格获得与利润挂钩的奖金；（4）直接或间接持有现在可行权或未来可行权的股票期权，该股票期权的价值可能受单位会计人员所作决策的影响；（5）参与单位的激励性薪酬方案，该方案以达到特定目标或实现价值最大化为目的。

为业绩对赌、大股东高位减持与高管股权激励：尔康制药专设“造假工作指南”

2016 年 12 月 7 日，尔康制药发布公告，宣布其董事长帅某文及其妻子曹某云有减持本公司股份的计划。在减持公司股份计划提示公告发出后，公司董事曹某云在 2 个多月内连续 19 次卖出手中股份，减持股份合计 1 545.9 万股，累计套现约 1.91 亿元，卖空其手上拥有的全部尔康制药股份。

2017 年 4 月 21 日，尔康制药年报披露了公司 2016 年净利润较 2015 年增长 65.53%，呈现出飞速发展的蓬勃状态。在这之后，其实际控制人兼董事长帅某文分两次大规模减持公司股份。第一次是在 4 月 28 日，卖出 8 600 万股公司股票，套现 10.25 亿元；第二次是在 5 月 5 日，卖出 167.1 万股公司股票，套现 1 993 万元。据统计，在不到半年时间内，夫妻二人累计减持 10 312 万股，累计套现 12.36 亿元。

2017 年 5 月 9 日，有媒体以“尔康制药涉嫌财务造假”为题发文，质疑对尔康制药旗下公司的木薯淀粉项目所获的巨额利润。2016 年年报显示，柬埔寨的木薯淀粉项目当年为公司贡献了 6.15 亿元的净利润，占全年净利润的 60.79%。相关人士表明，按照木薯淀粉的市场价格和项目的年产量，柬埔寨项目取得如此高额的收益是不现实的。2017 年 8 月 8 日，尔康制药收到中国证监会下发的调查通知书。2017 年 11 月 22 日，尔康制药公布了自查结果，对其 2016 年年报进行了修正，承认多计算净利润 2.31 亿元，并于 2017 年 11 月 23 日复牌。在 2017 年 11 月 23—27 日，尔康制药三个跌停板使各大基金、投资者损失惨重。

分析尔康制药财务造假的原因，除配合完成业绩对赌与大股东高位减持外，管理层受巨额股权激励行权也是主要动因。

尔康制药曾经公布过两次股权激励行权期符合行权条件的公告，第一期符合行权的条件是：以 2013 年年报公布的销售净利润为基数，2014 年销售净利润增长率不低于 30%；2014 年加权平均净资产收益率不低于 9%，行权股数为 9 955 240 股，价格为 8.64 元/股。第二期符合行权的条件是：以第一期的利润率为基数，2015 年销售净利润增长率不低于 70%，且当年的加权平均净资产收益率大于等于 10%，行权股数为 13 726 664 股，价格为 4.27 元/股。尔康制药股权激励方案的行权门槛很高，意味着其激励成本很高，也代表着高管一旦达到激励方案的行权门槛，就可以获得超出预期的回报。按照当时的情况，行权价格大约为市场价值的一半，如果达到行权标准，公司管理层便可名正言顺地拥有“光彩”的业绩，得到应有的高额工资收入和绩效奖金，又能享有企业的激励股权。此笔大额奖金的诱惑，也是促使尔康制药高级管理层不顾法律法规约束，对企业的会计造假行为给予支持或放纵态度的重要原因之一。

股权激励的最终目的是缓解公司所有者和管理者的利益冲突，使其为公司利益最大化而共同努力。但是，若滥用股权激励政策，往往会适得其反，使高管和董事为了共同的私利，欺瞒广大外部中小投资者，为了提升股价而进行会计造假。会计造假的利润并不是真正的利润，时间长了自然会露出马脚，尔康制药高管的频繁人事变动和在2016年的集体离职，也间接证明管理层在此次会计造假上扮演了非常重要的角色。

资料来源：范雅丽. 上市公司会计造假的案例研究. 太原：山西大学，2018.

（二）评价及应对与信息编报相关的利益所产生的不利影响

与信息编报及其决策相关的经济利益所产生的不利影响存在与否及其严重程度主要取决于：（1）经济利益对单位会计人员、其近亲属个人而言的重要程度；（2）单位制定的政策和程序，是否规定由独立于管理层的委员会决定高级管理人员的薪酬形式及其水平；（3）根据内部政策，向治理层披露所有相关利益以及所有相关股票的行权或交易计划；（4）专门用于处理产生经济利益的问题的内外部审计程序。

如果工作单位向单位会计人员提供与业绩挂钩的经济利益、薪酬和激励措施，单位会计人员应当将此类压力事项视同利益诱惑，按照本章第一节所述的应对措施加以应对，以保证单位会计人员面对与信息编报相关的利益时，仍能遵循诚信、客观公正等会计职业道德基本原则。

第三节　违法违规行为与缺乏专业技能

第三节
即测即评

单位会计人员必须对单位相关的违法违规行为[①]进行有效的识别、评价与应对，否则不仅可能违反会计职业道德，还可能导致自身走上违法违规之路。违法违规行为可能会给单位带来罚款、诉讼或其他后果，从而可能对财务报表产生重大影响；它也可能对投资者、债权人、员工或社会公众造成实质性损害，从而引发更为广泛的公众利益后果。此外，缺乏专业技能可能会导致单位会计人员基于自身利益对职业道德基本原则的遵循产生不利影响。

① 为表述方便，本节所讲的“违法违规行为”包括违法违规行为和涉嫌违法违规行为。

一、违法违规行为

当单位会计人员注意到所在单位[①]违反法律法规[②]时，可能会因自身利益或外在压力对诚信、良好职业行为等职业道德基本原则的遵循产生不利影响。单位会计人员应当运用职业道德概念框架识别、评价、应对此类不利影响。

（一）总体要求

在应对违反法律法规行为时，单位会计人员的目标是：（1）遵循诚信和良好职业行为原则；（2）提醒单位的管理层或治理层（如适用），以阻止、纠正或减轻违法违规行为；（3）采取有助于维护公众利益的进一步措施。

有些法律法规可能已就单位会计人员如何处理违法违规行为作出了规定，单位会计人员应当了解和遵守这些法律法规。当单位会计人员遇到违反这些法律法规的情形时，应当了解这些法律法规的要求，尤其是要了解以下方面的要求：（1）是否需要向适当的主管机关报告；（2）是否需要免于引起相关方的警觉。

有些单位建立了对违法违规行为的内部举报规章和程序，如职业道德政策或内部警示机制等，此类规章和程序可能允许单位会计人员通过指定的渠道进行匿名举报。如果单位会计人员所在单位存在用于处理违法违规行为的规章或程序，单位会计人员在确定如何应对此类行为时，应当考虑这些规章或程序的要求。

如果单位会计人员注意到违法违规行为，应当及时采取相关措施，并考虑该事项的性质以及对工作单位、投资者、债权人、员工或社会公众的潜在损害，同时应记录下列事项：（1）相关事项本身；（2）与上级、管理层和治理层（如适用）以及其他各方的讨论结果；（3）上级是如何应对该事项的；（4）单位会计人员考虑的行动、作出的判断和采纳的决策。

（二）高级会计人员对违法违规行为的识别、评价与应对

处于高级职位的单位会计人员（以下简称高级会计人员），是指能够对单位的人力、财务、技术、有形和无形资源实施重大影响并就其取得、配置和控制作出决策的董事、高级管理人员或高级员工。与单位的其他内部会计人

---

① 这里所说的“单位”是违法违规行为主体的统称，既可能是所在单位，也可能是所在单位的管理层或治理层，还可能是为所在单位提供服务或在所在单位指导下工作的人员。

② 本节所称的法律法规，不包括企业会计准则等财务报告编制基础，通常包括下列两种基本类型：（1）对单位财务报表重大金额的确定和披露有直接影响的法律法规；（2）对单位财务报表金额的确定和披露没有直接影响但可能对单位业务运营、持续经营或避免大额罚款至关重要的其他法律法规。具体而言，主要包括与下列内容相关的法律法规：（1）舞弊、腐败和贿赂；（2）洗钱、恐怖融资、实施犯罪行为；（3）证券市场及其交易；（4）银行、其他金融产品和服务；（5）数据保护；（6）税务、养老金负债与支付；（7）环境保护；（8）公共健康与安全。此外，本节所述的违法违规行为不包括：（1）与所在经营活动无关的个人不当行为；（2）违法违规主体之外的其他方的违法违规行为。当然，本节所述的相关规定对于应对上述行为也是有用的。

员相比，此类人员通常更要注意对违法违规行为采取符合公众利益的措施，这是由高级会计人员在单位内的职责、地位和影响力所决定的。

IFAC（2023）和 CICPA（2020）规定，如果高级会计人员在实施职业活动的过程中知悉相关的违法违规行为，应当了解：（1）违法违规行为的性质及其发生或可能发生时所处的情景；（2）在该情景下对法律法规的运用；（3）该事项可能对所在单位、投资者、债权人、员工或社会公众造成的影响，高级会计人员需要运用专业知识、技能和职业判断。根据相关事项的性质和重要程度，高级会计人员可以采取适当步骤对该事项开展内部调查，也可以在遵循保密原则的前提下向所在单位或专业机构的其他人员或法律顾问进行咨询。

如果高级会计人员识别出或怀疑存在已发生或可能发生的违法违规行为，应当与其直接上级（如有）讨论该事项。如果该上级可能涉及该事项，则应当与单位内更高一级的主管机关进行讨论。上述讨论的目的在于确定如何应对该事项，并应当采取下列措施：（1）与治理层沟通，以就应对该事项拟采取的适当行动获得治理层的同意，从而能够履行自身的职责；（2）遵循适用的法律法规，包括要求向适当的主管机关报告违法违规行为的法律法规；（3）纠正或减轻违法违规行为的后果；（4）设法阻止尚未发生的违法违规行为。

高级会计人员应当确定是否需要向单位的外部审计人员（如有）披露该事项。此类披露符合高级会计人员为外部审计人员执行审计工作提供所有必要信息的职责或法定义务。高级会计人员应当评估其上级（如有）和治理层回复的适当性，在评估时通常需要考虑下列因素：（1）该回复是否及时；（2）上级或治理层是否已采取或批准适当的行动以纠正或减轻违法违规行为的后果，或阻止违法违规行为的发生；（3）该事项是否已恰当地向适当的主管机关报告，报告是否充分。

针对上级和治理层的回复，高级会计人员应当确定是否需要为了公众利益而采取进一步的措施，同时考虑下列因素：（1）法律法规框架；（2）相关情况的紧迫性；（3）该事项在单位中影响的广泛程度；（4）是否仍然对其上级或治理层的诚信有信心①；（5）违法违规行为是否可能再次发生；（6）是否有可靠证据证明工作单位、投资者、债权人、员工或社会公众已经遭受或存在潜在的实质性伤害。

偷鸡不成蚀把米：光大证券前投行总经理内幕交易亏损还被重罚

2024 年 8 月，中国证监会公布了一则《行政处罚决定书》。经中国证

① 下列情况可能导致高级会计人员对其上级或治理层的诚信丧失信心：（1）怀疑或有证据表明其上级或治理层曾有意或无意参与违法违规行为；（2）上级或治理层并未根据法律法规的规定在合理的时间内向适当的主管机关报告或授权他人报告。

监会披露，在星星科技（300256.SZ）股票重大资产重组过程中，光大证券投资银行员工（原投资银行总经理）赵某军作为内幕信息知情人，在内幕信息公开前交易“星星科技”股票，最终亏损约532.59万元。虽然搞“老鼠仓”还亏了500多万，但是赵某军被中国证监会认定该行为违反相关规定，并被处以罚款460万元和10年证券市场禁入，上演了一出现实版“偷鸡不成蚀把米”。

2018年9月17日—2022年2月28日，赵某军在光大证券股份有限公司（简称光大证券）任职，为证券从业人员。公开信息显示，赵某军有着多年投行经验，曾担任光大证券投资银行总部总经理，是一位资深的投行人士。2020年2月17日，光大证券康某结合星星科技情况和融资规则，设计了相关重大资产重组方案。2020年2月19日，康某向赵某军汇报本次重大资产重组项目的情况。赵某军向光大证券相关负责人报告相关事宜，并指示康某进行重组项目的可行性分析。2020年2月20日，康某向赵某军发送了相关分析报告。2020年2月22日，赵某军参与了与星星科技方面就该项目进行的视频会晤。2020年3月15日，星星科技发布相关重大资产重组公告。

监管部门认为，该内幕信息形成时间不晚于2020年2月22日，公开于2020年3月15日。赵某军属于内幕信息知情人，知悉时间不晚于2020年2月22日。

2020年2月25日、28日，赵某军使用“赵某江”证券账户合计买入“星星科技”160.16万股，成交金额1 141.22万元。2021年8月18日、19日，赵某军累计卖出“星星科技”160.16万股，成交金额609.59万元。经计算，上述交易亏损532.59万元。即使是内幕交易亏损，也没躲过中国证监会对其的重罚，中国证监会最终对赵某军处以合计460万元罚款，并采取10年证券市场禁入措施。

IFAC（2023）和CICPA（2020）规定，高级会计人员应当运用职业判断确定是否需要采取进一步行动及其性质和范围。作出该项决定时，应当考虑理性且掌握充分信息的第三方是否认为自己的行为符合公众利益。

可能采取的进一步行动包括：（1）如果所在单位属于某一集团的成员，应当将相关事项告知上级管理层；（2）向适当的主管机关披露相关事项，即使法律法规未要求披露；（3）从工作单位辞职。

鉴于对有关事项的评估可能涉及复杂的分析和判断，高级会计人员需要考虑：（1）在单位内部进行咨询；（2）获取相关法律建议，以了解可能的选择以及采取特定行动可能在专业或法律方面产生的影响；（3）在遵循保密原则的前提下，向相关专业或监管机构咨询。

向适当的机构披露相关事项的目的在于使该机构对相关事项展开调查，并采取符合公众利益的行动。如果向适当的机构披露相关事项不符合法律法规的规定，则高级会计人员不得披露。确定是否进行此类披露取决于相关事项已经或可能对投资者、债权人、员工或社会公众造成损害的性质和程度。例如，如果存在下列情况，高级会计人员向适当的主管机关进行披露可能是适当的：（1）所在单位实施贿赂；（2）所在单位受到监管，且相关事项的重要程度足以威胁到其营业许可；（3）所在单位属于上市实体，且相关事项可能对其证券在市场上公平有序的交易产生不利影响，或对金融市场构成系统性风险；（4）所在单位很可能销售危害公众健康或安全的产品；（5）所在单位正在向客户推广一项协助逃税的计划。

此外，确定是否进行此类披露还可能取决于下列外部因素：（1）是否存在适当的主管机构①能够收到披露的信息，并促使相关事项得以调查并采取进一步行动；（2）是否存在相关法律法规能够针对民事、刑事、职业责任或报复行为提供强有力且可靠的保护（如与举报相关的法律法规）；（3）是否可能对高级会计人员或其他人员的人身安全造成威胁。

如果高级会计人员确定向适当的主管机构披露相关事项是恰当的，则作出相关披露不违反保密原则。若决定进行披露，高级会计人员应当在进行陈述或作出认定时保持诚信和谨慎。如果高级会计人员知悉或有理由相信即将发生可能对投资者、债权人、员工或社会公众造成实质性损害的违法违规行为，则应当首先考虑与单位的管理层或治理层讨论该事项是否恰当，然后运用职业判断确定是否应当直接向适当的主管机构披露该事项，以防止或减轻该事项即将造成的后果。

（三）其他内部会计人员对违法违规行为的识别、评价与应对

如果其他内部会计人员在从事职业活动的过程中知悉违法违规行为，应当了解相关事项及其性质与发生时所处的情景。其他内部会计人员需要运用专业知识、技能及职业判断②，在考虑相关事项的性质和严重程度之后，可以在遵循保密原则的前提下向工作单位、法律顾问或其他专业机构的人员进行咨询。

如果其他内部会计人员识别出或怀疑存在已发生或可能发生的违法违规行为，应当告知其直接上级，以使其能够采取适当行动。如果该直接上级可能涉及该事项，则应当告知所在单位更高一级的机构。如果认为向适当的机构披露该事项是恰当的，则不被视为违反保密原则。在进行此类披露时，其他内部会计人员应当在进行陈述或作出认定时保持善意和谨慎。

---

① 适当的主管机构取决于相关事项的性质。例如，如果相关事项涉及虚假财务报告，则适当的主管机构是财政部门和证券监管机构；如果相关事项涉及违反与环境相关的法律法规，则适当的主管机构是环境保护机构。

② 与高级内部会计人员一样，职业道德守则并不要求其他内部会计人员对法律法规的了解程度超过其在工作单位中的职责所需的了解程度。某一行为是否构成违法违规，最终需要通过法院或其他适当的审判机构来确定。

小出纳大违法：巧立名目蒙混6年

湖南省农科院生产管理处财务科出纳倪某军，因涉嫌挪用公款1 501万元，其中1 485万元用于购买体育彩票，被移送检察机关。

为买彩票掏空公款

一开始，倪某军也侥幸中过一些奖。2014年8月之后，倪某军用于购买体育彩票的开支日渐增大，他从单位账户挪用的公款数额也越来越大。他通过自己保管的生产管理处及其下属单位账户的空白现金支票、转账支票、财务专用章、支票密码生成器等银行支付工具，以虚列名目的手段从银行支取现金或直接从单位账户转账至个人账户。2012—2018年的6年里，倪某军共涉嫌挪用公款1 501万元。其中1 485万元用于购买彩票，15万元用于生活开支。其间共归还295万元，尚有1 205万元未归还。

巧立名目蒙混6年

办理此案的长沙市芙蓉区监委工作人员介绍，倪某军挪用公款的行为有四个特点：一是时间跨度大，历经6年时间；二是金额特别巨大，共计1 500余万元；三是金额分散，倪某军几乎每个工作日都挪用公款，共计2 000多天；四是对账难度大，该案涉及1个对公账户、2个私人账户、4个公司账户（不同账户之间来回转账）、10家彩票店（有的彩票店因停业已无法找到）。

为了隐藏自己的违法行为，倪某军采取私刻银行业务公章、制作假对账单等手段避免被发现。案发前，他还先后数次将自己挪用的部分公款退回单位账户。6年里，倪某军挪用公款的“窟窿”越来越大，几乎将单位账户的公款挪用一空。直至单位要动用一笔超百万元的费用时，自知无法还款的倪某军看到自己的行为即将暴露，于2018年2月1日潜逃至外地。后经公安民警、单位领导、家属劝导后，他才主动回到长沙投案。

拓展阅读
国企出纳用公款扮“白富美”

由于该案案情严重，涉案金额特别巨大，2018年2月2日，经省、市纪委监委指定，长沙市芙蓉区纪委监委成立“2·2专案组”进行调查。调查期间倪某军如实供述了自己为谋取个人经济利益，挪用公款用于购买体育彩票并造成国家集体重大经济损失的违法行为。

资料来源：虢灿，何伦波. 财务出纳为填买彩“窟窿”挪用1 500万公款.（2018-04-04）[2024-09-04]. 华声在线.

二、缺乏专业技能

单位会计人员应当遵循专业胜任能力和勤勉尽责原则，只有在经过专门培训并获得足够的技能和经验后，才能承担相应的重要工作。单位会计人员不得夸大其专业知识水平或工作经验，以故意误导工作单位。如果单位会计人员存在下列情况，可能因自身利益对专业胜任能力和勤勉尽责原则的遵循产生不利影响：(1) 缺乏足够的时间完成相关职责；(2) 在履行职责的过程中获取的信息不完整、不充分或范围受到限制；(3) 缺乏应有的经验、培训或教育；(4) 在履行职责的过程中缺乏足够的资源。

“对赌”协议可以成为无法发现财务造假的借口吗?

2024 年 7 月，中国证券监督管理委员会深圳监管局公布了对深圳市特发信息股份有限公司（以下简称特发信息）信息披露违法违规行为的处罚结果，相关人员信息如下：

蒋某俭，时任特发信息总经理、董事长，兼任深圳特发东智科技有限公司（原深圳东志科技有限公司，以下简称特发东智）董事、董事长。

杨某宇，时任特发信息董事、总经理，兼任特发东智董事。

李某民，时任特发信息董事、财务总监，兼任特发东智董事。

张某军，时任特发信息董事会秘书、副总经理，兼任特发东智监事。

陈某荣，时任特发东智董事、总经理，系特发东智业绩承诺补偿义务人。

易某湘，时任特发东智董事、副总经理。

依据《证券法》相关规定，深圳监管局对特发信息的信息披露违法违规行为进行了立案调查，经查明，特发信息存在以下违法事实：

2015 年 4 月 8 日，特发信息与陈某荣等 4 名特发东智股东签订《发行股份及支付现金购买资产协议》，以支付现金和发行股份方式购买特发东智 100%股权。2015 年 11 月 4 日，特发东智成为特发信息全资子公司。自 2015 年 11 月 30 日起，特发信息将特发东智纳入合并报表范围。特发东智通过跨期调节营业成本、虚构业务等方式，虚增收入、虚增或虚减营业成本和利润。特发东智 2015—2018 年分别虚减营业成本 1 039.33 万元、9 173.46 万元、5 624.61 万元、1 162.92 万元，2019 年虚增营业成本 6 494.77 万元。特发东智上述行为导致特发信息 2015—2018 年度利润总额分别虚增 1 039.33 万元、9 173.46 万元、5 624.61 万元、1 162.92 万元，2019 年度利润总额虚减 2 108.06 万元。特发信息披露的 2015—2019 年年度报告存在虚假记载。

听证过程中，蒋某俭、杨某宇、李某民提出如下申辩意见：其一，因签有“对赌”协议，特发东智管理层实施财务造假导致上市公司相关年报虚假记载具有隐蔽性，特发信息派驻特发东智的人员未报告有关情况等，对财务造假未参与、不知情。深圳监管局指出，董事、高级管理人员应当保证上市公司信息披露真实、准确、完整，相关“对赌”协议不能免除该法定义务。且协议已明确，特发信息对特发东智经营管理各方面享有完全知情权，有权监督特发东智所有财务工作，并按照证券及国资监管要求完善特发东智内控体系。相关权利同时也是义务，不能让渡给所谓派驻人员。

最终，深圳监管局对深圳市特发信息股份有限公司给予警告，并处以800万元罚款；对相关人员均处以警告及不同程度的罚款。对蒋某俭采取10年证券市场禁入措施，对陈某荣采取8年证券市场禁入措施，对易某湘采取6年证券市场禁入措施。此案再次提醒单位会计人员，作为上市公司会计执业人员，必须严格遵守信息披露的法律法规，确保所披露的信息真实、准确、完整。试图通过因“对赌”协议不知情或隐蔽性强等借口来逃避监管和处罚的行为都是不可取的。

拓展阅读
把投入资本当作利润进行分配：中国证监会质疑财务总监是否有专业胜任能力

不利影响存在与否及其严重程度主要取决于下列因素：（1）单位会计人员与其他人员合作的程度；（2）单位会计人员在单位中的资历；（3）单位会计人员的工作接受督导和复核的程度。

单位会计人员应当评价不利影响的严重程度，并在必要时采取以下防范措施以消除不利影响或将其降低至可接受的水平：（1）获得具有所需专长的人员的帮助或培训；（2）保证有足够的时间履行相关职责。如果单位会计人员认为没有防范措施可以应对不利影响，则应考虑是否拒绝履行相关义务；如果认为拒绝履行相关义务是适当的，则应当与相关方沟通其原因。

本章小结

通过本章的学习，我们了解了导致单位会计人员违反职业道德基本原则的压力主要来自利益冲突与利益诱惑、信息编报及其相关利益、违法违规行为与缺乏专业技能这三组事项，能掌握如何运用职业概念框架将基本原则应用于单位会计人员所面临的职业道德困境。

具体而言，通过本章的学习，能深刻理解单位会计人员的行为依然需要以公众利益为导向；能区别并应对第一类和第二类利益冲突所带来的不利影响，能理解面对含有不当影响意图的利益诱惑和不含有不当影响意图的利益诱惑的差异化识别、评价与应对方法；能深刻领会正确应对违法违规行为并免于缺乏胜任能力是单位会计人员职业道德规则的重要组成部分。

关键术语

单位会计人员　　　　利益冲突

第一类利益冲突　　第二类利益冲突
利益诱惑　　不当影响意图
信息编报过程　　与信息编报相关的利益
违法违规行为　　高级会计人员
缺乏专业技能

本章知识点回顾　　关键术语解释

思考题

1. 单位会计人员面临的利益冲突有哪两种基本类型？如何识别、评价与应对利益冲突所带来的不良影响？

2. 什么是不当影响意图？如何识别利益诱惑中是否包含不当影响意图？如何正确应对含有不当影响意图的利益诱惑？

3. 信息编报有哪两种基本的经济后果？对于单位会计人员而言，其信息编报过程通常会面临哪些外在压力？与信息编报相关的经济利益包括哪些？

4. 单位会计人员应如何识别、评价与应对其亲属接受或提供的利益诱惑？

5. 高级会计人员发现违法违规时，应如何加以应对？其他内部会计人员是否无须对违法违规行为进行识别与应对？

6. 缺乏专业技能主要会导致哪些职业道德基本原则的遵循受到威胁？应如何应对专业技能的缺乏？

案例讨论与分析

案例一　职业道德的堕落——一位财务总监助理的生动自述

缘起

原来我在市场部的时候就知道公司做假账的事情，也曾经参与炮制市场分析报告，知道财务部几个骨干出走的原因。不过事不关己，我也从不上心。不料突然有一天“祸事”上身，老板找我谈话，要我出任财务总监助理，并表示财务总监孙总将逐步淡出，共管一段时间后由我全权负责。

按理说，这个职位和我“八竿子打不着”。论资历，我来公司才两年多，任经理职位才不过一年多；论经验，我没有一点点财务经历；论专业，我学的是宏观经济。我唯一的财务知识，就是买过一本旧书摊上的《新财务制度》。不过老板也说了，国外许多财务高层都出身于非财务专业。

我的性格

谈话回来以后，朋友们分析老板要重用我的原因：第一，我这个人老实，而且不会乱说话。你想，这么大的一个公司交给你，喝多了之后不小心说漏嘴了，这还了得。第二，肯干。平时会上老板批评别人，就拿我当正面典型，弄得我见到那些人都有点不好意思。第三，我这人"脸黑"，公司人多钱少，各方面都需要钱，面善的人真干不来。第四，能力不算强也不算差，以勤补拙就是了。

与领导交心

上任之后，老板和财务总监分别和我交底。老板管战略：一是抓财务管理，理顺财务内部管理规范，把财务部门打造成一条"流水线"，任何一个人离职，随便一个人就能顶上来。二是抓公司管理，理顺 ERP 流程。公司运行了一年多的 ERP 至今不能达到预期效果。三是抓上市，财务配合是重中之重。

财务总监看到自己的地位不保，说话酸溜溜的。她和我的谈话就是针对老板抓的三点展开的。

第一，"流水线"的意思。以前假账是一个部门单独来做，因为责任太大，骨干都跑了。老板的"流水线"就是把正常的财务工作和做假账结合到一个财务部来做，"人人有责"，这样工作量和压力都小很多。

第二，公司 ERP 为什么不能顺利运行。研发、生产、物料部门都可以运行 ERP，可唯独财务部不行。这是因为公司针对三个方面的产品分立了三个公司，可是各个产品的利润率不等。为了避税，不得不将微利公司的成本挪到"暴利"公司的成本上来。所以到底挣了多少钱，每个产品挣了多少钱，哪里亏了，哪里赚了，这是一本糊涂账，ERP 难以运行。

第三，上市的核心就是财务，财务的核心就是报表。如何把报表做得完美，这里面学问非常大。不出或少出破绽，这可不是一件容易的事情。审计公司大多有一套完整的审计办法，把数据输入后，计算机就会告诉你哪里合理，哪里不合理。

上任伊始

我刚上任就遇到这样一件事：月中投资人要报表，结果财务拿出报表来一看，我们有贷款。公司有贷款很正常，哪个公司都能贷款，但唯独我们公司不能贷。因为我们公司账上的存款多得不得了。你账上有钱还贷款，吃饱了撑的吗？

怎么办呢？经过讨论，权衡利弊，最后财务总监拍板，就说银行为了增加贷款额，死乞白赖地要求我们贷了几百万元。

最终，我还是把这个月的报表对付过去了，给我这个新上任的财务总监助理上了生动的一课。我松了一口气，哪知道噩梦才刚刚开始，在随后的几个月里，大概只有一个月顺利地出了报表。

堕落的道德

说到这里，我要把公司基本情况说一下。公司的账目有两种：一种是给税务局看的；一种是给投资人看的，就是经过审计用于上市的账目。两种账目有关联性，后者是在前者的基础上经过人为“增删”而来的。

首先是“删”。一是删不合理的，像刚才说的贷款，以及短期和长期借款，都是不合理的。二是删关联交易，比如说到了月底 A 分公司一盘算，本月销项税比进项税多了 8 万元，这就意味着增值税需要缴 8 万元。这时就要找采购部门要 A 公司相关类型产品的发票。财务说话谁敢不听？采购部门立马就打电话找供应商。供应商一听采购部门要发票，立马就找他们公司的财务部门索要。总这么干，有时供应商开不出那么多发票，只好就从手里的一大堆公司里拎出来一个开一张发票用于抵扣。为了干干净净上市，这些关联交易必须删除。

其次是“增”，需要增补一大堆相关的凭证，比如销售的、成本的。比如说上文提到的贷款问题，就要补相关的贷款协议、修改银行对账单。我们的软件选用的是××软件，极其难用。说到难用，我最后也没明白是软件水土不服还是我们操作的问题。我总听到财务人员抱怨这个软件的种种问题，说国内的用友、金蝶等软件如何如何好。但用友、金蝶不符合我们公司的使用需求，这个软件是唯一能够满足我们特殊需求的软件。

它最有用的功能有两个：一是可以拷贝账套，把一个公司的账整个复制到另一个公司的账目里去，这就免去了假账重新录入之苦；二是在结账之后还可以增删凭证，并且对凭证进行重新排序。比如说删掉了 1、9、13 号三张凭证，增加了另外六张，可以把数据库压缩一下，这样原来的 2 号变成了 1 号，10 号变成了 8 号，等等，增加的六张也可以插进去，看不出来增删的痕迹。

要我说，做假账太容易了。相关的数据早已经准备好，只要照着做就是了，只是在具体实施的过程中需要一点点技巧，冒一点点风险。销售收入的假账最好做，我们全国都有代理商，每个代理通过汇款的方式打款作为我们的销售收入就行了。

操作层面上，一是做假汇票，填写存款单，盖银行收讫章；二是需要相应调整银行对账单；三是开具销售发票，当然我们只需要存根和记账联，真正的发票永远到不了发票上的抬头单位。这些都不难解决。

资料来源：i 投资. 一个财务总监自述的财务造假经历.（2014-09-23）[2024-09-04]. 雪球网.

案例要求：

1. 该财务总监助理是否满足会计人员的专业胜任能力要求？任命他为财务总监助理是否违反内部会计人员职业道德？

2. 该财务总监助理自述的性格特点与哪些职业道德规则相冲突？

3. 老板及财务总监与该财务总监助理交流的三个方面是否违反单位会计人员职业道德？对于该财务总监助理而言，他如何才能免于违反职业道德规则？

4.“两套账”在本质上损害了谁的利益？为什么单位会计人员的工作也

需要以公众利益为导向？

案例二 财务总监收受贿赂，勾结他人盗取2亿元储值卡获刑

2019年8月2日，安徽省合肥百货大楼集团股份有限公司（以下简称合肥百大集团）的一纸公告，曝出一起财务总监受贿挪用巨额资金案，该集团旗下公司淮南百大商厦价值2亿元的储值卡被涉案人员内外勾结盗出，至案发时，仍有8 522万元未追回。

2013年4月16日，彭某被任命为合肥百大集团财务总监助理，后被派遣至淮南百大商厦担任财务总监一职。2013年6月，彭某在储值卡销售过程中，结识了合肥报业集团承办广告业务的万某骏和沈某。熟络之后，彭某与万某骏成了“好哥们”，他们商定，由彭某将淮南百大商厦储值卡空卡激活后交给万某骏，再由万某骏交给沈某变现使用，彭某从万某骏购卡返点中取得业绩。这样一来，万某骏无须支付高额贷款利息和抵押，就能获取大量的现金、持卡变现费用及扣点。在合作期间，为了获取彭某的信任以及进一步获取资金，万某骏于2014年1月2日支付给彭某28.38万元，并为其购买了一辆大众越野车。同年5月13日，万某骏在合肥市万达文旅新城为彭某购买房屋一套。

2013—2017年期间，彭某将公司价值2亿元的储值卡盗用给万某骏，万某骏偿还了1亿元。2017年10月，合肥百大集团内部审计人员在财务检查中发现全资子公司淮南百大商厦财务总监彭某涉嫌将面值总额约8 600万元的储值卡盗出非法发行生效，且资金去向不明。内部审计人员徐某随即向公司董事长报告，合肥百大集团立即向淮南市公安机关报案，彭某被抓捕归案。截至案发，公司被盗用储值卡资金有8 522万余元未收回。

该案由淮南市大通区检察院提起公诉，大通区法院于2019年3月公开开庭审理。检察机关在起诉书中指控：被告人彭某犯挪用资金罪、非国家工作人员受贿罪，万某骏犯挪用资金罪、对非国家工作人员行贿罪，依法应予数罪并罚。2019年7月，安徽省淮南市大通区法院对该案作出一审判决。该案两名被告人彭某、万某骏被一审法院分别判处有期徒刑10年、9年6个月。

经调查发现，公司会计部经理郑某其实很早就发现了彭某的违法行为，但鉴于彭某是其直接上司，一直对此事视而不见。

资料来源：赵武．一套房一辆车，撬走商厦2亿元储值卡．检察日报，2019-08-13.

案例要求：

1. 根据本章内容，彭某的行为违反了哪些会计职业道德规范？在应对违反法律法规行为时，单位会计人员的目标是什么？

2. 内部审计人员徐某的应对是否正确？会计部经理郑某是否违反了单位会计人员职业道德？

3. 对同一违法违规事项，徐某与郑某的不同反应可能是哪些原因导致的？

第六章

注册会计师职业道德

总书记论道德

高度重视和切实加强道德建设，推进社会公德、职业道德、家庭美德、个人品德教育，倡导爱国、敬业、诚信、友善等基本道德规范，培育知荣辱、讲正气、作奉献、促和谐的良好风尚。

——2013 年 9 月 26 日，习近平会见第四届全国道德模范及提名奖获得者时的讲话

素养提升

1. 请收集并了解成立三所国家会计学院的历史背景与初心，明白注册会计师绝不是一个唯利是图的职业，应具备高度的“看门人”责任和家国情怀，深刻理解注册会计师职业道德是社会主义思想道德体系的重要组成部分。

2. 通过学习注册会计师的独立性原则，明白“独立之精神，自由之思想”对于注册会计师职业判断和审计质量的重要性，进而形成对审计独立性的深刻认识。

学习目标

1. 掌握注册会计师在提供专业服务过程中可能导致其违反职业道德基本原则的主要事项，学会对各类事项所产生的不利影响进行识别、评价与应对；

2. 掌握注册会计师在执行审计和审阅业务过程中应遵循的独立性要求，学会对各类情形的不利影响进行识别、评价与应对；

思维导图

3. 了解注册会计师在执行其他鉴证业务过程中应遵循的独立性要求，掌握其与审阅和审计业务中的独立性要求的区别；

4. 了解注册会计师为鉴证客户提供非鉴证服务的要求。

引例

改聘审计机构：问询函隐含了丰富的职业道德规则

2020 年 4 月 14 日，神雾环保技术股份有限公司（以下简称神雾环保）发布公告称，将改聘此前无证券服务业务经验的北京蓝宇会计师事务所有限责任公司（以下简称北京蓝宇）为公司 2019 年度审计机构。过去 5 年，神雾环保的财务报表均由大信会计师事务所（特殊普通合伙）（以下简称大信所）审计，且其 2018 年度财务报表被出具无法表示意见。这引发了深交所的关注，深交所于当天向神雾环保发函问询。

要求神雾环保补充说明：

聘任无证券服务业务经验审计机构的原因是什么？是否存在购买审计意见的情形？并说明董事会、监事会、独立董事、审计委员会为评估北京蓝宇的专业胜任能力、投资者保护能力、独立性、诚信情况等采取的具体措施。

要求大信所回应：

辞任神雾环保年审会计师的具体原因是什么？与神雾环保及后任会计师沟通的具体内容，以及沟通过程中是否存在异议？

要求北京蓝宇回应：

（1）神雾环保预约的年报披露日期为 2020 年 4 月 28 日，你所 2020 年 4 月 14 日才接任，在较短时间内如何严格按照审计准则的要求执行相应的审计程序、保证审计质量？业务承接的风险评估程序和结果、与前任会计师沟通的具体内容，以及相关事项对审计程序及时间安排的影响如何？业务约定书的签署情况如何？是否已经对审计费用进行了约定？（2）你所 2019 年实现业务收入 811 万元，员工人数 22 人，其中注册会计师 7 人，具有证券服务业务经验的注册会计师 3 人。你所是否具备承接公司年审业务的专业胜任能力？是否已按相关规定进行备案？拟签字会计师班某梅、朱某，项目质量控制负责人朱某丹从事证券服务业务的年限、具体项目名称及在其中承担主要工作的情况如何？（3）公告显示，你所已购买职业保险，累计赔偿限额为1 000万元，职业风险准备金累计金额为437.6万元。请问这些保险能否承担因执业过失而导致的民事赔偿责任？

2020年4月15日，神雾环保、北京蓝宇、大信所回函；4月20日，深交所就回函中遗留问题再次发函；4月24日，神雾环保和北京蓝宇均承认北京蓝宇不具有承担年审业务的条件。

深交所为何对一家上市公司的年审机构聘任如此关注呢？

实际上，从不同部门针对会计师事务所执业质量检查发现中可见一斑。比如，2020年3月11日，北京注册会计师协会在对2019年度北京地区会计师事务所执业质量检查工作总结中指出，注册会计师的职业道德问题值得关注。具体体现在：部分事务所在网购平台以低价广告宣传、低价与中介合作等手段争揽业务，只获取报表数据就出具报告，并且没有底稿，严重违反职业道德规定，扰乱了行业正常经营秩序，对行业形象造成了重大损害；部分事务所未按职业道德守则等相关制度要求，与执业人员签署年度独立性声明，或未按事务所相关制度要求，在接受项目委派时签署项目独立性声明；部分事务所对于鉴证业务和非鉴证业务，没有制定适当的独立性要求的相关制度，以保证执行鉴证业务的从业人员满足独立性的相关规定。

资料来源：该案例根据深交所的问询函、北京注册会计师协会会计师事务所执业质量检查工作总结报告整理而成。

正如本章引例所述，注册会计师的职业道德现状并不乐观，需持续督导改进。为此，本章将按照注册会计师提供的专业服务类型[①]，分别介绍在提供专业服务过程中可能导致其违反职业道德基本原则的主要事项、在执行鉴证业务过程中应遵循的独立性要求、为鉴证客户提供非鉴证服务的要求，以及针对相关事项带来的不利影响如何进行识别、评价与应对。

第一节　提供专业服务的基本要求

在注册会计师提供专业服务的过程中，可能导致违反职业道德基本原则的

① 注册会计师所提供的专业服务主要包括审计和审阅业务、其他鉴证业务以及非鉴证业务。注册会计师在执行鉴证业务时，除应遵循本章第一节介绍的提供专业服务的基本要求外，还应遵循本章第二节和第三节介绍的独立性要求。本章介绍的提供专业服务的基本要求主要引自IFAC（2023）及CICPA（2020）中的《中国注册会计师职业道德守则第3号——提供专业服务的具体要求》，关于审计和审阅业务独立性要求的规则主要引自IFAC（2023）及CICPA（2020）中的《中国注册会计师职业道德守则第4号——审计和审阅业务对独立性的要求》。

事项主要包括利益冲突、专业服务委托、保管客户资产、收费、利益诱惑、违反法律法规行为和第二次意见。这些事项将形成自我利益、自我评价、过度推介、密切关系、外在压力这五种不利影响中的一种或多种，不同程度地导致注册会计师违反职业道德基本原则。

第一节
即测即评

一、利益冲突

拓展阅读
《中国注册会计师职业道德守则第 3 号——提供专业服务的具体要求》

利益冲突是指与注册会计师所提供的专业服务相关的双方或多方之间存在某种形式的利益对抗，从而使注册会计师的职业判断可能偏离客观公正等职业道德基本原则。注册会计师所面临的利益冲突大致可分为两类：（1）注册会计师为在某一特定事项中存在利益冲突的两个或多个客户提供与该特定事项相关的专业服务，即注册会计师对特定事项执行的专业服务会影响其他各方之间的利益（简称为第一类利益冲突）。（2）注册会计师在某一特定事项中存在利益，且与注册会计师针对该事项提供专业服务的客户利益之间存在冲突，即在特定事项中注册会计师的自我利益与客户利益相冲突（简称为第二类利益冲突）。

（一）对利益冲突的识别与评估

IFAC（2023）和 CICPA（2020）均要求，注册会计师在承接新的客户、业务或发生经济关系前应当采取合理措施以识别可能存在的利益冲突，包括识别各方之间的利益、关系的性质和相关服务对各方的影响。① 在识别出潜在的利益冲突事项后，注册会计师应定性或（和）定量评估该事项发生的概率及所产生的不利影响的严重程度。在评价不利影响的严重程度时，注册会计师需要考虑采取相关保密措施，如会计师事务所合伙人和员工签署的保密协议，专门且明确的培训和沟通，在会计师事务所内部为特殊的职能部门或岗位设置单独的工作空间，限制访问客户文档的政策和程序，使用物理方式和电子方式将涉密信息分离等。

（二）对利益冲突的应对

识别出利益冲突后，注册会计师可采取下列措施应对因利益冲突产生的不利影响：（1）由不同的项目组分别提供服务，并且这些项目组已被明确要求遵守保密相关的政策和程序；（2）由未参与提供服务或不受利益冲突影响的适当人员复核已执行的工作，以评估关键判断和结论是否适当。

在应对时，根据利益冲突的性质和严重程度，注册会计师可能有必要进行特定的披露并获取明确的同意。通常而言，存在利益冲突时有必要向受利益冲突影响的客户披露利益冲突的性质与应对方法，获取受影响的客户对继

① 如果会计师事务所是网络事务所的成员，并且注册会计师有理由相信由于网络事务所的利益和关系可能存在或产生利益冲突，注册会计师应当考虑该利益冲突。

续接受该专业服务的同意。如果客户从一开始就知悉利益冲突且未提出异议，则表明该客户已经作出同意，否则需要进行相应的披露；如果注册会计师确定有必要从客户处获取明确的同意，而客户拒绝同意，则应当终止或拒绝提供可能产生利益冲突的专业服务，或者终止相关关系或处置相关利益。值得注意的是，在进行披露或获取同意时，注册会计师应当对保密原则保持警惕。

德勤吹哨人事件：会计师职业道德的坚守

2021年2月3日，德勤华永会计师事务所（特殊普通合伙）北京分所的一名审计组成员YW，通过公司内部邮件系统，向全体员工发送了一份长达55页的PPT文件，详细揭露了德勤在2016—2018年期间在多个审计项目中存在的审计程序缺失、审计质量不达标等问题。这一行为迅速在网络上发酵，成为公众关注的焦点，引发了社会对德勤审计质量的广泛质疑。从举报内容来看，PPT文件中详细列举了德勤在多个审计项目中存在的审计程序缺失、审计证据不充分、对客户问题的容忍度过高、审计结论缺乏客观性等问题。这些问题直接关系到审计报告的准确性和可靠性，对投资者的决策产生了潜在的误导风险。

该会计师的举报行为将个人置于与雇主直接对立的位置，这考验着会计师在职业道德与个人利益之间的抉择。吹哨人的行为充分体现了会计师职业道德的光辉，其敢于挑战权威，不畏惧可能的后果，坚持原则，维护了审计的独立性和公正性，体现了对专业标准的坚守和对公众利益的维护。德勤吹哨人事件是对会计师事务所的挑战，更是对整个会计师行业职业道德的一次深刻考验。吹哨人的行为不仅体现了个人对职业道德的坚守和追求，也为整个会计行业树立了榜样。

资料来源：彭水萍，孙志成. 金融圈炸锅！员工55页PPT举报审计“放飞机”，德勤回应！证监会、新华社发声.（2021-02-05）[2024-09-04]. 每经网.

二、专业服务委托

注册会计师与客户之间业务委托关系的建立、保持、变更呈现复杂性，需要在各个环节审慎地考虑职业道德规范的要求。

百家上市公司变更2024年会计师事务所，审计费最高降361万元

伴随着A股上市公司2023年年报逐渐披露完毕，部分上市公司也进入新一轮的年度审计签约阶段。据不完全统计，2024年3月以来，共有100家上市公司发布变更2024年度会计师事务所或拟变更会计师事务所的相关公告，与上年同期的37家相比，增长了63家。其中，多家更换审计机构的上市公司审计费用下降明显，降幅最高超40%。

以中新集团为例，该公司于2024年4月26日发布公告称，鉴于安永华明会计师事务所服务年限已满，公司拟将2024年度财务报告和内部控制审计机构变更为毕马威华振会计师事务所。中新集团预计公司2024年度审计费用为298万元（财务报告审计费用236万元，内控审计费用62万元），较上一年度下降约37.9%。

北辰实业2024年度聘任审计机构由普华永道中天会计师事务所、罗兵咸永道会计师事务所变更为中兴华会计师事务所、郑郑会计师事务所有限公司。费用方面，北辰实业2024年度财务报告审计及审阅服务费用为542万元（含税），内控审计费用为78万元（含税），合计为620万元（含税），相比2023年度减少153万元（含税）。

青岛港也在2024年4月26日宣布拟聘任信永中和会计师事务所为公司2024年度审计机构。青岛港称，2024年度审计费用为496万元（含税），较2023年度审计费用减少361万元，降幅42%。截至发稿，青岛港是2024年度审计费降幅最大的上市公司。

也有公司2024年度审计费较上年上涨。2024年3月19日，百克生物宣布拟变更2024年度审计机构为大华会计师事务所，拟收费55万元，较上年增长15万元，费用制定以审计服务所需工作人日数和每个工作人日收费标准为依据。

综合多家公司公告来看，上市公司通常按照审计工作量及公允合理的原则，通过招标方式确定审计费用。上市公司在选择审计机构时，应综合考虑审计机构的资质、执业记录、质量管理水平、工作方案、人力及其他资源配备、审计费用报价等多个因素。上市公司在选择审计机构时，不仅要考虑性价比，还要考虑审计质量和市场认可度，年报审计费用下降有助于上市公司降低运营成本，但如果审计质量受到影响，将增加公司风险。

资料来源：周奕航. 百家上市公司变更2024年会计师事务所，审计费最高降361万. (2024-05-13) [2024-09-04]. 中新经纬.

（一）客户和业务的承接

在决定是否承接业务前，注册会计师应当确定承接该业务是否对职业道德基本原则的遵循产生不利影响。产生不利影响的因素既可能来自客户，也可能来自注册会计师和会计师事务所。在考虑客户方面的因素时，可关注客户及其所有者、管理层、负责公司治理和经营活动的人员的诚信度、道德观、价值观等，以及客户对处理可疑事项的承诺；在考虑自身方面因素时，应重点评估自身是否具备或可获得恰当执行业务所必需的胜任能力。

在综合评估客户、注册会计师和会计师事务所信息的基础上，若确认承接该客户的业务将对职业道德基本原则的遵循产生不利影响，则应采取以下措施予以防范：（1）分派足够的具有必要胜任能力的项目组成员；（2）就执行业务的合理时间安排与客户达成一致意见；（3）在必要时利用专家的工作。

（二）客户和业务的保持或变更

1. 客户和业务的保持

IFAC（2023）和CICPA（2020）要求，在连续业务中，注册会计师应当定期评价是否继续保持该业务。在承接某项业务之后，注册会计师可能会发现潜在的对职业道德基本原则的不利影响，且这种不利影响如果在承接之前知悉，可能会导致注册会计师直接拒绝承接该项业务。例如，注册会计师可能发现客户实施不当的盈余管理，或者资产负债表中的估值不当，这些事项可能因自身利益对诚信原则的遵循产生不利影响。

2. 客户和业务的变更

拒绝承接业务可能有多种原因，如无法采取防范措施以应对因某些事实和情况产生的不利影响。当遇到下列情况时，应当确定是否有理由拒绝承接该项业务：（1）潜在客户要求其取代另一注册会计师；（2）考虑以投标方式接替另一注册会计师执行的业务；（3）考虑执行某些工作作为对另一注册会计师工作的补充。

IFAC（2023）和CICPA（2020）认为，下列防范措施可能能够应对因自身利益产生的不利影响：（1）要求现任或前任注册会计师提供其已知的信息，即现任或前任注册会计师认为，拟接任注册会计师在作出是否承接业务的决定前需要了解的信息；（2）从其他渠道获取信息，例如，通过向第三方询问，或者对客户的高级管理层或治理层实施背景调查。

三、保管客户资产

保管客户资产（custody of client assets）可能因自身利益或其他原因而对客观公正、良好职业行为等原则的遵循产生不利影响。因此，除非法律法规允许或要求并且满足相关条件，注册会计师不得提供保管客户资金或其他资产的服务。注册会计师如果接受委托保管客户资金或其他资产，应当符合下列要求：（1）遵守所有与保管资产和履行报告义务相关的法律法规；（2）将客户资金或其他资产与其个人或会计师事务所的资产分开；（3）仅按照预定用途使用客户资金或其他资产；（4）随时准备向相关人员报告资产状况及产生的收入、红利或利得。

在承接某项业务时，对于可能涉及保管客户资产的服务，注册会计师应当询问资产的来源，并考虑应履行的相关法定义务。如果客户资金或其他资产来源于非法活动（如洗钱），注册会计师不得提供资产保管服务，并应当向法律顾问征询进一步的意见。

四、收费

注册会计师的收费水平虽无绝对的标准，但合理的收费水平有利于保证专业服务质量和注册会计师对职业道德基本原则的遵循。IFAC（2023）和 CICPA（2020）认为，会计师事务所在确定收费水平时应当主要考虑下列因素：（1）专业服务所需的知识和技能；（2）所需专业人员的水平和经验；（3）各级别专业人员提供服务所需的时间；（4）提供专业服务所需承担的责任。但现实中，注册会计师收取服务收费时存在诸多的潜在乱象，比如或有收费（contingent fees）、介绍费或佣金（referral fees or commissions）等。

打破常规：一家新会计师事务所推出年度服务套餐

2024 年 8 月，仅成立六个月的 P&L 事务所（P&L Business Partners）正在摒弃按小时收费的制度，转而为小型企业提供服务套餐，目标是建立深厚的“财务合作伙伴”关系。如果该方案成功，传统收费模式将结束按小时计费的时代，转而专注于结果而非工作时长。

佩奇·霍华德（Paige Howard）和劳伦·尼可洛维施奇（Lauren Nikolovski）是 P&L 事务所的管理合伙人，P 和 L 正是来源于她们两个人名字的首字母。她们认为采用服务费模式而非按小时收费，能让客户明确每月财务管理的费用，并为事务所提供稳定、可预测的收入。霍华德表示，如果客户雇佣一位全职的财务经理，他们不仅会处理交易和任务，还会整周在岗帮助回答财务问题并提供建议。在 P&L 事务所提供的多种服务套餐中，大多数客户可能只选择标准套餐或高级套餐，事务所会根据企业的规模和复杂性稍微调整每个套餐费用，以确保涵盖可能的工作量。

标准套餐通常费用为每季度 1 200～2 000 美元，基于以下工作：持续的管理会计服务，包括记账业务；BAS（商业活动报表）准备和提交；业务绩效的季度报告，包括财务报表和分析；讨论财务结果和业务绩效的季度会议。此外，事务所会根据客户的需求计算高级套餐的顾问费，高级套餐增加的工作包括标准交付成果、更复杂的业务绩效分析、预算和现金流预测、战略评估、建模和临时支持。

为了应对管理“工作范围扩大”的风险，尼可洛维施奇表示，通过先对客户的业务、目标和财务需求进行彻底分析和了解，她和霍华德从与客户建立关系时就开始管理这种风险。“我们会了解每个客户的需求，以及他们需要我们提供哪种支持。”尼可洛维施奇说道。同时，每份协议中也包含年度审查，以确保如果客户的需求发生变化，费用也会相应调整。为了应对客户需求在 12 个月内被错误估计或发生重大变化的可能性，协议中还规定了 12 个月内的调整费用。

资料来源：IPA. 打破常规：一家新会计师事务所如何推出年度服务费.（2024-08-06）[2024-09-04]. 中国会计视野.

（一）或有收费

或有收费，是指收费与否或收费多少以服务工作结果或实现特定目的为条件。IFAC（2023）和CICPA（2020）规定，除非法律法规允许，注册会计师不得以或有收费方式提供鉴证服务。尽管某些非鉴证服务可以采用或有收费的形式，或有收费仍然有可能对职业道德基本原则的遵循产生不利影响。

拓展阅读
财政部《关于严禁会计师事务所以或有收费方式提供审计服务的通知》

IFAC（2023）和CICPA（2020）要求，若存在任何形式的或有收费，注册会计师应考虑以下因素以审慎评估其不利影响的严重程度：（1）业务的性质；（2）可能的收费区间；（3）确定收费的基础；（4）向报告的预期使用者披露注册会计师所执行的工作以及收费的计算基础；（5）会计师事务所的质量控制政策和程序；（6）是否由独立第三方复核交易和提供服务的结果；（7）收费水平是否已由独立第三方（如监管部门）做出规定。

经过评估确认存在不利影响时，会计师事务所和注册会计师可以采取下列防范措施予以应对：（1）由未参与提供非鉴证服务的适当复核人员复核注册会计师已执行的工作；（2）预先就收费的基础与客户达成书面协议。

（二）介绍费或佣金

如果注册会计师支付或收取与客户有关的介绍费或佣金，将因自身利益对客观公正、专业胜任能力和勤勉尽责等原则的遵循产生非常严重的不利影响，导致没有防范措施能够消除不利影响或将其降低至可接受的水平。因此，注册会计师不得收取与客户相关的介绍费或佣金、不得向客户或其他方支付业务介绍费。

审计收费中的道德坚守：不为斗米折腰

资本市场中不乏坚持职业道德底线的会计师事务所和注册会计师，不会低价揽客。2020年11月4日，万景控股发布公告称：董事会宣布，德勤·关黄陈方会计师行已辞任本公司审计师，自即日起生效，原因为本公司与德勤·关黄陈方会计师行无法就截至2021年3月31日的年度审计费用达成共识。同一天，国美金融科技董事会宣布：因公司与安永会计师事务所未能就截至2020年12月31日的财年审计费用达成共识，安永已辞任本公司审计师。2020年12月3—5日，紫元元、上海集优、扬宇科技、桦欣控股、百勤油服也均发布公告，称因无法与年审机构就审计费用达成共识，德勤·关黄陈方会计师行、德勤、罗兵咸永道会计师事务所已辞任公司审计师。

资料来源：四大新鲜事儿. 因审计费未谈拢等原因，“四大”再辞任4家上市公司!.（2024-11-09）[2024-09-04]. 四大新鲜事儿微信公众号.

五、利益诱惑

注册会计师提供或接受利益诱惑时，可能因自身利益、密切关系或外在压力对职业道德基本原则的遵循产生不利影响，尤其可能对诚信、客观公正、良好职业行为原则产生不利影响。法律法规可能会禁止在特定情况下提供或接受利益诱惑（如有关反腐败和反贿赂的法律法规），注册会计师应当了解并遵守相关法律法规的规定；然而，即使法律法规未予禁止，在某些情况下，注册会计师提供或接受利益诱惑，仍有可能对职业道德基本原则的遵循产生不利影响，注册会计师应当运用职业道德概念框架识别、评价和应对此类不利影响。

根据意图，可将利益诱惑分为含有不当影响意图和不含不当影响意图两类。

（一）对含有不当影响意图的利益诱惑的识别、评价与应对

IFAC（2023）和 CICPA（2020）均规定，注册会计师不得提供（或接受）或授意他人提供（或接受）任何意图不当影响接受方或其他人员行为的利益诱惑，无论这种利益诱惑是存在不当影响行为的意图，还是注册会计师认为理性且掌握充分信息的第三方认为存在不当影响行为的意图。在确定是否含有不当影响意图时，注册会计师可以综合考虑多方面因素进行职业判断。如果注册会计师知悉被提供的利益诱惑可能存在不当影响意图，即使其本人或被授意的对象未提供也未接受该利益诱惑，仍可能对职业道德基本原则的遵循产生不利影响，此时应就该诱惑的情况告知会计师事务所的高级管理层或客户治理层，并考虑是否调整或终止与客户之间的业务关系。

中喜会计师事务所坚守独立性：连续三年出具保留意见

未名医药 2018—2020 年的审计机构为中喜会计师事务所，该事务所连续三年对未名医药出具了保留意见的审计报告。以未名医药 2019 年年度业绩报表为例，中喜会计师事务所在审计报告中详细概括了“形成保留意见的基础”，质疑未名医药长期股权投资及投资收益的确认、控股股东违规占用资金的完整性、控股股东抵债资产价值确定等相关方面。审计报告中，中喜会计师事务所明确表示：“除‘形成保留意见的基础’部分所述事项可能产生的影响外，后附的财务报表在所有重大方面按照企业会计准则的规定编制，公允反映了未名医药 2019 年 12 月 31 日的合并及母公司财务状况、2019 年度的合并及母公司经营成果和现金流量。”

在这样的背景下，面对未名医药的多次施压，以及事务所改聘，均未能干扰中喜会计师事务所的独立性，最终，2020 年 10 月 21 日，未名医药提出更换审计机构，将 2020 年度审计机构由中喜会计师事务所变更为中兴财光华会计师事务所。更换原因是“公司业务发展需要”。鉴于

此，监管机构责令未名医药说明更换审计机构的合理性，是否与原审计机构存在重大意见分歧，以及保留意见所涉事项的进展情况。

资料来源：谢若琳. 审计机构连续三年出具保留意见？未名医药决定换了它!. (2024-10-24) [2024-11-04]. 证券日报网.

（二）对不含不当影响意图的利益诱惑的识别、评价与应对

即使注册会计师认为某项利益诱惑不含不当影响意图，提供或接受此类利益诱惑仍可能对职业道德基本原则的遵循产生不利影响。注册会计师应综合考虑各种信息，运用职业判断对因提供或接受此类利益诱惑产生的不利影响的严重程度进行评估。如果某项利益诱惑无不当影响意图且从性质和金额上均是明显微不足道，则注册会计师可以认为其不利影响处于可接受的水平，否则应采取措施加以应对。

通常，注册会计师可通过拒绝接受或提供利益诱惑或者将向客户提供专业服务的责任交给其他人员等形式消除不利影响，或者通过采取下列措施将不利影响降低至可接受的水平：（1）就提供或接受利益诱惑的事情，与会计师事务所或客户的高级管理层保持信息对称；（2）由会计师事务所高级管理层或其他负责会计师事务所职业道德合规性的人员加以监控，或者在由客户维护的记录中登记该利益诱惑；（3）针对提供利益诱惑的客户，由未参与提供专业服务的适当复核人员复核注册会计师已执行的工作或作出的决策；（4）在接受利益诱惑之后将其捐赠给慈善机构，并向会计师事务所高级管理层成员或提供利益诱惑的人员适当披露该项捐赠；（5）支付所接受利益诱惑（如款待）同等价值的价款；（6）在收到利益诱惑后尽快将其返还给提供者。

（三）对注册会计师近亲属提供或接受利益诱惑的识别、评价与应对

IFAC（2023）和 CICPA（2020）要求，注册会计师应对以下情况保持警惕：（1）其近亲属向现有或潜在客户提供利益诱惑；（2）现有或潜在客户向其近亲属提供利益诱惑。

在评估是否含有不当影响意图时，除了通常考虑的因素，还应当特别考虑注册会计师与其近亲属、其近亲属与现有或潜在客户、注册会计师与现有或潜在客户之间关系的亲密程度。如果注册会计师知悉其近亲属提供或接受某项利益诱惑，并认为该利益诱惑可能产生不当影响注册会计师或客户行为的意图，则注册会计师应当建议该近亲属拒绝提供或接受此类利益诱惑。此时，即使注册会计师的近亲属接受了其建议，修改或终止与客户之间的业务关系仍然是可供选择的重要应对措施。

六、违反法律法规行为

注册会计师在向客户提供专业服务的过程中可能会遇到或知悉客户某种违反法律法规行为。这些违法违规行为可能会对注册会计师遵循职业道德基本原则产生不利影响。

（一）总体要求

当注册会计师注意到客户的违法违规行为时，可能因自身利益或外在压力对诚信和良好职业行为等原则的遵循产生不利影响。注册会计师应当运用职业道德概念框架识别、评价和应对此类不利影响。IFAC（2023）和 CICPA（2020）要求，当注册会计师遇到相关违反（或涉嫌违反）法律法规的行为时，应当了解并遵循这些法律法规，并向适当机构报告，同时应考虑向客户示警的问题（有些法律法规可能有禁止向客户示警的要求，比如，与反洗钱相关的法律法规）。如果注册会计师知悉适用于本部分所述的违法违规行为，应当及时采取行动；如果注册会计师遇到或知悉的事项明显不重要，则无须启动评价与应对程序。在判断事项是否明显不重要时，注册会计师需要考虑事项的性质及其对客户、利益相关方和社会公众的影响（财务或其他影响）。

（二）执行财务报表审计时应对违法违规行为

在执行财务报表审计时，如果注册会计师知悉违法违规行为，应当运用专业知识技能以及职业判断了解相关事项[①]，包括违法违规行为的性质以及该行为发生或可能发生时所处的环境。根据事项的性质和重要程度，注册会计师可以在遵循保密原则的前提下，向会计师事务所、网络事务所或专业机构的人员、法律顾问进行咨询。如果注册会计师识别出或怀疑存在已经发生或可能发生的违反法律法规行为，应当与适当级别[②]的管理层和治理层[③]（如适用）沟通；如果注册会计师认为违法违规行为涉及管理层，应当与治理层沟通该事项。在与管理层和治理层沟通违法违规行为时，注册会计师应当建议其及时采取适当的行动。

针对上述沟通，注册会计师应当评估管理层和治理层应对的适当性，根据评估的结果考虑是否需要采取进一步行动，并针对违法违规行为进行相关记录。具体应对流程如图 6－1 所示。

（三）提供其他服务时应对违法违规行为

如果注册会计师在提供财务报表审计以外的其他专业服务时，知悉有关违法违规行为的信息，注册会计师应当了解相关事项，包括违法违规行为的性质以及该行为发生或可能发生时的处境。如果注册会计师识别出或怀疑存在违法违规行为，应当与适当级别的管理层（如适用）沟通。

---

① 职业道德守则并不要求注册会计师对法律法规的了解程度超过其对所提供专业服务的了解程度。某一行为是否构成违法违规，最终需要通过法院或其他适当机构来确定。

② 适当级别的管理层通常至少比该事项涉及或可能涉及的人员高一级。在集团背景下，适当级别可能是对客户实施控制的实体的管理层；在适当的情况下，注册会计师还可以考虑与内部审计人员沟通该事项。

③ 如果注册会计师与治理层的下设组织（如审计委员会）或个人沟通，应确定是否需要与治理层整体进行沟通，使治理层所有成员充分知情；如果注册会计师与同时承担管理职责和治理层职责的人员沟通，应当确保这种沟通能够向所有负有治理责任的人员充分传递应予沟通的内容。

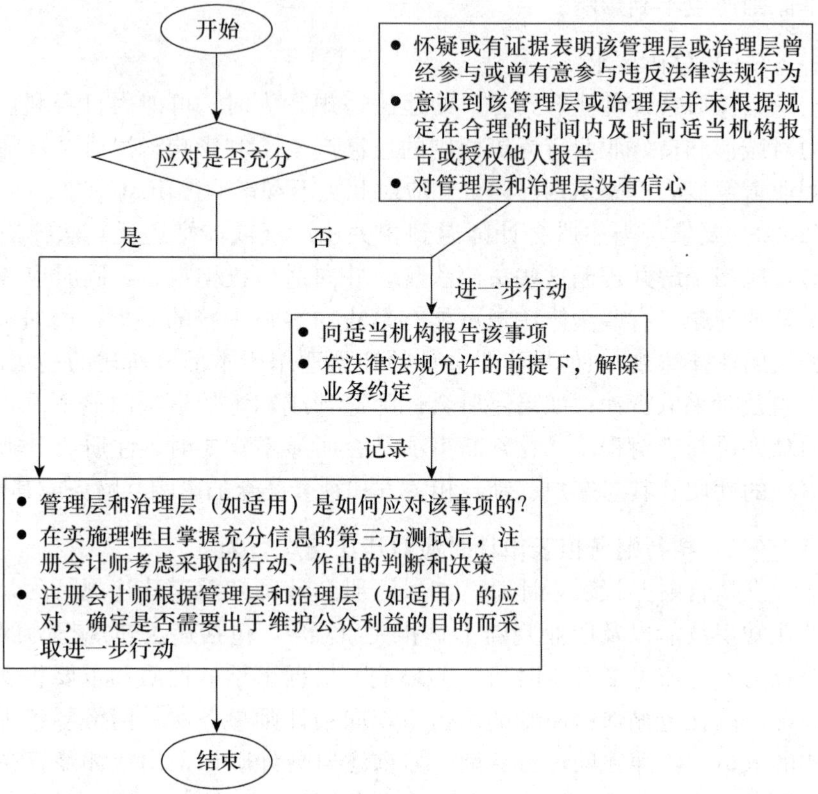

图 6-1 针对违法违规行为的应对流程

如果注册会计师为会计师事务所的审计客户或会计师事务所审计客户的组成部分提供非审计服务时知悉违法违规行为，除非法律法规禁止，否则应当在会计师事务所内沟通该事项；如果注册会计师为网络事务所的审计客户或网络事务所审计客户的组成部分提供非审计服务时知悉违法违规行为，应当考虑是否就该事项与网络事务所沟通①；如果注册会计师为非会计师事务所或网络事务所的审计客户或非会计师事务所或网络事务所的审计客户的组成部分提供非审计服务时知悉违法违规行为，应当考虑是否与为该实体执行审计业务的会计师事务所沟通该事项。这些沟通的目的在于使审计项目合伙人知悉违法违规行为，并确定是否按照规定应对该事项以及如何应对。

此外，注册会计师还应当考虑是否需要为了维护公众利益而采取进一步行动，比如，向适当机构报告该事项（即使法律法规没有要求进行报告）、在法律法规允许的情况下解除业务约定。针对违法违规行为，鼓励注册会计师记录的事项包括事项本身、与管理层和治理层（如适用）及其他方的沟通结果和在执行财务报表审计中针对违法违规行为应记录的三类事项。

① 这两种情况下的沟通应按照会计师事务所（网络事务所）的政策和程序进行。若缺少此类政策和程序，应当直接与审计项目合伙人沟通。

现任审计师出马　揪出前期财务造假

2017年3月21日，沈机集团昆明机床股份有限公司（以下简称昆明机床）发布公告：在2016年年报审计过程中，主审会计机构瑞华会计师事务所（特殊普通合伙）（以下简称瑞华）发现公司2016年产成品存货存在账实不符及收入不真实等迹象。会计师2017年2月27日向公司管理层发出《关于2017年3月30日前出具昆明机床公司2016年度审计报告存在不确定性的沟通函》，2月28日发出《关于2017年3月瑞华审计工作计划及需昆机提供资料时间的沟通函》，3月3日发出《关于执行存货审计程序范围受到限制预计对审计报告产生影响的沟通函》，并于3月9日向公司审计委员会发出《注册会计师与治理层的沟通函》，将所涉及的部分问题如实告知了公司审计委员会相关成员。同年3月18日晚间，公司初步整理了涉嫌财务违规重大事项的数据，在审慎评估数据准确性后，决定立即如实披露相关初步自查结果。

2017年3月22日，上交所发函询问。瑞华回复道："鉴于我们发现的2016年度昆明机床存在的存货不实、收入跨期等问题，我们及时对昆明机床2016年度财务报告审计总体审计策略和具体审计计划作出修订；同时就修订后的审计时间计划，及时与公司治理层和管理层进行了沟通，将按照公司确定的公告日期全力以赴如期出具审计报告。"2017年4月24日，瑞华如期出具2016年度审计报告。因在涉及的存货、销售收入、与重要子公司相关事项未能获取充分、适当的证据，以及无法判断中国证监会立案调查结果对昆明机床财务报表的影响程度，出具了无法表示意见。

资料来源：本案例根据公司公告整理而成。

七、第二次意见

注册会计师可能被要求就某主体亲自或以其名义运用相关准则处理特定交易或事项的情况提供第二次意见，而这一主体并非注册会计师的现有客户。向非现有客户提供第二次意见可能因自身利益或其他原因对职业道德基本原则产生不利影响。例如，如果第二次意见不是以前任或现任注册会计师所获得的相同事实为基础，或依据的证据不充分，可能对专业胜任能力和勤勉尽责原则的遵循产生不利影响。

IFAC（2023）和CICPA（2020）指出，下列防范措施可以用来应对此类因自身利益而产生的不利影响：（1）征得客户同意与现任或前任注册会计师沟通；（2）在与客户沟通中说明注册会计师发表专业意见的局限性；（3）向现任或前任注册会计师提供第二次意见的副本。如果要求提供第二次意见的主体不允许与现任或前任注册会计师沟通，注册会计师应当决定是否提供第二次意见。

风吹两边倒 清风拂山岗

2015年5月21日起，新都酒店暂停上市。原因是新都酒店2013年度和2014年度的财务报表均被出具无法表示意见。按规定，若想恢复上市，最近一个会计年度的扣非净利润不能为负数。

2016年4月27日，公司公布2015年度财务报告，并经天健会计师事务所（特殊普通合伙）（以下简称天健）出具带强调事项段的无保留意见。报告显示新都酒店的扣非净利润为正，达到恢复上市条件。2016年5月9日，深交所正式受理新都酒店的恢复上市申请书，审核期限为2017年4月24日。在审核期内，新都酒店于2016年6月28日提交补充材料，并由天健对公司高尔夫场地租金问题进行说明。新都酒店有一处高尔夫场地，2014年度、2015年度的租金收入分别为1 650万元和1 300万元。公司因于2014年度未收到租金且无法合理预计今后能否收到该笔租金，故在2014年度未确认收入，而是在2015年度收到2014年度和2015年度租金后，一次性将其全部计入2015年度损益，经天健审计认为这2 950万元属于经常性收益。2016年12月5日，大信会计师事务所（特殊普通合伙）（以下简称大信）长沙分所出具专项审核报告，也认为高尔夫场地租金收入2 950万元属于主营业务收入。

就在新都酒店于2017年4月25日提交2016年年度报告时，被天健告知，应将2014年度的1 650万元租金收入追溯调整为非经常性损益，从而导致公司2015年度的扣非净利润由正转负。2017年4月28日，大信总所发布公告，认为长沙分所的审核有误，2014年度的相应租金的确应属非经常性损益；同日，广发证券撤销与上市申请相关的保荐文件。自此，新都酒店的恢复上市希望破灭。同年5月12日，新都酒店一纸诉状将天健和大信告上法庭。屋漏偏逢连夜雨。同年5月15日，深交所宣布终止其上市。同年5月16日，新都酒店将深交所也告上了法庭。

资料来源：陈汉文. 审计. 4版. 北京：中国人民大学出版社，2020.

第二节 审计和审阅业务对独立性的要求[①]

上一节讨论了注册会计师提供专业服务时应遵循的职业道德基本要求（即

① 对于会计师事务所针对特殊目的的财务报表出具含有使用和分发限制条款的审计报告的业务，仅在同时满足下列条件的情况下，规定的独立性要求可以根据相关规定作出变动：(1) 会计师事务所已与报告的预期使用者就在提供服务时适用的经过变通的独立性要求进行沟通；(2) 报告的预期使用者了解报告的目的和限制，并且明确同意变通独立性要求。在本章第三节对其他鉴证业务的独立性要求中，也存在相同条款。

独立性要求以外的共性要求），本节则讨论注册会计师在执行审计和审阅业务时尚须遵循的独立性要求，以及如何运用职业道德概念框架应对独立性问题。

第二节
即测即评

拓展阅读
《中国注册会计师职业道德守则第4号——审计和审阅业务对独立性的要求》

一、基本要求

（一）保持独立性的期间

注册会计师应当在业务期间和财务报表涵盖的期间独立于审计客户，业务期间自审计项目组开始执行审计业务之日起，至出具审计报告之日止。

如果一个实体①委托会计师事务所对其财务报表发表意见，并且在该财务报表涵盖的期间或之后成为审计客户，会计师事务所应当确定下列因素是否对独立性产生不利影响：（1）在财务报表涵盖的期间或之后、接受审计业务委托之前，与审计客户之间存在的经济利益或商业关系；（2）会计师事务所或网络事务所以往向该审计客户提供的服务。

如果在财务报表涵盖的期间或之后、在审计项目组开始执行审计业务之前向审计客户提供了非鉴证服务，并且该非鉴证服务在审计期间不允许提供，将对独立性产生不利影响，会计师事务所应当评价这种不利影响。如果不利影响超出可接受的水平，需采取下列防范措施将不利影响降低至可接受水平之后才能接受审计业务：（1）不允许提供非鉴证服务的人员担任审计项目组成员；（2）必要时由适当的复核人员复核审计和非鉴证工作；（3）由其他会计师事务所评价非鉴证服务的结果，或重新执行非鉴证服务，使其他会计师事务所能够对该非鉴证服务承担责任。

因独立性威胁　德勤拒接提名

港股中国重汽2020年3月31日发布的《建议更换核数师》公告称：罗兵咸永道会计师事务所自本公司于2007年成立至今担任本公司的核数师，为达到良好企业管治而进行核数师轮换，在罗兵咸永道会计师事务所退任后，建议委任德勤·关黄陈方会计师行为本公司新任核数师。

2020年5月26日，中国重汽再次发布公告称，根据本公司审核委员会的建议，董事会决议在罗兵咸永道会计师事务所退任后，建议委任安永会计师事务所为本公司新任核数师。新任核数师为什么不是原先推荐的德勤·关黄陈方会计师行呢？原因是董事会已接获德勤·关黄陈方会

① 在执行审计和审阅业务时，注册会计师应当区分公众利益实体与非公众利益实体。一般而言，注册会计师从事针对公众利益实体的审计和审阅业务时，对独立性的要求高于非公众利益实体。如果公众利益实体以外的其他实体拥有数量众多且分布广泛的利益相关者，注册会计师应当考虑是否将其作为公众利益实体加以对待。

计师行通知，称由于潜在独立性威胁，将不能接纳提名。

资料来源：四大新鲜事儿. 因独立性威胁，德勤放弃合作，中国重汽俩月内二次更换审计师.（2024-05-28）[2024-09-04]. 四大新鲜事儿微信公众号.

（二）与治理层沟通及记录

注册会计师应当根据职业判断，定期就可能影响独立性的关系和其他事项与治理层沟通。与此同时，注册会计师应当记录遵守独立性要求的情况，包括记录形成的结论以及为形成结论而讨论的主要内容。通常，工作记录可以提供证据证明会计师事务所在遵守独立性要求时作出的职业判断。

如果需要采取防范措施将某种不利影响降低至可接受的水平，注册会计师应当记录该不利影响的性质，以及将其降低至可接受的水平所采取的防范措施；如果需要对某种不利影响进行大量分析才能确定是否有必要采取防范措施，而注册会计师认为由于不利影响未超出可接受的水平不需要采取防范措施，注册会计师应当记录不利影响的性质以及得出该结论的理由。

（三）因合并或收购成为关联主体时对独立性的特别考虑

如果由于合并或收购，某一实体成为审计客户的关联实体①，会计师事务所与该关联实体以往和目前存在的利益或关系可能对独立性产生不利影响，并可能影响该会计师事务所继续执行审计业务的能力。会计师事务所应当识别和评价其与该关联实体以往和目前存在的利益或关系，并在考虑可能的防范措施后确定是否影响独立性，以及在合并或收购生效日后能否继续执行审计业务。会计师事务所应当在合并或收购生效日前采取必要措施终止目前存在的被禁止的利益或关系，否则应当采取以下相关的措施：（1）评价因该利益或关系产生的不利影响；（2）与治理层讨论在合并或收购生效日前不能终止利益或关系的原因以及不利影响严重程度的评价结果。

（四）违反独立性要求的应对

IFAC（2023）和CICPA（2020）规定，如果会计师事务所认为已发生违反独立性要求的行为，应当采取下列措施：（1）终止、暂停或消除引发违规的利益或关系，并处理违规后果；（2）考虑是否存在适用于该违规行为的法律法规，如果存在，遵守该法律法规的规定，并考虑向相关监管机构报告该违规行为；（3）按照会计师事务所的政策和程序，立即就该行为与项目合伙人、负责独立性相关政策和程序的人员、会计师事务所和网络中的其他相关

① 关联实体是指与客户存在下列关系之一的实体：（1）能够对客户施加直接或间接控制的实体，并且客户对该实体重要；（2）在客户内拥有直接经济利益的实体，并且该实体对客户具有重大影响，在客户内的利益对该实体重要；（3）受到客户直接或间接控制的实体；（4）客户（或者受到客户直接或间接控制的实体）拥有其直接经济利益的实体，并且客户能够对该实体施加重大影响，在实体内的经济利益对客户（或者受到客户直接或间接控制的实体）重要；（5）与客户处于同一控制下的实体（即姐妹实体），并且该姐妹实体和客户对其控制方均重要。

人员、其他需要采取适当行动的人员沟通；（4）评价违规行为的严重程度及其对客观性和出具审计报告能力的影响；（5）根据违规行为的严重程度，确定是否终止审计业务，或者是否能够采取适当行动以满意地处理违规后果。

在作出上述决策时，会计师事务所应当运用职业判断，并考虑理性且掌握充分信息的第三方是否很可能得出客观性受到损害从而导致无法出具审计报告的结论①。违反独立性要求的应对流程如图 6－2 所示。

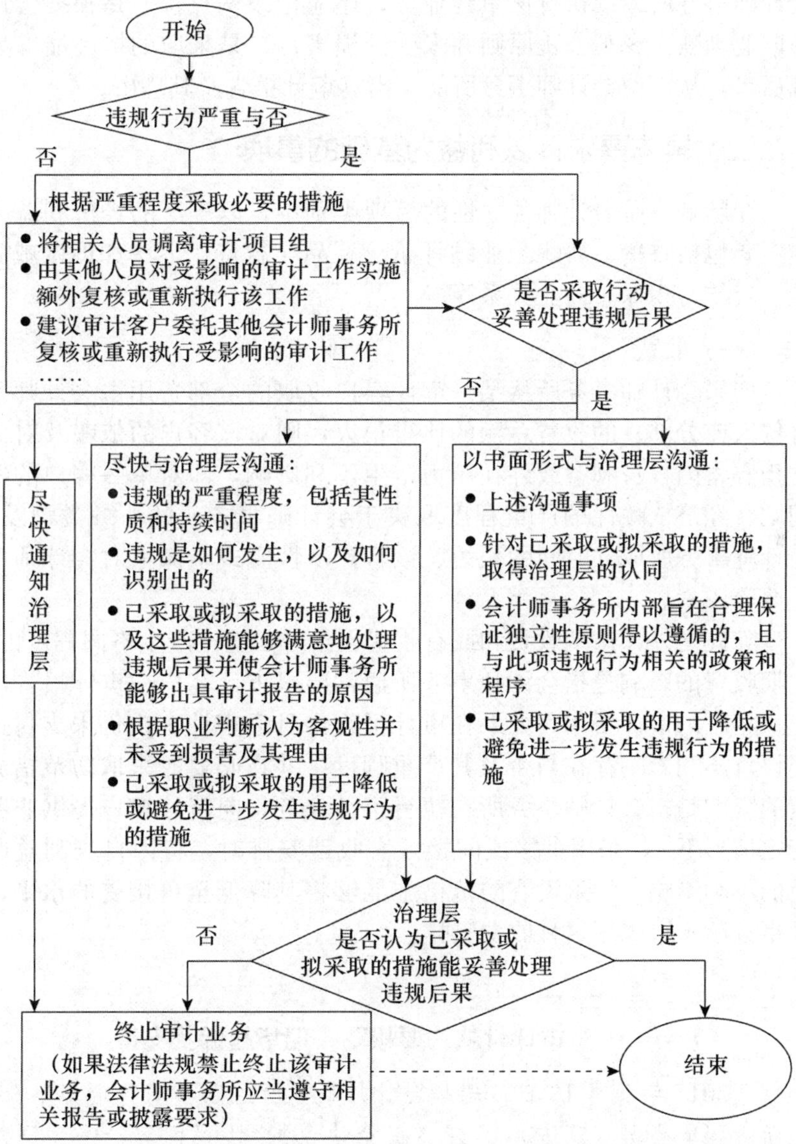

图 6－2　违反独立性要求的应对流程

① 即使会计师事务所已经制定了旨在合理保证独立性得以遵循的政策和程序，仍然可能发生违反独立性要求的情况，必要时会计师事务所可能需要终止审计业务。

此外，IFAC（2023）和 CICPA（2020）强调，如果违规行为发生在上期审计报告出具之前，会计师事务所应当评价违规行为的严重程度及其对客观性和出具当期审计报告能力的影响，还应当考虑对以前期间出具的审计报告客观性的影响，以及在必要时撤回此类审计报告的可能性，并与治理层沟通该事项。为此，会计师事务所应当记录违规事项、采取的措施、作出的关键决策、与治理层沟通的所有事项、与职业团体或监管机构进行的沟通。如果会计师事务所继续执行该审计业务，还应记录两点：一是根据会计师事务所的职业判断，客观公正原则并未受到损害；二是采取的措施能够妥善处理违规后果，从而使会计师事务所能够出具审计报告及其理由。

二、具体要求：以利益为基础的事项

在影响注册会计师独立性的事项类别中，以广泛的经济利益为基础的事项主要包括收费、薪酬与业绩评价、礼品与款待、诉讼和诉讼威胁、财务利益、贷款与担保、商业关系等。

（一）收费

如果会计师事务所从某一审计客户收取的全部费用占会计师事务所（或合伙人或分部）的收费总额的比重很大，则对该客户的依赖及对失去该客户的担心将因自身利益或外在压力产生不利影响，即对单一客户的经济依赖性问题。经济依赖性的严重程度取决于会计师事务所的业务类型及收入结构、会计师事务所成立时间的长短、该客户从性质或金额上对会计师事务所是否重要等因素。

除此之外，逾期收费和或有收费也会对独立性产生不同程度的不利影响。逾期收费的影响是指会计师事务所通常要求审计客户在审计报告出具前付清上一年度的审计费用，如果在审计报告出具后审计客户仍未支付该费用，应当评价不利影响存在与否及其严重程度，并在必要时采取防范措施。或有收费的影响是指会计师事务所在执行审计业务、向审计客户提供非鉴证服务的特定情形下①，采用直接或间接或有收费安排时，将因自身利益产生非常严重的不利影响，导致没有防范措施能够将其降低至可接受的水平，因此会计师事务所不得采用这种收费安排。

审计付款“耍赖”　瑞华起诉获支持

2017 年 5 月 10 日，瑞华会计师事务所（以下简称瑞华）（甲方）与新源国能公司（乙方）签订《解除协议》。协议内容：一致同意双方于

① 这些情形包括：（1）这些非鉴证服务的或有收费由对财务报表发表审计意见的会计师事务所取得，并且对其影响重大或预期影响重大；（2）网络事务所参与大部分审计工作，非鉴证服务的或有收费由该网络事务所取得，并且对其影响重大或预期影响重大；（3）非鉴证服务的结果以及由此收取的费用金额，取决于未来或当期与财务报表重大金额审计相关的判断。

2015年8月3日签订的《改制上市综合业务约定书》（以下简称《约定书》）于2016年6月14日正式解除；截至2017年4月11日，乙方按照《约定书》的约定，已向甲方支付50万元，解除原《约定书》时按照甲方撤场的工作量和工作成果，双方协商一致，由乙方向甲方一次性支付95万元。协议签订后15个工作日内，甲方向乙方交还从乙方获取的所有相关资料文件，乙方需要支付给甲方95万元，此金额为含税价款，甲方按照乙方所支付的费用开具全额增值税专用发票，乙方收到全额增值税专用发票后向甲方付款。

结果，新源国能公司未向瑞华支付相关款项，新源国能公司认为解除协议中的95万元包含了已支付的50万元，且瑞华并未按照约定返还相关材料。

于是，瑞华向一审法院起诉请求：(1) 新源国能公司立即向瑞华支付合同价款95万元；(2) 新源国能公司赔偿瑞华逾期付款造成的经济损失（以95万元为基数，按照同期银行贷款年利率4.75%，自2017年6月1日起计算至实际付清全款之日止）；(3) 新源国能公司承担本案诉讼费用。

一审判决：判决生效后七日内，新源国能公司支付瑞华合同款95万元及利息。新源国能公司不服，提起上诉。2020年10月19日，二审法院驳回上诉，维持原判。

资料来源：北京市第一中级人民法院. 北京新源国能科技集团股份有限公司与瑞华会计师事务所合同纠纷二审民事判决书.（2020-11-04）[2024-09-04]. 中国裁判文书网.

（二）薪酬与业绩评价

如果某一审计项目组成员的薪酬或业绩评价与其向审计客户推销的非鉴证服务挂钩，将因自身利益产生不利影响，其严重程度取决于：(1) 推销非鉴证服务的因素在该成员薪酬或业绩评价中的比重；(2) 该成员在审计项目组中的角色；(3) 推销非鉴证服务的业绩是否影响该成员的晋升。

会计师事务所应当评价不利影响的严重程度，并在必要时采取防范措施消除不利影响或将其降低至可接受的水平。例如，修改该成员的薪酬计划或业绩评价程序，或者将该成员调离审计项目组。此外，禁止关键审计合伙人的薪酬或业绩评价与其向审计客户推销的非鉴证服务直接挂钩，但会计师事务所合伙人之间正常的利润分享安排不算违反该规则。

（三）礼品与款待

会计师事务所或审计项目组成员接受审计客户的礼品或款待，可能因自身利益、密切关系或外在压力对独立性产生不利影响。对于礼品，如果接受该礼品将产生非常严重的不利影响，导致没有防范措施能够将其降低至可接受的水平，则不得接受礼品。对于款待，应当评价接受其产生不利影响的严重程度，如果款待超出业务活动中的正常往来，应当拒绝；注册会计师还应当考虑礼品或款待是否具有不当影响意图，若有，即使其价值从性质和金额上来说均明显不重要，也不得接受。

（四）诉讼和诉讼威胁

如果会计师事务所或审计项目组成员与审计客户发生诉讼或很可能发生诉讼，将因自身利益和外在压力而产生不利影响。此时，会计师事务所和客户管理层处于对立地位，将影响管理层提供信息的意愿。不利影响的严重程度主要取决于诉讼的重要程度和诉讼是否与前期审计业务相关。会计师事务所应当评价不利影响的严重程度，并在必要时采取防范措施消除不利影响或将其降低至可接受的水平。例如，将诉讼所涉及的成员调离审计项目组，或者由适当的复核人员复核已执行的工作。

（五）财务利益①

在审计客户中拥有财务利益，可能因自身利益导致不利影响，其严重程度取决于拥有财务利益人员的角色、财务利益的种类及其重要程度。在确定财务利益对于某个人来说的重要程度时，可能需要将该个人及其主要近亲属的净资产总额合并考虑。可能影响注册会计师独立性的财务利益的具体情形和相关规定如表6-1所示。

表6-1　财务利益的具体情形与相关规定

类型	在审计客户中拥有直接财务利益或重大间接财务利益	在控制审计客户的实体中拥有直接财务利益或重大间接财务利益[a]	作为受托管理人在审计客户中拥有直接财务利益或重大间接财务利益	与审计客户在某一实体拥有共同的财务利益	与审计客户的董事、高级管理人员或控股股东拥有共同的财务利益	无意[b]中从审计客户获得直接财务利益或重大间接财务利益	通过退休金计划在审计客户中拥有直接财务利益或重大间接财务利益
A：会计师事务所	禁止	禁止	条件性允许2	条件性允许3	先评估后行动	立即处置	先评估后行动
B：审计项目组成员	禁止	禁止	条件性允许	条件性允许3	先评估后行动	立即处置	
B的主要近亲属	禁止	禁止	条件性允许2	条件性允许3	先评估后行动	立即处置	
B的其他近亲属	先评估后行动						

① 需要指出的是，CICPA（2020）将 financial interest 译为“经济利益”，我们认为，“经济利益”（economic interest）是一个更为广义的概念，它几乎涵盖了本节所述的所有与广义的经济利益相关的事项。因此，此处使用“财务利益”。

续表

类型	在审计客户中拥有直接财务利益或重大间接财务利益	在控制审计客户的实体中拥有直接财务利益或重大间接财务利益[a]	作为受托管理人在审计客户中拥有直接财务利益或重大间接财务利益	与审计客户在某一实体拥有共同的财务利益	与审计客户的董事、高级管理人员或控股股东拥有共同的财务利益	无意[b]中从审计客户获得直接财务利益或重大间接财务利益	通过退休金计划在审计客户中拥有直接财务利益或重大间接财务利益
C：与执行审计业务的项目合伙人同处一个分部的其他合伙人	禁止		条件性允许 2			合理期限内尽快处置	
C 的主要近亲属	条件性允许 1		条件性允许 2			合理期限内尽快处置	
D：为审计客户提供非审计服务的其他合伙人和管理人员	禁止		条件性允许 2			合理期限内尽快处置	
D 的主要近亲属	条件性允许 1		条件性允许 2			合理期限内尽快处置	
E：审计项目组之外扣除 C 和 D 之外的其他人员（包括合伙人、专业人员或二者的主要近亲属）	先评估后行动						

注："禁止"是指将对独立性产生非常严重的不利影响，导致没有防范措施能够将其降低至可接受的水平，因而不被允许的情形；"条件性允许"是指通常不被允许，只有在同时满足规定条件下才有例外的情形；"先评估后行动"是指应先评估不利影响存在与否及其严重程度（通常取决于相关人员对审计业务的影响或干预能力、相关财务利益对相关人员的重大性等），后采取相应措施消除不利影响（例如，拒接或在允许的情况下终止业务、调离相应人员、处置财务利益）或将不利影响降低至可接受的水平（例如，不允许该审计项目组成员参与有关审计业务的任何重大决策，将不利影响降低至可接受的水平；由审计项目组以外的适当复核人员复核该审计项目组成员已执行的工作）的情形；"处置"是指处置全部财务利益或处置全部直接财务利益并处置足够数量的间接财务利益，使剩余财务利益不再重大（在完成处置该经济利益前，会计师事务所应当在必要时采取防范措施消除不利影响）。空白处代表准则未作明确规定或说明。

a. 重大间接财务利益指的是审计客户在某个实体中拥有能够对其产生重要影响的财务利益。

b. 无意主要指继承、馈赠或企业合并等情况。

条件性允许 1：(1) 该主要近亲属作为审计客户的员工有权（例如通过退休金或股票期权计划）取得该财务利益，并且会计师事务所在必要时能够应对因该财务利益产生的不利影响；(2) 当该主要近亲属拥有或取得处置该财务利益的权利，或者在股票期权中，有权行使期权时，能够尽快处置或放弃该财务利益。

条件性允许 2：(1) 受托管理人、审计项目组成员、二者的主要近亲属、会计师事务所均不是受托财产的受益人，且对涉及审计客户经济利益的投资决策没有重大影响；(2) 通过信托而在审计客户中拥有的财务利益对于该项信托而言并不重大；(3) 该项信托不能对审计客户施加重大影响。

条件性允许 3：(1) 财务利益对上述主体均不重要；(2) 审计客户无法对该实体施加重大影响。拥有此类财务利益的人员，在成为审计项目组成员之前，该人员或其主要近亲属已处置全部或大部分财务利益，剩余财务利益已不再重大。

（六）贷款与担保

会计师事务所、审计项目组成员及其主要近亲属从不属于银行或类似金融机构的审计客户处取得贷款，或由此类审计客户提供贷款担保，将因自身利益产生非常严重的不利影响，导致没有防范措施能够将其降低至可接受的水平。会计师事务所、审计项目组成员及其主要近亲属不得从不属于银行或类似金融机构的审计客户处取得贷款，或由此类审计客户提供贷款担保。

会计师事务所、审计项目组成员及其主要近亲属不得从银行或类似金融机构等审计客户处取得贷款或获得贷款担保，除非该贷款或担保是按照正常的程序、条款和条件进行的（如按揭贷款、银行透支、汽车贷款和信用卡等）①；会计师事务所、审计项目组成员及其主要近亲属不得在银行或类似金融机构等审计客户开立存款或经纪账户，除非该存款或经纪账户是按照正常的商业条件开立的。

会计师事务所、审计项目组成员及其主要近亲属向审计客户提供贷款或为其提供担保，将因自身利益产生非常严重的不利影响，导致没有防范措施能够将其降低至可接受的水平。因此，会计师事务所、审计项目组成员及其主要近亲属不得向审计客户提供贷款或担保。

（七）商业关系

会计师事务所、审计项目组成员或其主要近亲属与审计客户或其高管之间存在密切的商业关系，可能因自身利益或外在压力对独立性产生不利影响。商业关系主要包括三类：（1）与客户或其控股股东、董事、高级管理人员或其他为该客户执行高级管理活动的人员共同开办企业；（2）按照协议，将会计师事务所与客户双方的产品或服务结合在一起，并以双方名义捆绑销售；（3）按照协议，会计师事务所销售或推广客户的产品或服务，或者客户销售或推广会计师事务所的产品或服务。

会计师事务所、审计项目组成员不得与审计客户或其高级管理人员建立密切的商业关系。依据不同情形，应采取不同措施：（1）如果会计师事务所存在此类商业关系，应当予以终止。（2）如果此类商业关系涉及审计项目组成员，会计师事务所应将该成员调离审计项目组。（3）如果审计项目组成员的主要近亲属与审计客户或其高级管理人员存在密切的商业关系，注册会计师应当评价不利影响的严重程度，并在必要时采取防范措施消除不利影响或将其降低至可接受的水平。（4）如果审计客户或其董事、高级管理人员，或上述各方作为投资者的任何组合，在某股东人数有限的实体中拥有经济利益，会计师事务所、审计项目组成员或其主要近亲属不得拥有涉及在该实体拥有经济利益的商业关系，除非同时满足下列条件：1）这种商业关系对于会计师事务所、审计项目组成员或其主要近亲属以及审计客户均不重要；2）该经济

① 即使会计师事务所从银行或类似金融机构等审计客户按照正常的程序、条款和条件取得贷款，如果该贷款对审计客户或取得贷款的会计师事务所是重要的，也可能因自身利益对独立性产生不利影响。

利益对上述一个或几个投资者而言并不重大；3）该经济利益不能使上述投资者或投资者组合控制该实体。

值得注意的是，会计师事务所、审计项目组成员或其主要近亲属从审计客户购买商品或服务，如果按照正常的商业程序公平交易，通常不会对独立性产生不利影响。但若交易性质特殊或金额较大，可能因自身利益产生不利影响。会计师事务所应当评价不利影响的严重程度，并在必要时采取防范措施消除不利影响或将其降低至可接受的水平。

三、具体要求：以关系为基础的事项

当注册会计师与审计客户的高级管理人员之间存在某种密切关系时，审计项目组成员可能会因为自身利益、密切关系或外在压力而对独立性产生重大不利影响。

（一）家庭和私人关系

如果审计项目组成员与审计客户的董事、高级管理人员或某类员工（取决于该员工在审计客户中担任的角色）存在家庭和私人关系，可能因自身利益、密切关系或外在压力对独立性产生不利影响。不利影响存在与否及其严重程度取决于该成员在审计项目组中的角色，以及家庭成员或相关人员在客户中的职位以及关系的密切程度。具体规定如表 6-2 所示。

表 6-2 家庭和私人关系的具体情形和相关规定

类型	所处职位能够对客户财务状况、经营成果或现金流量施加重大影响	审计客户的董事、高级管理人员或特定员工[a]
审计项目组成员的主要近亲属	● 可能产生不利影响 ● 先评估不利影响的严重程度[b]，后采取防范措施	● 将产生非常严重的不利影响 ● 拥有此类关系的人员不得成为审计项目组成员
审计项目组成员的其他近亲属	未作规定	● 将产生不利影响 ● 先评估，后采取防范措施
审计项目组成员的其他密切关系	未作规定	● 将产生不利影响 ● 应当按照会计师事务所的政策和程序进行咨询 ● 根据对不利影响严重程度的评估结果，采取防范措施
审计项目组以外人员（包括合伙人和员工）的家庭和私人关系	未作规定	● 可能产生不利影响 ● 应当按照会计师事务所的政策和程序进行咨询 ● 根据对不利影响严重程度的评估结果，采取防范措施

注：a. 特定员工是指所处职位能够对事务所将要发表意见的财务报表或会计记录的编制施加重大影响的员工。

b. 不利影响严重程度的影响因素包括：事务所成员与相关人员的关系（其中，若为主要近亲属，则无须考虑）、相关人员在客户中的职位、事务所成员在审计项目组中的角色。

校友关系有损审计质量吗?

香港中文大学吴东辉教授及其合作者2016年发表的研究成果显示：2006—2011年，10.14%的A股上市公司的年审注册会计师与高级管理人员是校友关系（毕业于同一所大学）；平均而言，这类注册会计师出具对被审计单位有利意见的概率更大、审计质量更低，但审计收费更高，一定程度上反映了注册会计师与被审计单位的“利益交换”行为。他们进一步发现，校友关系对审计质量的负面效应在四大会计师事务所、审计师与被审计单位高级管理人员地理距离较远时更弱，但在注册会计师执行首次审计时更为明显。该研究并非意味着校友关系一定会产生利益冲突。在实际评估中，还需进一步考察校友关系的亲密程度、会计师事务所内部治理、被审计单位的治理状况等因素。

拓展阅读
CEO与审计业务合伙人之间的社会关系是否影响审计质量

资料来源：GUAN Y，SU L N，WU D，et al. Do school ties between auditors and client executives influence audit outcomes?. Journal of accounting and economics，2016，61（2-3）：506-525.

（二）兼任与雇佣关系

当注册会计师与审计客户之间存在兼任与雇佣关系时，可能因自身利益、自我评价或密切关系对独立性产生不利影响。如图6-3所示，主要存在三种情形：情形Ⅰ，会计师事务所合伙人或员工兼任审计客户的董事或高级管理人员；情形Ⅱ，审计客户的董事、高级管理人员或特定员工离职后加入会计师事务所，其所在团队现在负责对该审计客户的审计工作；情形Ⅲ，会计师事务所的相关人员离职后加入审计客户，其原所在会计师事务所（或审计项目组）现在负责对该审计客户的审计工作。

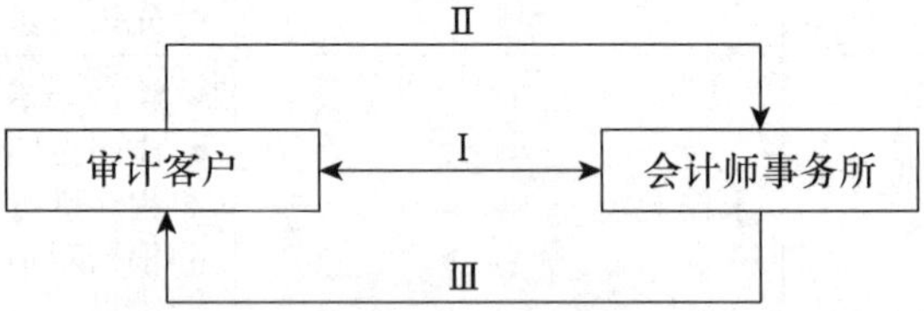

图6-3　兼任与雇佣关系具体情形图

其中，情形Ⅰ将产生非常严重的不利影响，导致没有防范措施能够将其降低至可接受的水平，因此不被允许。情形Ⅱ若存在于被审计财务报表涵盖的期间，则会计师事务所不得将此类人员分派到审计项目组；若存在于被审计财务报表涵盖的期间之前，不利影响存在与否及其严重程度主要取决于该成员在客户中曾担任的职务、该成员离开客户的时间长短和该成员在审计项目组中的角色。情形Ⅲ则根据不同情况有如下规定：

（1）如果会计师事务所前任合伙人或审计项目组前任成员加入审计客户，担任董事、高级管理人员或特定员工，会计师事务所应当确保上述人员与会计师事务所之间不再保持重要交往。如果会计师事务所与该类人员仍保持重要交往，除非同时满足下列条件，否则将没有防范措施能够消除不利影响或将其降低至可接受的水平：1）该人员无权从会计师事务所获取报酬或福利（除非该报酬或福利是按照预先确定的固定金额支付的）；2）任何拖欠该类人员的金额都对会计师事务所不重要；3）该类人员未继续参与，并且在外界看来未参与会计师事务所的经营活动或专业活动。①

（2）会计师事务所的前任合伙人加入某一实体并担任董事、高级管理人员或特定员工，而该实体随后成为审计客户。此时，不利影响的严重程度取决于：1）该人员在审计客户中所处的职位；2）该人员将与审计项目组交往的程度；3）该人员离开审计项目组或会计师事务所合伙人职位的时间长短；4）该人员以前在审计项目组、会计师事务所中的角色。可选的防范措施包括修改审计计划、向审计项目组分派与该人员相比经验更加丰富的人员，由审计项目组以外适当的复核人员复核前任审计项目组成员已执行的工作。

（3）审计项目组某一成员参与审计业务，且知道自己在未来某一时间将要或有可能加入审计客户。对此，会计师事务所应当制定政策和程序，要求审计项目组成员在与审计客户协商受雇于该客户时，向会计师事务所报告。在接到报告后，应评价不利影响的严重程度，并在必要时采取措施消除不利影响或将其降低至可接受的水平。可采取防范措施包括：将该成员调离审计项目组，以消除不利影响；由审计项目组以外人员复核该成员在审计项目组中作出的重大判断，以将不利影响降低至可接受的水平。②

审计市场中的“旋转门”现象

国际著名审计学者、南加州大学教授克莱夫·伦诺克斯（Clive Lennox）利用美国上市公司 1995—1998 年的数据对曾在现任审计机构工作的

① 即使同时满足上述条件，仍有可能因密切关系或外在压力对独立性产生不利影响。

② 某公众利益实体的关键审计合伙人加入该审计客户，担任董事、高级管理人员或特定员工。除非在该合伙人不再担任关键审计合伙人后，该公众利益实体发布的已审计财务报表涵盖期间不少于 12 个月，并且该合伙人未参与该财务报表的审计，否则独立性将视为受到损害。如果会计师事务所前任高级合伙人（或管理合伙人，或同等职位的人员）加入属于公众利益实体的审计客户，担任董事、高级管理人员或特定员工，除非该高级合伙人不再担任该职位已超过 12 个月，否则独立性将视为受到损害。

若由于企业合并的原因，导致出现上述两种情形，在同时满足下列条件时，不视为独立性受到损害：（1）该人员接受该职务时，并未预料到会发生企业合并；（2）该人员在会计师事务所中应得的报酬或福利都已全额支付，除非该报酬或福利是按照预先确定的固定金额支付的，并且应付金额对会计师事务所不重要；（3）该人员未继续参与，或在外界看来未参与会计师事务所的经营活动或专业活动；（4）已就该人员在审计客户中的职位与治理层沟通。

公司高级管理人员进行研究。他发现，这些高级管理人员中，71.3%是从现任审计机构离职后加入公司的（雇佣关联），28.7%的加入公司担任高级管理人员的审计师聘请其老东家为公司的审计机构（校友关联）；有这两类高级管理人员的公司相比于没有这两类高级管理人员的公司更可能获得审计机构出具的“干净”审计意见，且在获得“干净”审计意见后，这些高级管理人员变更的概率更低。

拓展阅读
审计机构会更偏好前 PCAOB 员工吗?

资料来源：LENNOX C. Audit quality and executive officers' affiliations with CPA firms. Journal of accounting and economics，2005，39：201-231.

（4）除以上三种主要情形外，还有一种特殊的情形——向审计客户临时借出员工。IFAC（2023）和 CICPA（2020）均规定，除非同时满足下列条件，否则会计师事务所不得向审计客户借出员工：1）仅在短期内向客户借出员工；2）借出的员工不参与禁止提供的非鉴证服务；3）该员工不承担审计客户的管理层职责，且审计客户负责指导和监督该员工的活动。

如果会计师事务所向审计客户借出员工，应评估其对职业道德基本原则可能产生的不利影响。此时，可选的防范措施包括：1）对借出员工的工作进行额外复核，以应对因自我评价产生的不利影响；2）不安排借出员工作为审计项目组成员，以应对因密切关系或过度推介产生的不利影响；3）合理安排审计项目组成员的职责，使借出员工不对其在借调期间执行的工作进行审计，以应对因自我评价产生的不利影响。

（三）任期与轮换

会计师事务所与某一审计客户长期存在业务关系，并委派同一名合伙人或员工执行某一审计客户的审计业务，将因密切关系和自身利益对独立性产生不利影响。因此 IFAC（2023）和 CICPA（2020）均对公众利益实体审计客户关键审计合伙人的任期和轮换作出了专门规定。为防止轮换流于形式（例如，轮换1年甚至更短时间后，审计客户重新聘回原关键审计合伙人），还设置了冷却期。① 在冷却期内，关键审计合伙人不得成为审计项目组成员或为审计项目提供质量控制，不得就有关技术或行业特定问题、交易或事项向审计项目组或审计客户提供咨询，不得负责领导或协调会计师事务所向审计客户提供的专业服务，或者监督会计师事务所与审计客户的关系，不得与审计客户高级管理层或治理层进行重大或频繁的互动，不得对审计业务的结果施加直接影响。关键审计合伙人任期和冷却期的具体规定如表6-3所示。

---

① IFAC（2023）与 CICPA（2020）所规定的轮换期、冷却期存在差异。以下介绍 CICPA（2020）的相关规定。

表 6-3 公众利益实体审计客户关键审计合伙人的任期和冷却期规定

<table>
<tr><th rowspan="2">类型</th><th rowspan="2">A. 项目合伙人</th><th rowspan="2">B. 项目质量复核人员</th><th rowspan="2">C. 其他属于关键审计合伙人的职务</th><th colspan="3">关键审计合伙人[a]</th></tr>
<tr><th>A</th><th>B</th><th>C</th></tr>
<tr><td>任期[b]</td><td>5 年</td><td>5 年</td><td>5 年</td><td colspan="3">5 年[c]</td></tr>
<tr><td rowspan="3">冷却期</td><td rowspan="3">连续 5 年[d]</td><td rowspan="3">连续 3 年</td><td rowspan="3">连续 2 年</td><td>担任 A 累计达到 3 年或以上，冷却期应当为连续 5 年</td><td>担任 B 累计达到 3 年或以上，冷却期应当为连续 3 年</td><td rowspan="2">未单独规定</td></tr>
<tr><td colspan="2">担任 A 和 B 累计达到 3 年或以上，但累计 A 未达到 3 年，冷却期应当为连续 3 年</td></tr>
<tr><td colspan="3">担任多项关键审计合伙人职责，并且不符合上述各项情况，则冷却期应为连续 2 年</td></tr>
</table>

注：a. 注册会计师相继担任 A、B、C 中的一项或多项职务的时间应当累计计算，除非该人员不再担任这些职务的期间达到最短时间要求，否则累计期间不得清零并重新计算。最短时间要求应当是一个连续的期间，至少等于该人员所适用的冷却期。

b. 在确定关键审计合伙人的轮换时间时，会计师事务所应当考虑，在该客户成为公众利益实体之前，该合伙人作为关键审计合伙人已为该客户提供服务的时间。如果在审计客户成为公众利益实体之前，该合伙人作为关键审计合伙人已为该客户服务的时间不超过 3 年，则该合伙人还可以为该客户继续提供服务的年限为 5 年减去已经服务的年限。如果在审计客户成为公众利益实体之前，该合伙人作为关键审计合伙人已为该客户服务了 4 年或更长时间，在取得客户治理层同意的前提下，该合伙人最多还可以继续服务 2 年；如果审计客户是首次公开发行证券的公司，关键审计合伙人在该公司上市后连续提供审计服务的期限，不得超过 2 个完整会计年度。

c. 在任期内，如果某类人员继担任项目合伙人后立即或短时间内担任项目质量复核人员，可能因自我评价对客观公正原则产生不利影响，该人员不得在 2 年内担任该审计业务的项目质量复核人员；任期结束后，该人员应当遵守有关冷却期的规定。

d. 担任其他签字注册会计师累计达 5 年的，也适用该冷却期规定。

在极其特殊的情况下，会计师事务所可能因无法预见和控制的情形而不能按时轮换关键审计合伙人。如果关键审计合伙人的连任对审计质量特别重要，在获得审计客户治理层同意的前提下，并且通过采取防范措施能够消除对独立性的不利影响或将其降低至可接受的水平，在法律法规允许的情况下，该关键审计合伙人在审计项目组的期限可以延长一年。在这种情况下，会计师事务所应当与治理层讨论无法实施轮换的原因，以及所需采取的防范措施。

强制审计轮换效果如何？

在安然事件后，全球对审计任期的设定存在广泛争议，持有消极观点的学者认为审计师与客户的持续接触可能会损害审计质量，持有积极观点的学者认为长期的审计师任期会促使审计师有特定知识积累，这会带来高质量审计。戴阿南丹（Dayanandan）和苏德山（Sudershan）的研究旨在探讨印度 2017 年实施的强制审计轮换制度是否会对印度上市公司审计质量有影响，该研究使用了 714 家

拓展阅读

审计合伙人强制性轮换与审计质量

公司前后 6 年的数据（印度强制审计轮换制度出台前 3 年和出台后 3 年），发现印度强制审计轮换制度对上市公司审计质量有显著的负向影响，验证了关于审计任期的积极观点。相关分析表明，强制审计轮换并没有达到其提升审计质量的预期效果。

资料来源：DAYANANDAN A，SUDERSHAN K. Mandatory auditor rotation and audit quality. International journal of accounting & information management，2023，31（4）：585-599.

第三节　其他鉴证业务对独立性的要求

第三节
即测即评

拓展阅读
《中国注册会计师职业道德守则第 5 号——其他鉴证业务对独立性的要求》（节选 1）

会计师事务所除了提供审计和审阅业务以外，还会提供预测性财务信息的审核、对公司关键绩效指标的绩效鉴证等其他鉴证业务。同审计和审阅业务一样，IFAC（2023）和 CICPA（2020）均对注册会计师提供其他鉴证业务的独立性要求做了详细规范。① 总体而言，其他鉴证业务对独立性的要求与审计和审阅业务相类似，仅在一些方面略低于审计和审阅业务。为此，本节主要阐述与审计和审阅业务与其他鉴证业务对独立性的基本要求和具体事项的主要差异。

一、基本要求的差异

表 6-4 简要总结了其他鉴证业务与审计和审阅业务独立性基本要求的差异。

表 6-4　审计和审阅业务与其他鉴证业务独立性基本要求的差异

序号	基本要求	审计和审阅业务	其他鉴证业务
1	公众利益实体	强调并详细阐述了公众利益实体的界定标准	没有要求明确区分公众利益实体与非公众利益实体
2	关联实体	分别规定上市实体和非上市实体客户的关联实体	仅要求考虑与评价会计师事务所独立性有关的关联实体
3	与治理层的沟通	要求定期沟通	没有相关要求

① 详细规则请参见 IFAC（2023）和 CICPA（2020）《中国注册会计师职业道德守则第 5 号——其他鉴证业务对独立性的要求》。

续表

序号	基本要求	审计和审阅业务	其他鉴证业务
4	网络与网络事务所	要求与网络中其他会计师事务所的审计客户保持独立	仅要求当会计师事务所有理由相信产生不利影响时，评价和应对这些不利影响
5	合并或收购	要求识别相关利益与关系，并考虑是否继续执行业务	没有相关要求
6	违反独立性要求时的应对措施	除包含其他鉴证业务的措施外，还应考虑向监管机构报告，与相关人员沟通	要求消除相关利益与关系，评价违规行为严重程度，并采取适当行动

（一）公众利益实体、关联实体

审计和审阅业务特别强调对公众利益实体的要求，并详细阐述了公众利益实体的界定标准。这意味着，注册会计师从事公众利益实体审计与审阅业务对独立性的要求总体上高于非公众利益实体。而在提供其他鉴证业务时，并没有要求明确区分公众利益实体与非公众利益实体，没有强调对公众利益实体保持独立性的特别要求。

审计和审阅业务要求，上市实体客户的关联实体包括该客户的所有关联实体，非上市实体客户的关联实体仅包括该客户直接或间接控制及与评价事务所独立性相关的关联实体。而其他鉴证业务仅要求考虑与评价会计师事务所独立性有关的关联实体。

（二）与治理层的沟通

审计和审阅业务要求，定期就可能对独立性产生影响的关系和其他事项与治理层沟通，使治理层能够考虑会计师事务所在识别和评价对独立性的不利影响时作出的判断是否正确，为消除或降低不利影响采取的防范措施是否适当，并确定是否有必要采取适当的措施。其他鉴证业务没有此类相关要求。

（三）网络与网络事务所、因合并或收购成为关联主体时对独立性的特别考虑

审计和审阅业务要求会计师事务所应当与网络中其他会计师事务所的审计客户保持独立。而其他鉴证业务仅要求当会计师事务所有理由相信网络事务所的利益和关系对独立性产生不利影响时，才评价和应对这些不利影响。

审计和审阅业务对因合并或收购成为关联主体时的独立性有特别的考虑。如果由于合并或收购，某一实体成为审计客户的关联实体，会计师事务所应当识别和评价其与该关联实体以往和目前存在的相关利益或关系，并在考虑可能的防范措施后确定是否影响独立性，以及在合并或收购生效日后能否继续执行审计业务。而其他鉴证业务无须遵循这些要求。

(四) 违反独立性要求时的应对措施

其他鉴证业务要求，如果会计师事务所认为已违反独立性的相关要求，应当采取下列措施：(1) 终止、暂停或消除引发违规的利益或关系；(2) 评价违规行为的严重程度及其对会计师事务所的客观性和出具鉴证报告能力的影响；(3) 确定是否能够采取适当行动以满意地处理违规后果。

审计和审阅业务还要求采取下列措施：(1) 考虑是否存在适用于该违规行为的法律法规，并考虑向相关监管机构报告该违规行为；(2) 立即与项目合伙人、负责独立性相关政策和程序的人员、会计师事务所和网络中其他相关人员等沟通。其他鉴证业务与审计和审阅业务一致的要求可参见本章第二节中的“违反独立性要求的应对”。

二、具体事项的差异

表6-5列示了审计和审阅业务与其他鉴证业务在具体事项上对独立性的要求差异。

表6-5 审计和审阅业务与其他鉴证业务在具体事项上对独立性要求的差异

序号	具体事项	审计和审阅业务	其他鉴证业务
1	薪酬和业绩评价政策	对薪酬或业绩评价与推销非鉴证服务挂钩的情形，要求评价并消除不利影响	没有相关要求
2	财务利益	对同分部合伙人和非审计服务合伙人等人员、拥有共同财务利益等情形，要求评价并消除不利影响	没有相关要求
3	商业关系	特别强调了股东人数有限的实体中商业关系的要求	没有对股东人数有限的实体中的商业关系做出特殊要求
4	与鉴证客户的雇佣关系	要求确保相关人员与会计师事务所之间不再保持重要交往	仅要求相关人员不得继续参与会计师事务所的业务或专业活动
5	临时借出员工	要求除非满足条件，否则会计师事务所不得向审计客户借出员工	没有相关要求
6	任期与轮换	要求评价并消除不利影响，并提出相关的轮换期、冷却期规定和其他规定	仅要求确定是否产生不利影响，没有提出相关的轮换期、冷却期规定和其他规定

(一) 以利益为基础的事项

1. 薪酬和业绩评价政策

审计业务对薪酬和业绩评价政策提出了要求，如果某一审计项目组成员的薪酬或业绩评价与其向审计客户推销的非鉴证服务挂钩，将因自身利益产生不利影响，会计师事务所应当评价不利影响的严重程度，并在必要时采取防范措施消除不利影响或将其降低至可接受的水平，关键审计合伙人的薪酬或业绩评价不得与其向审计客户推销的非鉴证服务直接挂钩。对审计业务提出的该独立性要求同样适用于审阅业务。而其他鉴证业务并没有提出相关要求。

2. 财务利益

审计业务要求，与执行审计业务的项目合伙人同处一个分部的其他合伙人及其主要近亲属，不得在审计客户中拥有直接财务利益或重大间接财务利益。为审计客户提供非审计服务的其他合伙人、管理人员或其主要近亲属，不得在审计客户中拥有直接财务利益或重大间接财务利益，除非该合伙人或管理人员的参与程度极低。如果会计师事务所、审计项目组成员或其主要近亲属在某一实体拥有财务利益，同时审计客户也在该实体拥有财务利益，将产生自身利益不利影响，则要求注册会计师评价应对这一不利影响。如果会计师事务所、审计项目组成员及其主要近亲属在某一实体拥有财务利益，并且知悉审计客户的董事、高级管理人员或具有控制权的所有者也在该实体拥有财务利益，应当确定是否因自身利益产生不利影响。如果会计师事务所通过退休金计划在审计客户中拥有直接财务利益或重大间接财务利益，可能因自身利益产生不利影响，注册会计师应当评价和应对这一不利影响。对审计业务提出的这些独立性要求同样适用于审阅业务。而其他鉴证业务对以上情形均没有相关要求。

审计和审阅业务对会计师事务所的合伙人和员工及其主要近亲属提出独立性要求，并单独对非项目组成员及其主要近亲属因独立性问题提出防范措施。而其他鉴证业务仅对鉴证业务项目组成员及其主要近亲属提出要求。其他鉴证业务与审计和审阅业务一致的要求可参见本章第二节的相关内容。

3. 商业关系

审计业务特别强调了股东人数有限的实体中的商业关系，如果审计客户或其董事、高级管理人员在某股东人数有限的实体拥有财务利益，会计师事务所、审计项目组成员或其主要近亲属不得拥有涉及在该实体拥有财务利益的商业关系，除非满足严苛的条件要求。对审计业务提出的独立性要求同样适用于审阅业务。而其他鉴证业务没有对股东人数有限的实体中的商业关系作出特殊要求。其他鉴证业务与审计和审阅业务一致的要求可参见本章第二节的相关内容。

（二）以关系为基础的事项

1. 与鉴证客户的雇佣关系

审计业务要求，如果审计项目组的前任成员或会计师事务所的前任合伙人加入审计客户，担任董事、高级管理人员或特定员工，会计师事务所应当确保上述人员与会计师事务所之间不再保持重要交往，否则将对独立性产生重大不利影响，没有任何防范措施可以消除这种不利影响或将其降低至可接受水平。对审计业务提出的独立性要求同样适用于审阅业务。而其他鉴证业务仅要求，如果会计师事务所前任合伙人或鉴证业务项目组前任成员加入鉴证客户，担任董事、高级管理人员或特定员工，该人员不得继续参与会计师事务所的业务或专业活动。其他鉴证业务与审计和审阅业务一致的要求可参见本章第二节的相关内容。

2. 临时借出员工

审计业务对临时借出员工提出了要求，如果会计师事务所向审计客户借出员工，可能因自我评价、过度推介或密切关系产生不利影响。除非同时满足仅在短期内向客户借出员工，借出的员工不参与被禁止的非鉴证服务，不承担审计客户的管理层职责，且审计客户负责指导和监督该员工的活动，否则会计师事务所不得向审计客户借出员工。对审计业务提出的该独立性要求同样适用于审阅业务。而其他鉴证业务没有提出相关要求。

3. 任期与轮换

审计业务对与客户长期存在业务关系提出了要求，会计师事务所应当评价和应对连续为公众利益实体客户提供审计服务可能对独立性产生的不利影响，针对连续提供审计服务达到十年或以上的客户，增加内部质量复核或外部质量复核，定期评价轮换情况和效果，严格限制关键审计合伙人在冷却期内从事相关行为，并对轮换情况实施监控。对审计业务提出的该独立性要求同样适用于审阅业务。而其他鉴证业务要求，如果会计师事务所长期委派同一合伙人或员工执行某一客户的业务，应当确定是否因密切关系对独立性产生不利影响，没有提出相关的轮换期、冷却期规定和其他规定。其他鉴证业务与审计和审阅业务一致的要求可参见本章第二节的相关内容。

三、其他相一致的剩余事项

对于保持独立性的期间和工作记录收费、礼品与款待、诉讼和诉讼威胁、贷款与担保、家庭和私人关系、审计项目组成员最近曾担任审计客户的董事、高级管理人员或特定员工以及兼任审计客户的董事或高级管理人员，其他鉴证业务的要求与审计和审阅业务要求一致，可参见本章第二节的相关内容。

第四节　为鉴证客户提供非鉴证服务的要求①

第四节
即测即评

会计师事务所可能向其鉴证客户提供与其技能和专长相符的非鉴证服务。向鉴证客户提供非鉴证服务，可能对多项职业道德基本原则产生不利影响。因此，在接受委托向鉴证客户提供非鉴证服务之前，会计师事务所应当确定提供该服务是否将对独立性产生不利影响，并据此采取针对性的措施。

① 本节与 IFAC（2023）和 CICPA（2020）一致，规范的是为鉴证客户而非所有客户（如非鉴证客户）提供非鉴证服务的情形。

非审计服务收入对会计师事务所的重要性日趋显著

表 6 - 6 列示了 2014—2019 年全国证券资格会计师事务所的收入结构，可以看到，虽然非审计服务在会计师事务所总收入中的占比仍然较低，但随着时间的推移其占比在不断提高，且在非审计服务收入中绝大部分是非鉴证服务。因此，在未来，非鉴证服务对注册会计师独立性影响的问题将日益突出。

拓展阅读
《中国注册会计师职业道德守则第 4 号——审计和审阅业务对独立性的要求》（节选）

表 6 - 6　2014—2019 年全国证券资格会计师事务所的收入结构

项目	2014 年	2015 年	2016 年	2017 年	2018 年	2019 年
收入总额/亿元	326.0	387.0	440.3	421.7	458.8	515.3
审计收入/亿元	290.0	347.0	400.0	401.7	420.3	453.7
非审计收入/亿元	66.0	93.0	117.3	122.4	136.5	165.7
非审计服务占比	20.0%	24.0%	27.0%	29.0%	30.0%	32.2%

资料来源：中国证监会发布的 2014—2019 年证券审计市场分析报告。

一、非鉴证服务的主要类型

会计师事务所向其鉴证客户提供的非鉴证服务主要包括以下三大类。

拓展阅读
《中国注册会计师职业道德守则第 5 号——其他鉴证业务对独立性的要求》（节选 2）

（一）会计与财务服务

会计与财务服务包括会计和记账服务、评估服务、税务服务、内部审计服务、公司财务服务等。其中，会计和记账服务包括编制会计记录和财务报表及其附注、记录交易、提供工资服务等；评估服务涉及评估对未来发展趋势提出的相关假设，运用适当的方法和技术，以确定资产、负债或企业整体的价值或价值区间；税务服务通常包括编制纳税申报表、为编制会计分录计算税额、税务筹划和其他税务咨询服务、与评估有关的税务服务、协助解决税务纠纷等；内部审计服务通常包括监督内部控制、检查财务信息和经营信息、评价被审计单位的经营活动的效率和效果、评价对法律法规和规章制度的遵守情况；公司财务服务包括但不限于协助审计客户制定公司战略、为审计客户的并购识别可能的目标、对资产处置交易提供建议、协助实施融资交易、对合理安排资本结构提供建议、对直接影响被审计财务报表报告金额的资本结构或融资安排提供建议等。

（二）行政支持与法律服务

如承担管理层职责、行政事务性服务、诉讼支持服务、法律服务、招聘服务等。其中，管理层职责涉及领导和指挥该客户的各项工作，包括针对人力资源、财务资源、科技、有形或无形资源的取得、配置和控制作出重大决策；行政事务性服务包括协助客户执行正常经营过程中的日常性或机械性任务，通常不需要很多职业判断且属于文书性质的工作，如文字处理服务、编制行政或法定表格供客户审批、按照客户的指示将该表格提交给各级监管机构、跟踪法定报备日期并告知鉴证客户该日期；诉讼支持服务可能包括协助管理和检索文件、担任证人（包括专家证人）、计算诉讼或其他法律纠纷涉及的估计损失；法律服务可能包括为客户提供与公司事务或商业有关的法律服务，如合同支持服务、为审计客户执行一项交易提供支持、合并与收购、向客户内部法律部门提供帮助、法律尽职调查及重组；招聘服务可能包括制定职位说明、制定识别和选择潜在候选人的流程、寻找候选人、筛选潜在的候选人、确定雇佣条款并协商详情（如工资、工时及其他报酬）等。

（三）信息技术系统服务

信息技术系统服务包括硬件或软件系统的设计或实施，如计算机应用程序，移动端应用程序，基于云技术或网络的软件、模板、表格、文档等多种类型。信息技术系统服务可以帮助客户积累原始数据、生成财务报告内部控制的组成部分、生成影响会计记录或财务报表的信息（包括相关披露）。信息技术系统服务还可能包括与审计客户的会计记录、财务报告内部控制或财务报表无关的事项。

二、评估提供非鉴证服务所产生不利影响

在接受委托向鉴证客户提供非鉴证服务之前，会计师事务所应当确定提供该服务是否将对独立性产生不利影响。会计师事务所可能向同一审计客户提供多种非鉴证服务。在这种情况下，会计师事务所应当综合考虑因提供这些服务可能产生的不利影响。

（一）评估时应考虑的因素

如果会计师事务所向其审计和审阅客户提供非鉴证服务，在评价其不利影响存在与否及其严重程度时，通常需要考虑的因素包括：（1）非鉴证服务的性质、范围和目的；（2）审计业务对该非鉴证服务结果的依赖程度；（3）与提供该非鉴证服务相关的法律和监管环境；（4）非鉴证服务的结果是否影响将要发表意见的财务报表中的相关事项，如果影响，影响的程度以及注册会计师在确定这些事项的金额或会计处理方法时涉及的客观程度；（5）客户管理层和员工在该非鉴证服务方面的专长水平；（6）客户针对重大判断事项的参与程度；（7）非鉴证服务对与客户会计记录、财务报表、财务报告内部控制相关的系统所产生影响的性质和程度（如有）；（8）客户是否属于公众利益实体，如果属于，通常认为会产生更为严重的不利影响。

如果会计师事务所向其他鉴证客户提供非鉴证服务，在评价其不利影响

存在与否及其严重程度时只需考虑上述（1）至（6）点因素。[①]

（二）评估与应对具体非鉴证服务的不利影响

不同类型的非鉴证服务对鉴证业务的不利影响存在很大差异，需要根据鉴证业务类型、非鉴证服务类型分别采取针对性的应对措施。

表 6-7 列示了具体非鉴证服务对审计和审阅业务的不利影响，以及会计师事务所和注册会计师应采取的措施。

表 6-7 非鉴证服务对审计和审阅业务的不利影响分析

服务类型	不利影响因素					严重程度	可否向审计客户提供服务
	自身利益	自我评价	过度推介	密切关系	外在压力		
承担管理层职责	◆	◆	◆	◆		★	✦
会计和记账服务		◆					①
行政事务性服务							
评估服务		◆	◆				②
税务服务		◆	◆				③
内部审计服务		◆					④
信息技术系统服务		◆					
诉讼支持服务		◆	◆				
法律服务		◆	◆			⑤	
招聘服务	◆			◆	◆		
公司财务服务		◆	◆				⑥

注：◆表示存在该种不利影响因素，★表示不利影响非常严重，✦表示不能为审计客户提供该类非鉴证服务。

①考虑客户是否属于公众利益实体、该服务是否属于日常性或机械性的等因素；②考虑客户是否属于公众利益实体、评估结果是否涉及高度主观性等因素；③考虑客户是否属于公众利益实体、是否为客户计算当期所得税或递延所得税等因素；④考虑客户是否属于公众利益实体等因素；⑤会计师事务所的合伙人或员工担任审计客户的首席法律顾问，将对独立性产生非常严重的不利影响；⑥会计师事务所不得提供涉及推荐、交易或承销审计客户股票的公司财务服务。

在向其他鉴证客户提供非鉴证服务时，鉴于其他鉴证业务的性质，IFAC（2023）和 CICPA（2020）只对以下两类非鉴证服务的情况作出了规定：（1）承担管理层职责。在向其他鉴证客户提供非鉴证服务时，如果会计师事务所承担管理层职责，将因自身利益和自我评价对独立性产生不利影响；如果非鉴证服务涉及鉴证业务的鉴证对象或鉴证对象信息，由于会计师事务所高度认同客户管理层的观点和利益，承担管理层职责还会因密切关系或过度推介对独立性产生不利影响。为避免在向其他鉴证客户提供非鉴证服务时承担管理层职责，会计师事务所应当确保属于管理层职责的所有判断和决策都由客户管理层作出。通常的措施包括：委派一名具备适当技能、知识和经验的人员，

① 因为其他鉴证业务中通常不涉及（7）（8）中描述的事项。

始终负责作出客户方面的决策，并对非鉴证服务进行监督；评价已提供服务的结果是否充分满足客户的目的；对依据非鉴证服务的结果采取的行动承担（如有）责任。（2）会计、财务以及评估服务。如果会计师事务所参与编制鉴证对象信息，随后又对该信息进行鉴证，可能因自我评价而对独立性产生不利影响。比如设计并编制预测性财务信息，随后对该信息进行鉴证；又如提供评估服务，服务结果成为鉴证对象信息的一部分。

英国监管机构要求四大会计师事务所分拆其审计和咨询业务

在发生一系列会计丑闻后，英国会计监管机构要求德勤、安永、毕马威和普华永道四大会计师事务所在4年内分拆它们的审计和咨询业务，以改善企业报告；英国财务报告委员会（FRC）在一份声明中说，四大会计师事务所必须在2020年10月23日前提交一份实施“业务分离”的计划，该计划需要在2024年6月前完成。

新的计划寻求解决人们的担忧，即咨询收入的增长降低了对审计质量的关注。FRC的数据显示，2018年，审计费用仅占四大会计师事务所109.5亿英镑总费用收入的1/5。FRC表示，此举旨在确保审计业务专注于“为公众利益提供高质量的审计”，而不依赖公司其他部门的财务支持。时任FRC首席执行官的乔恩·汤普森（Jon Thompson）在一份声明中说：“今天，FRC在审计领域的改革上迈出了重要的一步。”

四大会计师事务所对这一声明表示欢迎，称这将有助于恢复人们对该行业的信心。时任德勤英国副首席执行官的史蒂芬·格里格斯（Stephen Griggs）在一份声明中表示：“我们将继续致力于在提升审计质量和恢复信心方面发挥我们的作用。”时任毕马威英国审计主管的乔恩·霍尔特（Jon Holt）表示，在业务上分离只是“恢复对英国公司信任的第一步”。他补充称，需要在整个企业领域实施一套“雄心勃勃的改革方案”，包括明确董事在公司成败方面的责任。普华永道在一份声明中表示：“我们与财务报告委员会的目标一致，即提高审计质量、增强审计信心、增强市场弹性、保持审计这一职业的吸引力，并致力于发挥我们的作用。”

资料来源：史文瑞. 英国监管机构要求四大审计行分拆其审计和咨询业务. (2020-07-07) [2024-09-04]. 金融界网站.

本章小结

通过本章的学习，我们全面了解了注册会计师在提供各类专业服务过程中遇到的可能对职业道德基本原则产生不利影响的具体事项。这些事项分为利益冲突、专业服务委托、保管客户资产、收费、利益诱惑、违反法律法规行为和第二次意见。它们将形成自我利益、自我评价、过度推介、密切关系、外在压力这五种产生不利影响的因素中的一种或多种，不同程度地导致注册会计师违反职业道德基本原则。针对每一事项，均有对应的职业道德规范要求以及防范与应对措施。

在本章，我们系统学习了注册会计师在执行审计和审阅业务、其他鉴证业务时应遵循的独立性总体要求，以及相关要求在执行审计和审阅业务、其他鉴证业务之间的异同。在此基础上，我们还了解了鉴证客户提供非鉴证服务时应关注和遵守的独立性要求。通过对这些内容的学习，我们应当掌握独立性不利影响因素与事项的识别、评价与应对框架。

关键术语

利益冲突	利益诱惑
第二次意见	或有收费
逾期收费	关联实体
冷却期	经济利益
财务利益	商业关系
特定员工	主要近亲属
其他近亲属	兼任与雇佣
项目合伙人	任期与轮换
网络事务所	礼品与款待
贷款与担保	不当影响意图
介绍费或佣金	公众利益实体
直接财务利益	间接财务利益
其他鉴证业务	公司财务服务
关键审计合伙人	薪酬与业绩评价
家庭和私人关系	承担管理层职责
会计和记账服务	项目质量复核人员

本章知识点回顾

关键术语解释

思考题

1. 注册会计师在提供专业服务的过程中，会遇到哪些可能导致其违反职业道德基本原则的事项？它们分别可能对哪些职业道德基本原则产生不利影响？

2. 注册会计师在执行审计和审阅业务时，对独立性可能产生不利影响的以利益为基础的事项包括哪些？哪些具体事项或其特定情形是不被允许的？

3. 注册会计师在执行审计和审阅业务时，对独立性可能产生不利影响的以关系为基础的事项包括哪些？哪些具体事项或其特定情形是被允许的？

4. 在执行对公众利益实体客户的审计时，担任项目合伙人、项目质量复核人员或其他属于关键审计合伙人中一项或多项职务的累计时间是多少？对于他们的冷却期是如何规定的？

5. 审计和审阅业务与其他鉴证业务对独立性的要求差异主要体现在哪些方面？

6. 会计师事务所为其鉴证客户提供的非鉴证服务包括哪些？在为审计和审阅客户、其他鉴证客户提供非审计服务时，相关要求有何差异？

案例讨论与分析

案例一　置操守于不顾，为斗米而折腰

2019 年 11 月，辽宁省庄河市人民法院对大连慎明会计师事务所有限公司（以下简称大连慎明）及其主任会计师作出判决。原因是其为大连长波物流有限公司（以下简称长波物流）提供虚假证明文件，帮助长波物流在 2015 年获得吉林银行大连分行的 5.8 亿元贷款。大连慎明为长波物流连续 4 年提供审计服务，只在第一年收费 24.65 万元，后面 3 年均按承诺免费提供审计报告。

这是个例吗？

2017 年 12 月 29 日，吉林省长春市净月高新技术产业开发区人民法院作出一审判决：判处战某锦有期徒刑 8 年、处罚金 3 万元，并追缴战某锦非法所得 1.5 万元。战某锦在没有对大连港湾谷物有限公司（以下简称港湾公司）的财务状况进行审计的情况下，为该公司提供虚假的审计报告，成功骗取吉林银行 2.5 亿元贷款；在此过程中，战某锦两次收取港湾公司财务总监董某给予的好处费 1.5 万元。战某锦对此判决不服，提起上诉。其辩护人认为，战某锦收取的 1.5 万元是出具审计报告的费用，系战某锦作为会计师事务所实际经营者的正常经营行为，并非非法获利，因此一审判决的量刑幅度有误。2018 年 5 月 18 日，法院作出二审终审判决，法院认为，战某锦出具虚假的审

计报告虽未实际进行审计，但战某锦作为会计师事务所的实际经营者，给港湾公司两次出具审计报告收取的1.5万元费用远低于市场审计费用，该款项虽系战某锦非法所得，但不应认定战某锦“非法收受他人财物犯提供虚假证明文件罪”。因此，最后改判为有期徒刑4年6个月、罚金3万元。

收费金额似乎不低？

2019年12月25日，山西省河津市人民法院对山西锦泰会计师事务所有限公司（以下简称锦泰会计所）实际负责人张某伟作出二审判决：张某伟在出具证明文件重大失实活动中实施了组织、管理等行为，系直接负责的主管人员，其行为已构成出具证明文件重大失实罪。判处有期徒刑9个月，并处罚金2万元，并将退缴的违法所得4 800元予以没收，上缴国库。2017年11月，陈某向垣曲农商行提供虚假证明文件及购销合同，申请200万元贷款；2018年1月19日，垣曲农商行向垣曲县中岗装饰工程有限公司（下称中岗装饰）违法发放贷款200万元，陈某将其中100万元用于归还欠款及个人挥霍；贷款后因中岗装饰不能正常结息，给垣曲农商行造成本金及利息共计227.86万元无法收回的重大损失。陈某提供的虚假证明文件之所以能够骗过银行，除了银行部门相关人员把关不严，锦泰会计所出具的严重失实审计报告也是重要原因。经法院查明：2017年10月，锦泰会计所实际控制人张某伟收取4 800元费用后，在中岗装饰没有提供原始财务凭据和未对其财务情况进行调查核实的情况下，违反规定出具了两份严重失实的审计报告。

还有为了更低费用而折腰的……

2018年10月13日，福建省石狮市人民法院作出判决：被告人陈某峰犯提供虚假证明文件罪，判处有期徒刑1年，缓刑2年，并处罚金4 000元，其违法所得800元予以没收、上缴国库。2013年，显利洋行（石狮）贸易有限责任公司（以下简称显利洋行）会计人员通过他人联系被告人陈某峰出具该公司2012年度审计报告，陈某峰收取费用800元。陈某峰在没有对该公司的财务状况进行审计的情况下，于2013年7月8日以上述会计师事务所的名义出具了虚假审计报告。显利洋行利用上述虚假审计报告等材料骗取福建海峡银行股份有限公司石狮支行的贷款，给该行造成直接经济损失4 540 633.97元。

案例要求：

1. 结合本章第一节所学知识，分析案例涉及注册会计师在提供专业服务过程中遇到哪些可能对职业道德基本原则产生不利影响的事项。

2. 在注册会计师收取专业服务费用时，相关的职业道德要求有哪些？强化收费行为中职业道德的意义何在？

3. 从职业道德角度考虑，收取较低费用和收取较高费用，哪种出具虚假审计报告的动机更严重？请阐明理由。

4. 假设您遇到上述情况，该怎么办？试从个人职业规划的角度，阐述您对上述案例相关人员行为的看法。

案例二　监管问询引出道德疑虑　各方交手辩论是非曲直

2020年6月18日，上市公司摩登大道时尚集团股份有限公司（以下简称摩登大道）收到深圳证券交易所（以下简称深交所）对其2019年年报的问询函。其中，就中审众环会计师事务所（特殊普通合伙）（以下简称中审众环）出具的标准无保留意见的财务报告，深交所问询如下：

（一）请年审会计师结合近年来公司存在的违规担保、控股股东大额资金占用、公司被立案调查、公司内部控制存在重大缺陷等事项，说明针对上述情况所实施的审计程序和获取的审计证据情况，涉及事项对财务报表的影响是否具有广泛性，相关审计证据是否足以支撑审计结论。

（二）2019年11月11日，你公司董事会审议通过了《关于更换会计师事务所的议案》，同意聘任中审众环为公司2019年度财务审计机构。2020年2月25日，你公司聘任赖某玲为公司财务总监，聘任邵某取为公司内部审计部门负责人。赖某玲、邵某取在任职前均就职于中审众环。请你公司说明，是否存在影响审计独立性的情况，并结合你公司年报审计、会计差错更正等事项所支付的费用说明，是否存在购买审计意见的情形。请年审会计师就审计过程的独立性发表意见。

（三）2020年5月12日，你公司新聘内部审计部门负责人邵某取离职，截至年报出具日该岗位仍处于空缺状态。请你公司说明审计负责人于年报披露前辞职的原因，是否存在其他应披露而未披露的信息。

2020年7月10日，摩登大道和中审众环分别进行了回复。

针对问题（一），中审众环回复如下：

摩登大道因违规担保预计损失确认营业外支出共34 926.94万元，约占本期净利润的23.40%，控股股东大额资金占用金额约为24 690.50万元，原值约占期末总资产的13.19%，公司被立案调查、公司内部控制失效等事项，对财务报表的影响不具有广泛性，针对以上事项，我们执行了不同的审计程序……经核查，我们认为我们获取的相关审计证据足以支撑我们的审计结论。

针对问题（二）中"是否存在影响审计独立性的情况"，摩登大道回复如下：

公司以上聘任程序均符合《公司法》《证券法》及公司章程的相关审议及披露规定，符合公司要求的聘任程序和审批流程要求。赖某玲和邵某取在进入公司任职前均就职于中审众环广东分所，担任高级项目经理。赖某玲进入公司任职前未担任公司审计项目组成员或会计师事务所合伙人；邵某取进入公司任职前在审计项目前期部分参与公司审计工作，并于2020年1月调离项目组。进入公司任职后，前述两人除了从中审众环获取按照预先确定的固定金额支付的报酬外，无权从会计师事务所获取报酬或福利，且未付金额对会计师事务所不重要。同时，赖某玲和邵某取在进入公司任职后并未继续参与会计师事务所的经营活动或专业活动，与会计师事务所已经没有重要交往，故不存在损害其独立性的情形，不存在违反《中国注册会计师职业道德基本准则》《中国注册会计师独立审计准则》等规则的情形。

针对问题（二）中“结合你公司年报审计、会计差错更正等事项所支付的费用说明，是否存在购买审计意见的情形”，摩登大道回复如下：

中审众环针对公司2019年度财务报表审计、专项审计等委托事项共收取审计费用163万元。由于中审众环需要对报告内容涉及的3个年度合并范围内所有公司进行全面审计及具体专项审计事项，结合实际已发生以及预计的工作时间、人员投入、工作量，双方协商确定审计费用，报告期内公司支付给中审众环的费用合理，不存在购买审计意见的情形。

针对问题（二）中“请年审会计师就审计过程的独立性发表意见”，中审众环回复如下：

针对审计独立性，我们已经根据相关职业道德要求的规定采取了以下相关的防范措施，以消除可能对独立性产生的不利影响或将其降低至可接受的水平，主要执行了以下审计程序：（1）本所前任成员赖某玲和邵某取从本所离职前均为本所高级项目经理，均非本所合伙人；（2）本所前任成员赖某玲和邵某取无权从本所获取报酬或福利（除非报酬或福利是按照预先确定的固定金额支付的，并且未付金额对会计师事务所不重要）；（3）本项目审计外勤工作时间为2019年12月至2020年5月，邵某取曾于2019年12月至2020年1月参与了本项目审计，2020年1月本所已将邵某取从本项目调离；（4）本所前任成员赖某玲由始至终未参与本项目，而邵某取离职后未继续参与本项目，并且在外界看来未参与会计师事务所的经营活动或专业活动；（5）本所修改审计计划，更换了本项目的签字注册会计师和现场负责人；（6）本所更换了原项目组的团队成员，将参与预审阶段的团队成员全部调离到其他项目组，更换了正式审计阶段的全部项目组成员；（7）合理安排项目组人员的职责，使其工作不涉及与之存在密切关系的员工的职责范围，以减少对审计项目组可能产生的影响。

在采取上述措施后，我们认为，这些关系和其他事项对本所独立性的不利影响已经降低至可接受的水平，我们能够满足相关职业道德要求对注册会计师独立性的要求。

2019年，本所承接摩登大道审计业务的收费为163万元，其中，包括10月份对坏账计提、存货跌价计提等做全面评估的专项审计收费共50万元，对子公司杭州连卡恒福品牌管理有限公司截至2020年9月30日进行净资产审计专项收费8万元，2019年摩登大道年报审计收费100万元，子公司广州伊韵电子商贸有限公司、骏优集团有限公司2019年年报审计收费5万元。摩登大道2017年年报审计收费为105万元（含子公司），2018年年报审计收费为105万元（含子公司），2019年年报审计收费为105万元（含子公司），近三年年报审计未调整收费，2019年对会计差错更正等事项的相关收费包含在年报审计收费中，摩登大道未另外对该事项支付任何费用。因此不存在摩登大道购买审计意见的情形。

通过实施以上程序，我们认为我们在审计过程中保持了独立性。

针对问题（三）中“请你公司说明审计负责人于年报披露前辞职的原因”，摩登大道回复如下：

2020 年 5 月 12 日，公司内部审计部门负责人邵某取向公司提交离职报告。经沟通协商，公司尊重邵某取的决定和选择，对邵某取在担任公司审计部负责人期间为公司发展做出的贡献表示衷心的感谢。考虑到审计机构负责人职务的重要性，公司正抓紧进行内部审计机构负责人的选聘、考察等工作，将进一步充实内部审计资源配置，加强内部审计的监督与评价能力，降低公司运营风险；强化内部审计部门人员配备和制度建设，全面履行内部审计监督职能。

针对问题（二）中“是否存在其他应披露而未披露的信息”，摩登大道回复如下：

公司认真并及时履行信息披露义务，公司不存在其他应披露而未披露的信息。

案例要求：

1. 请结合所学知识，分析案例中涉及哪些方面的职业道德争论，以及该方面的职业道德规范是如何要求的。

2. 在以利益为基础的独立性具体要求中，除了收费，还有哪些方面的事项需要注意？其中哪些是绝对不允许的？

3. 在以关系为基础的独立性具体要求中，除了兼任与雇佣，还有哪些方面的事项需要注意？其中哪些是绝对不允许的？

4. 假如您是一家上市公司的董事长兼总经理，您本科校友是您公司年审机构的项目合伙人。这种情形违反独立性要求吗？请阐明理由。

第七章

会计职业道德评价与惩戒

总书记论道德

要运用法治手段解决道德领域突出问题。法律是底线的道德，也是道德的保障。要加强相关立法工作，明确对失德行为的惩戒措施。要依法加强对群众反映强烈的失德行为的整治。对突出的诚信缺失问题，既要抓紧建立覆盖全社会的征信系统，又要完善守法诚信褒奖机制和违法失信惩戒机制，使人不敢失信、不能失信。对见利忘义、制假售假的违法行为，要加大执法力度，让败德违法者受到惩治、付出代价。

——2016 年 12 月 9 日，习近平在主持中共中央政治局第三十七次集体学习时的讲话

素养提升

1. 基于学习中国的会计职业道德评价与惩戒机制，认识到联合奖惩机制对褒扬会计诚信与惩戒会计失信的重要意义，形成崇尚与践行社会主义道德的风尚。

2. 通过分析中国的会计职业道德评价与惩戒案例，认识到中国在这一领域的创新性和引领性，坚定制度自信，深化会计职业理想。

学习目标

1. 了解社会信用评价体系及中国会计职业道德评价的机制与方法；

2. 从行业协会、行政部门、法律部门和多部委联合惩戒四个层面系统掌握会计职业道德的惩戒机制。

思维导图

引例

财务造假自酿苦果

2018年6月15日，尔康制药收到湖南证监局下发的《行政处罚决定书》，湖南证监局认定尔康制药披露的2015年、2016年连续两年的年度报告中均存在虚增营业收入、虚增净利润的情形，构成《证券法》所规定的虚假陈述违法行为。根据《行政处罚决定书》，尔康制药2015年度财务报表虚增收入1 806.89万元，虚增净利润1 585.97万元，占当期合并报表披露营业收入17.56亿元的1.03%，占披露净利润6.05亿元的2.62%。2016年度财务报表虚增营业收入约2.55亿元，虚增净利润2.32亿元，占当期合并报表披露营业收入29.61亿元的8.61%，占披露净利润10.26亿元的22.61%。

尔康制药因此被处以60万元罚款，15名直接责任人员被处以3万～30万元不等的罚款。相应年度财务报告的两名签字注册会计师也因出具存在虚假记载的审计报告而受到证券交易所的通报批评处分，并记入上市公司诚信档案，向社会公开。创业板公司管理部也对涉及此次事件的天健会计师事务所发出监管函，要求其重视问题、及时整改。此后，尔康制药的经营业绩不断下滑，并收到936起民事索赔诉讼。根据其2020年第三季度财务报告，公司涉及的936起案件均已判决生效或调解、裁定结案。根据判决与调解裁定结果，公司应向各原告赔偿损失合计8 110万元，公司应承担的案件受理费合计103万元，赔偿损失费及案件受理费合计共8 213万元。

资料来源：湖南证监局. 中国证券监督管理委员会湖南监管局行政处罚决定书〔2018〕2号.（2020-06-15）[2024-09-04]. 中国证券监督管理委员会网站.

如本章引例所述，不论是上市公司、单位会计人员还是注册会计师，违背会计职业道德都将遭受各方惩戒，给上市公司经营、会计师事务所的声誉以及单位会计人员的职业发展带来不利影响。我们应该如何对会计职业道德行为进行评价与惩戒？本章将首先介绍我国会计职业道德评价机制，在此基础上，从行业协会惩戒、行政部门惩戒、法律惩戒和联合惩戒四个方面对具体的惩戒措施加以详细介绍。

第一节　会计职业道德评价

第一节
即测即评

依托社会信用评价体系建设，我国已建立了较为完善的会计职业道德评价机制——守信联合激励和失信联合惩戒机制，主要包括守信“红名单”制度和失信“黑名单”制度，并通过联合奖惩机制褒扬会计诚信，惩戒会计失信，引导社会形成崇尚与践行会计职业道德的风尚。会计职业道德评价的核心是对相关主体（如单位会计人员和注册会计师等）的信用作出评价，任何违背会计职业道德的行为都属于失信行为。因此，从本质上来看，会计职业道德评价属于信用评价的一种类型。

一、社会信用评价机制

拓展阅读
《国务院关于印发社会信用体系建设规划纲要（2014—2020年）的通知》

目前，我国建立了较为完善的社会信用评价体系。它是以法律、法规、标准和契约为依据，对全体社会成员的守信和失信行为作出评价，并通过守信激励、失信惩戒的奖惩机制，引导全社会树立诚信文化理念、弘扬诚信传统美德，提高全社会的信用水平。

从范围上看，当前我国社会信用体系包括政务诚信、商务诚信、社会诚信和司法公信四大重点领域。其中，政务诚信是社会信用体系建设的关键，各类政务行为主体的诚信水平，对其他社会主体诚信建设发挥着重要的表率和导向作用。政务诚信主要涉及政府和公务员两大主体。商务诚信是社会信用体系建设的重点，是各类商务主体可持续发展的生存之本，也是各类经济活动高效开展的基础保障。商务诚信涵盖的范围最广，包括生产、流通、金融、税务、工程建设、政府采购、交通运输、中介服务、会展广告、电子商务等多个领域。社会诚信是社会信用体系建设的基础，包括医药卫生、计划生育、社会保障、劳动用工和教育科研等领域。司法公信是社会信用体系的重要内容，是树立司法权威的前提，也是社会公平正义的底线。司法公信涵盖了法院、检察院、公共安全和司法行政系统等领域。

社会信用评价体系的内容主要包括以下四方面：

（1）评价主体，通常由具有行政、刑事和民事处罚权的相关行政部门和法律部门担任。

（2）评价对象，指存在失信行为的“行为人”，该“行为人”既可能是企业等法人组织，也可能是在政府、事业单位或企业任职的自然人。例如，在存在药品回扣的医药招标采购案件中，评价主体通常为具有行政处罚权的行政部门，以及具有刑事和民事处罚权的法律部门，评价对象为医药企业的相关责任人。

（3）评价方法，社会信用评价主要以法律法规为依据对相关人员的失信行为进行惩戒，并在全国和地方信用信息平台向社会公开披露。例如，“信用中国”网站汇集了全行业的违法失信信息，社会成员可通过此网站对违法失信人员信息进行查询。

（4）评价信息使用，违法失信人员不仅会面临行政、刑事等处罚，后续也会给其带来长期重大影响。例如，上述存在违法失信行为的药企将被暂停相关药品或耗材的投标、挂网，严重失信的药企会在集中采购中“出局”。

二、会计职业道德评价机制

拓展阅读
京东小白信用首创职场信用评价体系

正如本书第一章所述，会计职业道德水平的高低直接决定着会计信息质量的高低，对国民经济的发展具有重要影响。会计作为一种特殊职业，被称为资本市场的“经济警察”，证券市场的“看门人”，它关系着我国资本和证券市场的平稳发展。因此，会计职业道德行为是社会信用、商务信用的重要组成部分，会计职业道德评价就是会计职业信用评价。

我国的会计职业道德评价体系主要包括：

（1）评价主体，主要为财政部门、证券监管部门等会计主管机关，以及证券交易所和行业自律协会。

（2）评价对象，通常包括编制财务信息的企业与非企业组织的单位会计人员、为企业提供审计服务的会计师事务所和注册会计师等。

（3）评价方法，与社会信用评价类似，会计职业道德评价主要以《会计法》、《证券法》、《中华人民共和国公司法》（以下简称《公司法》）等法律法规以及会计准则、审计准则等为依据，评价企业及其会计人员、会计师事务所及注册会计师是否遵循上述法律、准则与职业道德守则。

（4）评价信息使用，相关部门将根据失信记录，在职业发展和生活方面对违法失信会计人员做出限制。例如，会计领域违法失信人员无法担任金融机构的董事、监事和高级管理人员，无法申请政府补贴和社会保障金等。

拓展阅读
《会计信用记录管理办法（征求意见稿）》

（一）会计职业道德评价的手段

会计职业道德评价的手段主要包括诚信档案制度和失信“黑名单”制度。诚信档案制度是通过记录证券期货市场相关人员的诚信信息来约束、引导并激励市场建立诚信秩序的制度。失信“黑名单”制度是指将会计领域严重违法失信的会计人员列入“黑名单”，并通过各部委进行联合惩戒。

1. 诚信档案制度

诚信档案制度是中国证监会于 2018 年 4 月正式发布的、记录证券期货市场诚信信息的制度，目的是保护投资者合法权益，维护证券期货市场秩序。作为社会信用体系的重要组成部分，证券期货市场诚信档案制度通过记录、公开证券期货市场相关人员的诚信信息来实现诚信约束、引导与激励。诚信档案制度主要包括下列三方面内容。

(1) 诚信信息的采集与管理。诚信档案的主要对象包括证券、基金和期货从业人员，市场投资者和交易者，证券发行方，证券市场服务机构及其从业人员，例如会计师事务所、律师事务所、注册会计师等机构和人员。所采集的诚信信息主要有公民和法人的基本信息、信用评级和评估信息、违法失信信息。其中，违法失信信息是指相关法人和公民受到监管部门的处罚信息。例如：受到中国证监会及其派出机构的监管处罚信息，受到法院的刑事处罚和民事处罚信息，受到其他银保财税工商海关等相关主管部门的行政处罚信息等。上述违法失信信息在诚信档案中的效力期限为3年或5年。

(2) 诚信信息的公开与查询。中国证监会网站设有证券期货市场违法失信信息公开查询平台，社会公众可通过该平台查询诚信档案中的部分公开信息。例如与表彰、奖励、评比相关的信息，信用评级机构和诚信评估机构作出的信用评价，中国证监会及其派出机构的行政许可决定，上市公司等发行主体及其实际控制人和董监高①的公开承诺履行情况，行业组织的行政处罚，中国证监会及其派出机构的行政处罚、市场禁入决定等。

(3) 诚信约束、引导与激励。中国证监会针对不同的市场主体，包括发行人、上市公司、全国中小企业股份转让系统挂牌公司、证券公司、期货公司、基金管理人、证券期货服务机构、证券期货基金从业人员等，建立了诚信积分制度，实行诚信分类监督管理，并对诚信水平较高的主体进行激励（例如，在同等条件下优先审查诚信积分较高的行政许可申请人；根据证券公司的诚信状况，决定是否对其进行转融通，或者确定和调整授信额度；表彰守信从业人员等），对失信违法行为进行行政处罚或法律处罚，以此促进证券市场健康稳定发展。

目前，上海证券交易所和深圳证券交易所已经建立了针对上市公司和中介机构的诚信档案，详细披露对于上市公司、证券公司和事务所等中介机构的监管处罚信息。

财务报告不准确：处分信息记入上市公司诚信档案

2022年，德邦物流股份有限公司先后披露了2019—2021年的公司年度报告以及2022年三季报定期报告，经查，其中多项财务数据存在不准确的情形。2023年5月9日，上海证券交易所发布《上海证券交易所纪律处分决定书》，认为公司未能进行审慎合理预计，在会计政策和客观情况未发生变化的情况下，调整相关定期报告的财务数据，导致连续多期定期报告的主要财务指标发生较大变化。鉴于上述事实和情节，经上交所纪律处分委员会审核通过，作出如下纪律处分决定：对德邦物流股份有限公司及时任董事长兼总经理崔某星、时任财务总监汤某保予以通报

① 董监高是上市公司董事、监事和高级管理人员的简称。

批评。对于上述纪律处分，上交所将通报中国证监会，并记入上市公司诚信档案，向社会公布。

资料来源：中新经纬. V观财报｜德邦股份被通报批评：多期报告财务数据不准确.（2024-05-10）[2024-09-04]. 中新经纬.

拓展阅读

建立会计信用“红黑名单” 义乌市出台会计执业记分信用管理办法

2. 失信“黑名单”制度

失信“黑名单”制度是指将会计领域严重违法失信的会计人员列入“黑名单”，由国家发展改革委、中国人民银行、财政部等 22 部委对其进行联合惩戒。“黑名单”的确定、管理和移出办法如下。

（1）“黑名单”的确定。名单中所包含的严重违法失信会计人员是指在从事会计核算、实行会计监督等会计工作过程中，违反会计法有关规定，受到刑事处罚或行政处罚的会计人员。具体包括下列五种情形：1）提供虚假财务会计报告；2）伪造、变造会计凭证、会计账簿，编制虚假财务会计报告；3）隐匿或故意销毁依法应当保存的会计凭证、会计账簿、财务会计报告；4）授意、指使、强令会计机构、会计人员及其他人员伪造、变造会计凭证、会计账簿，编制虚假财务会计报告或者隐匿、故意销毁依法应当保存的会计凭证、会计账簿、财务会计报告；5）贪污、挪用公款、职务侵占等与会计职务有关的违法行为。

（2）“黑名单”的管理。“黑名单”的管理涉及信息归集、共享和发布三方面。首先，会计人员“黑名单”信息主要包括基本信息、列入名单的事由，以及列入对象受到联合惩戒、退出名单的相关情况。其次，财政部会通过全国信用信息共享平台将会计人员“黑名单”信息推送至相关部门和单位；省级财政部门通过本地区信用信息共享平台将会计人员“黑名单”信息推送至本地区相关部门和单位，从而实现“黑名单”信息跨部门、跨地区共享。最后，除依法不得公开和特殊情况不宜公开外，省级财政部门和中央有关主管单位通过其门户网站等向社会公布会计人员“黑名单”相关信息。财政部通过全国会计人员管理服务平台向社会提供会计人员“黑名单”查询服务。

（3）“黑名单”的移出。“黑名单”信息具有一定的有效期，受到行政处罚的，自行政处罚生效之日起计算，列入“黑名单”的有效期为 5 年；受到刑事处罚的，列入“黑名单”的有效期为永久。有效期届满且这一期间未再发生严重违法失信行为的会计人员会被移出“黑名单”。同时，符合下列条件之一的，经认定部门确认，也可被移出“黑名单”：1）经异议处理，会计人员“黑名单”认定有误；2）列入“黑名单”的主要事实依据被撤销或变更，列入对象不再符合列入情形的；3）“黑名单”列入情形发生改变，列入对象不再符合列入情形的；4）列入“黑名单”的有效期届满，且这一期间未再发生严重违法失信行为。

（二）会计职业道德评价的运用

任何制度的有效性均离不开激励和约束机制，会计职业道德评价制度也不例外。为加快推进社会诚信建设，我国正大力推行失信“黑名单”制度，国务院联合多部委也配套建立了守信联合激励和失信联合惩戒制度。即通过运用信用激励和约束手段，加大对诚信主体激励和对严重失信主体惩戒力度，让守信者受益、失信者受限，形成褒扬诚信、惩戒失信的制度机制。目前，对诚信主体的激励措施主要包括下列四个方面。

（1）树立诚信典型。信用状况较好的会计师事务所和会计从业人员可以被树立为诚信典型，有机会被相关部门和社会组织向社会推介，联合其他部门和社会组织实施守信激励。例如，会计师事务所的良好信用有助于提高其在百强会计师事务所评价中的排名，也有利于其未来项目投标。

（2）行政审批“绿色通道”。诚信典型和连续三年无不良信用记录的上市公司和会计师事务所在办理行政许可过程中，可享受“绿色通道”和“容缺受理”等便利服务。例如，符合条件的上市公司在办理行政审批时，若未备齐申报材料，可书面承诺在规定期限内提供，享受先行受理的优待。

（3）提供公共服务便利。对于信用水平较高的上市公司，在申请财政性资金项目、招商引资配套优惠等各类政府优惠时，将得到更大力度的扶持。信用状况良好的会计人员在教育、就业、创业、社会保障等方面也将受到重点支持和享受优先便利。

（4）降低市场交易成本。对于守信的上市公司和会计人员，其在购买有关部门和单位开发的“税易贷”“信易贷”“信易债”等守信激励产品时，良好的信用信息将有助于其获得相关部门和单位的审批，从而获得更多的机会和实惠。例如，信用良好的会计人员将更容易获得贷款，有更高的贷款额度，守信的上市公司将更容易成功发行债券。

咸宁 97 家企业因守信获得 51.32 亿元优惠贷款

为落实国家、省、市关于对守信主体进行联合激励的有关文件精神，加大对守信企业的信贷优惠和信贷支持，推动咸宁市“信易贷”产品应用，咸宁市银行业机构通过开展部门合作，对被列入相关部门重要守信名单的企业实行利率优惠、手续简便、信用免担保、减免相关费用等信贷优惠措施，成效显著。据银监部门统计，自 2018 年以来，咸宁市银行业机构累计向被列入“A 级纳税人”“交通行业 AAA 级质量信誉企业”“环保绿牌企业”等 97 家守信企业发放各类优惠贷款 377 笔，总金额 51.32 亿元，有力支持了咸宁市诚信企业的发展，营造了守信受益、失信惩戒的良好环境。

资料来源：徐浪. 咸宁 97 家守信企业获优惠贷款 总金额达 51.32 亿元. 香城都市报，2019-03-26.

此外，违背会计职业道德的会计人员也将依法受到罚款等行政处罚；属于国家公职人员的，还将受到由其所在单位或者有关单位依法给予撤职至开除的行政处分；构成犯罪的，还将被追究刑事责任。此外，违法失信会计人员在职业发展和个人生活方面也将受到惩戒，具体惩戒内容将在本章第二节加以介绍。

第二节 会计职业道德惩戒

第二节
即测即评

随着经济社会发展，会计职业道德惩戒逐渐成为一项社会关注的重点工程。作为会计行业的职业规范警示，会计职业道德惩戒主要来自行业协会、行政部门和法律部门，具体依据情节轻重和适用情况对违反会计职业道德的行为进行惩戒。此外，国家发展改革委、中国人民银行、财政部等多部委联合对会计领域违法失信人员进行惩戒。会计职业道德惩戒有助于完善会计职业道德环境，从根本上提升会计工作质量，为社会主义经济发展保驾护航。

一、行业协会惩戒

中注协是以具有专业性的注册会计师和会计师事务所为成员基础成立的社会组织，对会计师事务所和注册会计师进行自律管理。通过设立专门的惩戒委员会，对会计师事务所和注册会计师进行监督检查，中注协对违反中国注册会计师职业道德守则和业务准则等的情况予以惩戒，这是协会自律功能的核心体现。

（一）惩戒情形

根据《中国注册会计师协会会员执业违规行为惩戒办法》第九条规定，会员违反中国注册会计师职业道德守则的要求，有下列行为之一的，视情节给予训诫、通报批评或公开谴责：（1）在职业活动中违反诚信原则；（2）在执行审计、审阅和其他鉴证业务时，违反职业道德守则有关独立性的相关要求；（3）在作出职业判断、发表专业意见时，违反客观和公正原则；（4）未能按照有关规定获取和保持专业胜任能力，在承接业务和提供专业服务时，缺乏适当的专业胜任能力；（5）在执业过程中没有保持应有的关注、勤勉尽责；（6）违反保密原则，泄露职业活动中获知的涉密信息或其他关键敏感信息；（7）非执业活动中违反相关法律法规，损害职业声誉；（8）向公众传递信息以及推介自己和工作时，夸大宣传提供的服务、拥有的资质，贬低或无根据地比较其他注册会计师的工作，未能诚实、实事求是，损害职业形象；（9）在提供专业服务时，违反职业道德守则有关收费的相关规定；（10）其他违反职业道德守则的行为。

各级注册会计师协会对 2 151 家会计师事务所开展执业质量检查

按照财政部财会监督专项行动和注册会计师行业“自律监督提升年”主题活动的部署安排，2023 年，CICPA 与财政部监督评价局联合对备案从事证券服务业务的会计师事务所开展执业质量检查。

截至 2024 年 8 月，CICPA 及地方注册会计师协会合计对存在违规问题的 182 家事务所和 424 名注册会计师实施了行业惩戒及自律监管措施。其中，对 67 家事务所和 171 名注册会计师予以公开谴责；对 59 家事务所和 102 名注册会计师予以通报批评；对 29 家事务所和 136 名注册会计师予以训诫；对 27 家事务所和 15 名注册会计师采取了约谈等自律监管措施。通过对实施惩戒的事务所进行案例分析，发现部分事务所存在虚假记载与审验程序不到位、审计项目质量缺陷、未编制审计工作底稿、允许他人以本人名义执业、内部管理与合规问题、审计程序不规范等典型问题，需要引起行业的高度重视和警惕。

资料来源：中国注册会计师协会. 中国注册会计师协会会计师事务所执业质量检查通告（第二十三号）.（2024-08-30）[2024-09-04]. 中国注册会计师协会网站.

（二）惩戒流程

中注协的监督检查过程主要包括检查、惩戒、申诉三个环节。

1. 检查环节

根据《会计师事务所执业质量检查制度》，中注协负责对具有从事证券期货相关业务资格的会计师事务所（以下简称证券所）开展执业质量检查，各省级协会负责本行政区域内其他事务所的执业质量检查。其中，证券所及其分所每 3 年内应当至少接受一次执业质量检查，其他事务所每 5 年内应当至少接受一次执业质量检查。对于检查中发现严重问题的情形提交惩戒委员会组织进一步检查。

2. 惩戒环节

根据《中国注册会计师协会会员执业违规行为惩戒办法》和《中国注册会计师协会惩戒委员会工作规则》，对于中注协发现的违规行为，由惩戒委员会常设执行机构组织检查或调查后，向惩戒委员会提交检查或调查报告。惩戒委员会常设执行机构确认存在违规行为后，应组织召开惩戒委员会会议，会议至少由 2/3 的委员出席，惩戒决定应由出席会议委员的 1/2 以上通过。

在做出惩戒决定前，向当事人发送拟惩戒告知书，告知当事人初步认定的违规事实、拟作出的惩戒种类、理由及依据，并告知当事人享有陈述和申辩的权利。当事人可在收到惩戒告知书后的 8 个工作日内，向惩戒委员会提交书面的陈述和申辩理由。当事人逾期不提交的，视为放弃陈述与申辩权利，不影响做出惩戒决定。在提交书面的陈述和申辩材料后，当事人可以要求向惩戒委员会做口头陈述。惩戒委员会应当充分听取当事人的意见，可以要求当事人到惩戒庭或惩戒委员会会议上接受委员询问。当事人提出的事实、理由或者证据成立的，惩戒委员会应当采纳。

惩戒决定通过后，注册会计师协会应当制作惩戒决定书。惩戒决定书应当载明下列事项：（1）被惩戒会员是个人会员的，写明姓名、性别、出生年月、注册会计师证书号码及其所在会计师事务所的名称；被惩戒会员是单位会员的，写明会计师事务所名称、办公地址以及主任会计师姓名。（2）事实和证据。（3）惩戒依据和结论。（4）提起申诉的权利、期限。（5）做出惩戒决定的日期。惩戒决定通过直接送达、邮寄等方式送达，自送达之日起生效。

3. 申诉环节

根据《中国注册会计师协会会员执业违规行为惩戒办法》和《中国注册会计师协会申诉委员会工作规则》，当事人对惩戒委员会的惩戒决定不服的，可以在收到惩戒决定书之日起 8 个工作日内，向注册会计师协会申诉委员会提起申诉，提交书面申诉材料。

申诉委员会根据惩戒委员会和申诉人的意见、理由及相关证据材料，经充分讨论，在 2 个月内做出申述审议决定，具体包括：（1）原惩戒决定认定事实清楚，适用依据正确，程序适当的，维持原决定。（2）原惩戒决定主要事实认定清楚，次要事实认定不清或不成立的，补正原决定。（3）原惩戒决定认定事实不清，或适用依据错误，或程序严重不适当的，撤销原惩戒决定，对相关事实和证据进行复查和核实后，重新做出惩戒决定；原惩戒决定认定事实不成立的，撤销原惩戒决定，做出不予惩戒的决定。上述申诉审议决定由申诉委员会全体会议出席会议委会 1/2 以上多数通过方为有效。

申诉审议决定通过后，注册会计师协会应当制作申诉审议决定书。申诉委员会的申诉审议决定是最终惩戒决定。改变原惩戒决定的，惩戒决定自申诉审议决定送达之日起生效；维持原惩戒决定的，原惩戒决定的生效日不变。

会计师私自承接跨境审计业务被惩戒

财政部组织检查组于 2024 年 1—2 月对注册会计师张某鹤私自承接跨境审计业务并通过个人银行账户收取境外机构费用的情况开展了检查，并依法对张某鹤作出行政处罚。

根据财政部行政处罚事项决定书，2022 年，张某鹤作为注册会计师并担任天健广东分所副总经理、合伙人期间，私自与开元信德会计师事务所有限公司（一家注册于香港的会计师事务所，以下简称开元信德）签署合作协议，在天健立项审批系统中未上报真实业务信息，实际承办了宝龙地产控股有限公司、宝龙商业管理控股有限公司、融信服务集团股份有限公司、融信中国控股有限公司、德信中国控股有限公司等 5 家内地在港上市公司 2021 年度财务报表审计工作。2022 年 7 月—2023 年 3

月，张某鹤通过个人银行账户收取开元信德就上述审计项目支付的费用，涉及金额 7 629 813 元。

上述行为违反了《注册会计师法》第十六条、第二十二条及《会计师事务所执业许可和监督管理办法》（财政部令第 97 号）第六十一条等规定。上述事实，有检查报告、检查工作底稿、询问笔录等相关证据予以证实。依据《会计师事务所执业许可和监督管理办法》（财政部令第 97 号）第七十一条的规定，财政部决定给予警告并处罚款 3 万元的行政处罚。根据《注册会计师法》《中国注册会计师协会会员执业违规行为惩戒办法》等有关规定，中注协给予张某鹤公开谴责的行业惩戒。

二、行政部门惩戒

根据我国相关法律法规规定，财政部门和证券监督管理部门是对会计人员进行监督并对违反职业道德行为[1]依法做出惩戒的机构，通过警告、罚款、暂停或取消业务资格等行政处罚手段对相关行为进行惩戒。

拓展阅读

《关于印发〈加强注册会计师行业联合监管若干措施〉的通知》

（一）财政部门

财政部门是我国对于会计人员及其职业道德行为进行监督的主要政府部门。根据《会计法》的规定，国务院财政部门主管全国的会计工作，县级以上地方各级人民政府财政部门管理本行政区域内的会计工作。

1. 单位会计人员

作为《会计法》的执法主体，财政部门可以依法对社会各单位执行会计法律制度情况及会计信息质量进行不同形式的检查或抽查，并对违反会计制度规定、财务资料编制及保存规定和授意、指使及强令他人违规的单位会计人员做出行政处罚，处罚方式包括通报、罚款、限制从业资格以及其他行政处分等。具体规定如表 7－1 所示。

表 7－1　单位会计人员违反《会计法》将受到的行政处罚

分类	违法违规行为	行政处罚
违反会计制度规定	（1）不依法设置会计账簿 （2）私设会计账簿 （3）未按照规定填制、取得原始凭证或者填制、取得的原始凭证不符合规定 （4）以未经审核的会计凭证为依据登记会计账簿或者登记会计账簿不符合规定	（1）责令限期改正：由县级以上人民政府财政部门责令限期改正，给予警告、通报批评 （2）罚款：对单位可以并处 50 万元以下的罚款，对其直接负责的主管人员和其他直接责任人员可以处 5 万元以下

① 通常而言，会计人员的行为违反了相关的法律法规或监管标准意味着一定违反了会计职业道德，但部分违反会计职业道德的行为并不一定会直接触及行政处罚或法律惩戒。因此，违反会计职业道德行为包含了违反相关法律法规和监管标准的行为。

续表

分类	违法违规行为	行政处罚
违反会计制度规定	（5）随意变更会计处理方法 （6）向不同的会计资料使用者提供的财务会计报告编制依据不一致 （7）未按照规定使用会计记录文字或者记账本位币 （8）未按照规定保管会计资料，致使会计资料毁损、灭失 （9）未按照规定建立并实施单位内部会计监督制度、拒绝依法实施的监督或不如实提供有关会计资料及有关情况 （10）任用会计人员不符合本法规定的	的罚款；情节严重的，对单位可以并处50万元以上200万元以下的罚款，对其直接负责的主管人员和其他直接责任人员可以处5万元以上50万元以下的罚款 （3）行政处分：属于公职人员的，还应当依法给予处分 （4）5年内不得从事会计工作：会计人员有违法情节严重的，5年内不得从事会计工作
违反财务资料编制保存规定	（1）伪造、变造会计凭证、会计账簿，编制虚假财务会计报告 （2）隐匿或者故意销毁依法应当保存的会计凭证、会计账簿、财务会计报告	（1）通报：由县级以上人民政府财政部门责令限期改正，给予警告、通报批评 （2）罚款：没收违法所得，违法所得20万元以上的，对单位可以并处违法所得一倍以上十倍以下的罚款，没有违法所得或者违法所得不足20万元的，可以并处20万元以上200万元以下的罚款；对其直接负责的主管人员和其他直接责任人员可以处10万元以上50万元以下的罚款，情节严重的，可以处50万元以上200万元以下的罚款 （3）行政处罚：属于公职人员的，还应当依法给予处分 （4）5年内不得从事会计工作
授意、指使及强令他人违规	授意、指使、强令会计机构、会计人员及其他人员伪造、变造会计凭证、会计账簿，编制虚假财务会计报告或者隐匿、故意销毁依法应当保存的会计凭证、会计账簿、财务会计报告	（1）通报：由县级以上人民政府财政部门给予警告、通报批评 （2）罚款：处20万元以上100万元以下的罚款；情节严重的，可以并处100万元以上500万元以下的罚款 （3）行政处罚：属于公职人员的，还应当依法给予处分

北京星立方科技发展股份有限公司被行政处罚

财政部组织检查组于2023年6—7月对北京星立方科技发展股份有限公司（以下简称北京星立方）会计信息质量开展了检查。检查中发现：2020年，北京星立方为华瀚国际文化发展公司提供智能化设备系统采购及配套服务形成应收票据4 535.04万元。截至2021年12月31日，北京星立方将该应收票据账龄划分为1～2年，根据8%的预期信用损失率按账龄组合计提信用减值准备。截至2022年12月31日，华瀚国际文化发展公司到期未承兑该应收票据，并重新签发新的商业承兑汇票。无新增证据表明其信用风险较组合内其他应收款项减少，北京星立方变更了该应收票据信用减值准备计算方法，按10%的预期信用损失率单项计提信用减值准备，未根据公司会计政策按账龄组合2～3年对应20%的预期信用损失率计算，导致北京星立方2022年少确认信用减值损失453.50万元，利润由亏转盈。

北京星立方的行为违反了《会计法》第二十六条、《企业会计准则第22号——金融工具确认和计量》第四十六条等规定。依据《会计法》第四十二条的规定，财政部决定给予北京星立方罚款5万元的行政处罚。

2. 注册会计师

对于具有特殊性的注册会计师行业，《注册会计师法》对会计师事务所和注册会计师的道德行为作出专门规定，并授权财政部门对事务所和注册会计师的违法违规行为进行处罚。具体情形包括以下两个方面：(1) 不拒绝委托人的不合理要求。例如，委托人故意不提供有关会计资料和文件，注册会计师仍出具有关报告。(2) 未指明委托人的不当财务会计处理。例如，明知委托人对重要事项的财务会计处理与国家有关规定不相符，直接损害报告使用人或者其他利害关系人的利益而不予指明。对于违反《注册会计师法》的会计师事务所，财政部门将给予警告处分，有权没收其违法所得并处以相应罚款，情节严重的将被暂停或撤销会计师事务所的营业资格；对于存在上述违法违规行为的注册会计师，省级以上人民政府财政部门将给予警告，情节严重的将被暂停或吊销注册会计师证书。

中准会计师事务所被行政处罚

财政部组织北京监管局（原驻北京市财政监察专员办事处）对中准会计师事务所（特殊普通合伙）（以下简称中准所）2017年度执业质量情况开展检查，检查发现，2016年10月，哈尔滨工大高新技术产业开发股份有限公司（以下简称工大高新）下属分公司红博商贸城就拖欠承建方黑龙江省七建建筑工程有限责任公司的工程款及利息申请仲裁，双方达成和解并签订协议，对拖欠工程款的利息进行了明确。截至2016年末，红博商贸城未按照和解协议的约定计提并支付利息，少计提利息9 688.64万元。同时，红博商贸城对应付仲裁费核算错误，少计提88.81万元，导致工大高新2016年少确认利息及仲裁费支出共计9 777.45万元。中准所在工大高新2016年度财务报表审计中，取得了和解协议及相关应付利息的计算表，但未对利息及仲裁费保持应有关注，未发现工大高新少计利息及仲裁费支出的重大错报，发表了不恰当的审计意见，负有重大审计责任。

中准所作为审计报告的签字注册会计师事务所，违反了《注册会计师法》的规定，财政部给予中准所警告的行政处罚。

（二）证券监督管理部门

中国证监会是我国证券期货市场的主管部门，按照国务院授权履行行政管理职能。根据《证券法》的规定，国务院证券监督管理机构依法对证券市场实行监督管理，维护证券市场公开、公平、公正，防范系统性风险，维护投资者合法权益，促进证券市场健康发展。同时，根据《期货交易管理条例》规定，国务院期货监督管理机构派出机构依照条例的有关规定和国务院期货监督管理机构的授权，履行监督管理职责。

中国证监会作为国务院的直属机构，依照法律法规和国务院授权，有权统一监督管理全国证券期货市场，对证券期货交易所、上市公司、证券期货经营机构、证券期货投资咨询机构的违法行为实施行政处罚。

1. 单位会计人员

根据《证券法》的相关规定，上市公司的单位会计人员违反信息披露义务或资料保存义务，擅自改变募集资金用途，相关责任人将受到中国证监会的警告处分，并处以金额不等（最低 10 万元，最高 1 000 万元）的罚款。其中，违反信息披露义务指的是会计人员在公告的证券发行文件中隐瞒重要事实或者编造重大虚假内容、未按照规定报送有关报告或者履行信息披露义务、报送的报告或者披露的信息有虚假记载、误导性陈述或者重大遗漏；违反资料保存义务指的是未按照规定保存文件和资料以及泄露、隐匿、伪造、篡改或者毁损有关文件和资料。

北京氢动益维科技股份有限公司信息披露违法

中国证监会对北京氢动益维科技股份有限公司（以下简称氢动益维）信息披露违法的行为进行了调查。经查明，氢动益维与神州优车股份有限公司（以下简称神州优车）、瑞幸咖啡（北京）有限公司（以下简称瑞幸咖啡）存在关联方关系。氢动益维 2017 年、2018 年与神州优车和瑞幸咖啡之间的关联方交易额分别为 4 264 万元、5 850 万元，占氢动益维当期净资产的比例分别为 52.95%、55.62%。氢动益维在 2017 年、2018 年年度报告中均表示公司无关联方交易事项，并在年度报告“主要客户情况”部分表示与神州优车、瑞幸咖啡不存在关联方关系。

氢动益维未按照要求如实披露与神州优车、瑞幸咖啡之间的关联方关系和关联方交易，违反了《证券法》的规定。中国证监会对氢动益维给予警告，并处以 30 万元罚款；对信息披露违法行为直接负责的主管人员陆某耀给予警告，并处以 10 万元罚款；对其他直接责任人员靳某给予警告，并处以 5 万元罚款。

2. 注册会计师

如果会计师事务所或注册会计师通过不正当途径获取违法所得，例如，违规参与股票交易、敏感期内买卖证券、存在内幕交易、擅自从事证券服务或编造传播虚假信息，监管部门将依法没收事务所的违法所得，并根据事务所违法所得金额处以相应罚款（有违法所得的，处以违法所得一倍以上十倍以下罚款；没有违法所得或者违法所得不足 50 万元的，处以 50 万元以上 500 万元以下罚款）；注册会计师个人存在上述违法行为的，将给予警告并处以 20 万元以上 200 万元以下罚款。

此外，如果会计师事务所或注册会计师在执业过程中未勤勉尽责，导致其所出具的文件具有虚假记录、误导性陈述或重大遗漏，或未按规定履行资料保存义务，会计师事务所和注册会计师也将受到中国证监会的行政处罚。存在违法收入的，中国证监会将没收其违法所得，并处以相应罚款，情节严重的还可能被暂停或禁止从事证券服务业务。具体处罚规定如表 7-2 所示。

表 7-2　会计师事务所和注册会计师违反《证券法》应承担的行政责任

分类	违法违规行为	行政责任	
		会计师事务所	注册会计师
未勤勉尽责	制作、出具的文件有虚假记载、误导性陈述或者重大遗漏	（1）产生业务收入的，责令改正；没收业务收入；罚款：处以业务收入一倍以上十倍以下的罚款 （2）没有业务收入或者业务收入不足 50 万元的，处以 50 万元以上 500 万元以下的罚款 （3）情节严重的并处暂停或者禁止从事证券服务业务	（1）警告：对直接负责的主管人员和其他直接责任人员给予警告 （2）罚款：处以 20 万元以上 200 万元以下的罚款
违反文件资料保存义务	（1）未按照规定保存有关文件和资料	（1）责令改正 （2）警告 （3）罚款：处以 10 万元以上 100 万元以下的罚款 （4）情节严重：处以 50 万元以上 500 万元以下的罚款，并处暂停、撤销相关业务许可或者禁止从事相关业务	（1）警告：对直接负责的主管人员和其他直接责任人员给予警告 （2）罚款：处以 10 万元以上 100 万元以下的罚款
	（2）泄露、隐匿、伪造、篡改或者毁损有关文件和资料	（1）责令改正 （2）警告 （3）罚款：处以 20 万元以上 200 万元以下的罚款 （4）情节严重：处以 50 万元以上 500 万元以下的罚款，并处暂停、撤销相关业务许可或者禁止从事相关业务	

兴华会计师事务所未勤勉尽责

中国证监会对北京兴华会计师事务所（特殊普通合伙）（以下简称兴华所）未勤勉尽责行为进行了立案调查、审理，经查明，兴华所审计的林州重机集团股份有限公司（以下简称林州重机）2017 年年度报告存在虚假记载。林州重机 2017 年合并资产负债表虚增在建工程 2.07 亿元，虚减预付账款 1.95 亿元，合并利润表虚减财务费用 1 124 万元，兴华所对林州重机 2017 年财务报表出具了标准无保留意见审计报告。

兴华所审计程序执行不到位，未获取充分、适当的审计证据，违反了《证券法》的规定，构成《证券法》所述"证券服务机构未勤勉尽责，所制作、出具的文件有虚假记载、误导性陈述或者重大遗漏"的情形，中国证监会对兴华所责令改正，没收业务收入 118 万元，并处以 236 万元罚款；对签字注册会计师给予警告，并分别处以 5 万元罚款。

资料来源：中国证券监督管理委员会网站。

三、法律惩戒

法律惩戒是指会计人员违反相关法律规定，受到民事处罚或刑事处罚。如前所述，违反法律法规意味着一定违反了会计职业道德，法律惩戒的本质是对严重违反会计职业道德行为的一种高程度惩戒。我国现有对会计人员进行法律约束的规范文件包括《会计法》、《注册会计师法》、《证券法》、《公司法》、《中华人民共和国刑法》（以下简称《刑法》）等。法律惩戒是最为严厉的惩戒手段。

（一）民事责任

1. 单位会计人员

根据《证券法》和《公司法》的相关规定，上市公司未按照规定披露信息，或公告的文件、定期报告、临时报告及其他信息披露资料存在虚假记载、误导性陈述或者重大遗漏，致使他人在交易中遭受损失的，相关会计人员需承担一定的民事赔偿责任。

虚构关联方交易的连带责任

中网电力投资有限公司凭借控股股东地位，利用关联公司中网建设公司、安徽省鼎跃电气贸易有限公司，将以中网建设公司的名义从银行贷款的 2 600 万元，在两家公司之间以支付货款的形式进行流转，并最终转入中网电力投资有限公司陈某辉个人账户，归还因成立新公司而缴纳注册资金形成的借款。中网建设公司与安徽省鼎跃电气贸易有限公司之间并无真实、合理的交易行为，经审判，陈某辉对中网电力投资有限公司向中网锦龙公司返还出资 2 600 万元承担连带责任。

2. 注册会计师

《注册会计师法》和《证券法》规定了会计师事务所和注册会计师违反职业道德的情形。例如，会计师事务所或注册会计师因内幕交易、违规提供证券服务业务或编造、传播虚假信息或者误导性信息并给投资者造成损失的，应承担相应赔偿责任。此外，若会计师事务所或注册会计师在执业过程中未勤勉尽责，制作、出具有虚假记载、误导性陈述或者重大遗漏的文件并给投资者造成损失的，应与委托人承担连带赔偿责任。

立信会计师事务所证券虚假陈述

立信会计师事务所对于审计过程中发现的重大、异常情况，未按照执业准则、规则，审慎、勤勉尽责地执行充分、适当的审计程序，对会计原则进行适当调整，导致上海大智慧股份有限公司的提前确认收入、虚增销售收入、虚增利润等严重违法行为未被及时揭示，违反了《证券法》的规定，造成投资者损失。经审判，立信会计师事务所认为其不应承担连带赔偿责任的意见缺乏依据，应当与发行人、上市公司承担连带赔偿责任。

资料来源：李慧敏. 立信涉大智慧案终审败诉：参与造假承担“连带赔偿”责任.（2018-10-09）[2024-09-04]. 中国经营报网站.

（二）刑事责任

1. 单位会计人员

根据《刑法》的规定，单位会计人员在信息披露、破产清算、会计资料保管、行贿受贿、逃汇、职务侵占等方面存在违法行为，将受到相应刑事处罚。具体规定如下。

（1）信息披露方面。单位会计人员向股东和社会公众提供虚假的或者隐瞒重要事实的财务会计报告、对依法应当披露的其他重要信息不按照规定披露或有其他严重损害股东或者其他人利益的，将被处三年以下有期徒刑或者拘役。

（2）破产清算方面。会计人员在清算时隐匿财产，对资产负债表或者财产清单作虚假记载，或在未清偿债务前分配财产，严重损害债权人或者其他人利益，或通过隐匿财产、承担虚构的债务或者以其他方法转移、处分财产，虚假破产，严重损害债权人或者其他人利益的，将被处五年以下有期徒刑或者拘役。

（3）会计资料保管方面。若会计人员隐匿或者故意销毁依法应当保存的会计凭证、会计账簿、财务会计报告，情节严重的，将被处五年以下有期徒刑或者拘役。

（4）行贿受贿方面。会计人员利用职务便利，索取或者非法收受他人财物，为他人谋取利益，或在经济往来中，利用职务上的便利，违反国家规定，收受各种名义的回扣、手续费归个人所有，数额较大的，将被处五年以下有期徒刑或者拘役；数额巨大的，将被处五年以上有期徒刑，可以并处没收财产。会计人员为谋取不正当利益，给予本单位或者其他单位的工作人员以财物，或为谋取不正当利益，给予外国公职人员或者国际公共组织官员以财物，数额较大的，将被处三年以下有期徒刑或者拘役；数额巨大的，将被处三年以上十年以下有期徒刑。

（5）逃汇方面。会计人员擅自将外汇存放境外，或将境内的外汇非法转移到境外，数额较大的，将被处五年以下有期徒刑或者拘役；数额巨大或者有其他严重情节的，可能被处五年以上有期徒刑。

（6）职务侵占方面。会计人员利用职务便利，将本单位财物非法占为己有，数额较大的，将被处五年以下有期徒刑或者拘役；数额巨大的，将被处五年以上有期徒刑，可能并处没收财产。会计人员利用职务便利，挪用本单位资金归个人使用或者借贷给他人，数额较大且超过三个月未还，或者虽未超过三个月，但数额较大、进行营利活动或进行非法活动，将被处三年以下有期徒刑或者拘役；数额巨大或数额较大且不退还的，将被处三年以上十年以下有期徒刑。

出纳人员因贪污罪、挪用公款罪受到刑事处罚

孙某冠在担任广西壮族自治区靖西县（2015 年撤县设市）教育局专职出纳员期间，经手收取各中小学校的试卷费、教育局铺面租金等款项共计 819 022.80 元。收取上述款项后，孙某冠未按照规定将这些款项存入单位指定银行账户，而是利用职务上的便利将上述代收款项共计 707 900 元私自借给他人使用，并通过伪造票据骗取公款共计 22 925 元。其行为构成贪污罪、挪用公款罪，依据《刑法》规定，判处有期徒刑六年三个月。

资料来源：中国裁判文书网。

2. 注册会计师

对于注册会计师，《刑法》主要在内幕交易和信息披露方面做出了相关规定。

一方面，《刑法》禁止会计师事务所和注册会计师从事内幕交易。例如：（1）禁止在涉及证券发行，证券、期货交易或者其他对证券、期货交易价格有重大影响的信息尚未公开前，买入或者卖出证券；（2）禁止从事与内幕信息有关的期货交易，或者泄露信息，或者明示、暗示他人从事交易活动；（3）禁止利用因职务便利获取的内幕信息以外的其他未公开的信息，违反规定从事相关的证券、期货交易活动，或者明示、暗示他人从事相关交易活动。一旦存在上述违法行为，涉事注册会计师将被处五年以下有期徒刑或者拘役，会计师事务所将被处以罚金。

另一方面，禁止会计师事务所或注册会计师编造传播虚假信息。若会计师事务所或注册会计师编造并传播影响证券、期货交易的虚假信息，扰乱证券、期货交易市场，造成严重后果的，会计师事务所将被处一万元以上十万元以下罚金，负有直接责任的注册会计师将被处五年以下有期徒刑或者拘役。

亚太（集团）因出具证明文件重大失实罪被处罚金

亚太（集团）会计师事务所有限公司安徽分所承揽了江苏中联物流有限公司（以下简称中联物流）的发债审计业务，出具与中联物流实际财务状况严重不符的审计报告，虚增营业收入 4.2 亿元、利润 8 800 万元、资本公积 6 500 万元。中联物流发行私募债成功，但到期后无力支付 9 000 万元债券本息，造成投资人重大经济损失，构成出具证明文件重大失实罪，相关部门判处亚太（集团）会计师事务所有限公司罚金 30 万元，违法所得予以追缴。

资料来源：宋婕，陈锋．会计师出具失实报告致投资人损失 亚太所三人虚增收入 4 亿被判刑 只为 30 万审计费．（2019-12-29）［2024-09-04］．华夏时报网．

拓展阅读
《关于印发〈关于对会计领域违法失信相关责任主体实施联合惩戒的合作备忘录〉的通知》

四、联合惩戒

除上述单个机构或部门的独立惩戒外，国家发展改革委、中国人民银行、财政部等 22 个部门及单位着力构建政府、社会共同参与的跨地区、跨部门、跨领域的守信联合激励和失信联合惩戒机制，并于 2018 年末联合签署了《关于对会计领域违法失信相关责任主体实施联合惩戒的合作备忘录》，对会计领域一切违法失信行为的相关责任主体实施联合惩戒。联合惩戒意味着会计人员在工作和生活中的所有失信行为都将被记录在案，并对其个人工作和生活产生负面影响。具体影响如下。

（一）对会计人员职业发展的影响

1. 从业资格

从业资格是从业人员进入某一行业的“通行证”。违反职业道德的会计人员在受到相应处罚后可能会选择从事其他相关工作，但根据现行相关制度，会计违规人员的从业资格会受到相关限制，如表 7－3 所示。

表7-3 会计领域违法失信当事人从业资格方面的限制

联合惩戒措施	具体内容	实施单位
限制取得相关从业任职资格，限制获得认证证书	对会计领域违法失信当事人，限制其取得相关从业任职资格，限制获得认证证书。对其在证券、基金、期货从业资格申请中予以从严审核，对已成为证券、基金、期货从业人员的相关主体予以重点关注	中国证监会、市场监管总局

2. 职业声誉

会计从业人员存在职业道德违规行为的，其声誉也将受到重大影响，如表7-4所示。

表7-4 会计领域违法失信当事人职业声誉方面的限制

联合惩戒措施	具体内容	实施单位
记入会计从业人员信用档案	对会计领域违法失信当事人，将其违法失信记录记入会计从业人员信用档案	财政部、国家发展改革委
通过财政部网站、“信用中国”网站及其他主要新闻网站向社会公布	将会计领域违法失信当事人信息通过财政部网站、“信用中国”网站予以发布，同时协调相关互联网新闻信息服务单位向社会公布	国家发展改革委、财政部、国家网信办
实行行业惩戒	支持行业协会商会按照行业标准、行规、行约等，视情节轻重对失信会员实行警告、行业内通报批评、公开谴责、不予接纳、劝退等惩戒措施	财政部、国家发展改革委、民政部、税务总局、全国工商联等主管单位和会计行业组织
依法限制参与评先、评优或取得荣誉称号	对会计领域违法失信当事人，限制其参与评先、评优或取得各类荣誉称号；已获得相关荣誉称号的予以撤销	中央宣传部、中央文明办、民政部、全国总工会、共青团中央、全国妇联、全国工商联等
作为业绩考核、干部选任的参考	对会计领域违法失信当事人，将其违法失信记录作为业绩考核、干部选拔任用的参考	中央组织部、国务院国资委
作为境内上市公司实行股权激励计划或相关人员成为股权激励对象事中事后监管的参考	对会计领域违法失信当事人，将其违法失信记录作为境内上市公司实行股权激励计划或相关人员成为股权激励对象事中事后监管的参考	中国证监会
加强日常监管检查	将会计领域违法失信当事人，作为重点监管对象，加大日常监管力度，提高随机抽查的比例和频次，并可依据相关法律法规对其采取行政监管措施	各相关单位

“冻结资格”常态化，彰显监管威慑力

截至2024年9月，2024年以来已有多家会计师事务所被“资格罚”，即采用“冻结”其从事相关业务的资格的方式进行处罚，该类处罚明显对会计师事务所的业务持续性造成了影响，彰显了监管的威慑力。

2024年5月，因金通灵财务造假案，大华会计师事务所不仅被罚没超4 000万元，还“收获”暂停从事证券服务业务6个月的处罚。此后大华会计师事务所的众多上市公司客户、IPO客户等不约而同作出换所的反应。

2024年8月，天职国际会计师事务所因在奇信股份年报审计中未勤勉尽责，制作、出具的审计报告存在虚假记载，以及存在伪造、篡改、毁损审计工作底稿的情况，情节严重，被罚款的同时，也被处罚暂停从事证券服务业务6个月，突变波及天职国际会计师事务所众多在手项目，包括北斗院、陕西水电、高泰电子、友升股份、必贝特、财信证券、天富龙、矽电股份、朗泰通科技、嘉诺科技、施美药业、新明珠、广州银行、湖南兵器等。同年8月，深交所对中喜会计师事务所及签字注册会计师朱某军、刘某军给予纪律处分，因北京文化（000802.SZ）财务造假事项，两名注册会计师被暂停证券服务业务36个月。

2024年9月，财政部依据《注册会计师法》，给予普华永道警告、暂停经营业务6个月、撤销普华永道广州分所的行政处罚。同年9月，苏亚金诚会计师事务所（特殊普通合伙）因宏图高科财务造假事件被罚没1 950万元，暂停从事证券业务6个月。

毫无疑问，“冻结资格”的处罚方式是巨大的亮点，从各方面反馈来看，能给整个行业带来威慑，带来真正的疼痛感。而“资格罚”的常态化，也能倒逼审计机构爱惜羽毛，归位尽责，防止其与IPO公司沆瀣一气，弄虚作假，坑害千万投资者，动摇市场信心。

资料来源：赵阳戈. 从大华到天职国际，“冻结资格”处罚彰显监管威慑力，审计机构更需归位尽责. (2024-09-09) [2024-11-04]. 界面新闻网站.

3. 职务限制

违背职业道德也将使会计人员未来可担任的职务受到限制，如表7-5所示。

表7-5　会计领域违法失信当事人任职类型方面的限制

联合惩戒措施	具体内容	实施单位
限制登记为事业单位法定代表人	对会计领域违法失信当事人，限制登记为事业单位法定代表人	中央编办

续表

联合惩戒措施	具体内容	实施单位
依法限制担任金融机构董事、监事、高级管理人员	对会计领域违法失信当事人，依法限制其担任银行业金融机构、保险公司、保险资产管理公司、融资性担保公司等的董事、监事、高级管理人员，以及保险专业代理机构、保险经纪人的高级管理人员及相关分支机构主要负责人，保险公估机构董事长、执行董事和高级管理人员；将其违法失信记录作为担任证券公司、基金管理公司、期货公司的董事、监事和高级管理人员及分支机构负责人任职审批或备案的参考。已担任相关职务的，依法提出其不再担任相关职务的意见	中央组织部、银保监会①、中国证监会、财政部、市场监管总局等
依法限制担任国有企业法定代表人、董事、监事	对会计领域违法失信当事人，依法限制其担任国有企业法定代表人、董事、监事；已担任相关职务的，依法提出其不再担任相关职务的意见	中央组织部、国务院国资委、财政部、市场监管总局等
招录（聘）为公务员或事业单位工作人员参考	对会计领域违法失信当事人，将其违法失信记录作为其被招录（聘）为公务员或事业单位工作人员的重要参考	中央组织部、人力资源社会保障部
限制参与国家科技项目研究或管理工作	对会计领域违法失信当事人，限制其参与国家科技项目研究或管理工作	科技部

4. 公司设立

违法失信记录对会计人员的公司设立也有不利影响，如表7-6所示。

表7-6 会计领域违法失信当事人公司设立方面的限制

联合惩戒措施	具体内容	实施单位
作为设立保险公司的审批参考	依法将会计领域违法失信当事人的违法失信记录作为保险公司设立及股权或实际控制人变更审批或备案的参考	银保监会
作为设立证券公司、基金管理公司、期货公司等的审批参考	对会计领域违法失信当事人，依法将失信责任主体的违法失信记录作为证券公司、基金管理公司及期货公司的设立及股权或实际控制人变更审批或备案，私募投资基金管理人登记、重大事项变更以及基金备案的参考	中国证监会
作为申请从事互联网信息服务的审批参考	对会计领域违法失信当事人，将其违法失信记录作为申请从事互联网信息服务的审批参考	工业和信息化部

① 2023年3月，中共中央、国务院印发《党和国家机构改革方案》。在银保监会基础上组建国家金融监督管理总局，银保监会职能被整合到新组建的国家金融监督管理总局中。下同。

（二）对会计人员生活的影响

除上述职业发展方面的影响，存在严重违法失信行为的会计人员在生活方面也将受到惩戒，如表 7－7 所示。

表 7－7 对会计人员生活的影响

联合惩戒措施	具体内容	实施单位
金融机构融资授信参考	对会计领域违法失信当事人，将其违法失信记录作为评级授信、信贷融资管理的重要参考。将会计领域违法失信当事人信息纳入金融信用信息数据库	中国人民银行、银保监会
限制获取政府补贴性资金和社会保障资金支持	对会计领域违法失信当事人，限制其申请政府补贴性资金和社会保障资金支持	国家发展改革委、财政部、人力资源社会保障部、国务院国资委等
保险机构厘定财产保险费率参考	对会计领域违法失信当事人，将其违法失信记录作为保险机构厘定财产保险费率的参考	银保监会

1. 个人信贷

会计人员的违法失信记录将被纳入金融信用信息数据库，并对个人信贷带来不利影响。例如，违背职业道德的会计人员在申请个人信贷时，将面临更严格的授信审查，银行等金融机构很可能降低其信用评级，从而降低贷款额度并提高贷款利率。

2. 申请政府补助

近年来地方政府为吸引人才纷纷推出了不同的人才引进政策，例如租房补贴、落户奖励等，但存在违法失信行为的会计人员将无法获得这些补贴和奖励，也无法申请廉租房、政策性安置房、定向安置房等社会保障资金支持。

3. 购买财产保险

会计领域违法失信人员在购买财产保险时将面临更高的成本。例如，保险公司在确定职业责任保险的费率时，会参考被保险人及其雇员的专业技术水平与工作责任心。显然，存在违法失信行为的人员将被认为责任心不强，保险公司很可能据此提高投保人（会计师事务所）的保险费率。

本章小结

通过本章的学习，我们能理解任何违背会计职业道德的行为都属于失信行为，会计职业道德评价属于信用评价的一种类型，会计职业道德评价的核心是对相关主体（如单位会计人员与注册会计师等）的信用做出评价。应掌握现行社会信用评价体系的内容及会计职业道德评价方法，主要包括诚信档案制度和失信“黑名单”制度。

通过本章的学习，我们能从行业协会惩戒、行政部门惩戒、法律惩戒和联合惩戒四个层面系统理解会计职业道德惩戒机制，深刻领会违背会计职业道德可能在职业发展与个人生活等方面引发严重的、广泛的不利后果。

关键术语

社会信用评价　　会计职业信用评价
诚信档案制度　　失信“黑名单”制度
行业协会惩戒　　行政部门惩戒
法律惩戒　　执业质量检查
惩戒委员会　　行政处分
民事责任　　刑事责任
联合惩戒

本章知识点回顾　　关键术语解释

思考题

1. 社会信用评价体系的内涵是什么？其作用是什么？
2. 何为会计职业道德评价？具体的评价方法有哪些？
3. 会计职业道德评价的作用是什么？有哪些影响？
4. 会计职业道德惩戒的类型有哪些？不同惩戒方法的关系是什么？
5. 单位会计人员和注册会计师违反职业道德的惩戒有何差异？
6. 联合惩戒对会计从业人员的职业发展和个人生活有哪些影响？

案例讨论与分析

案例一　辅仁炮制虚假信息被罚120万元，实控人10年禁入证券市场

辅仁药业集团制药股份有限公司（以下简称辅仁药业）于2019年7月26日收到中国证监会的《调查通知书》；2020年9月16日，公司及相关当事人收到中国证监会《行政处罚及市场禁入事先告知书》；2020年10月14日，中

国证监会在官网发布《行政处罚决定书》和《市场禁入决定书》。

辅仁药业在2019年7月15日披露将对公司2018年年度权益进行分派，拟向股东派发现金红利6 271.58万元，7月19日却突然发布公告称，因资金安排原因，未能按规定完成现金分红款项划转，无法按照原定计划发放现金红利。“分红爽约”令市场哗然，监管部门随之介入。

2015年12月，辅仁药业拟将辅仁集团旗下资产开药集团纳入上市公司主体实现整体上市，作价78.09亿元，创造了当时医药行业最高的收购价格纪录。一波三折的收购被中国证监会指出财务上有瑕疵，《行政处罚决定书》显示，截至2015年12月31日、2016年12月31日，开药集团及其子公司向辅仁集团、辅仁控股提供资金的余额分别为34 950万元、50 370万元。开药集团未将上述交易记入财务账簿，导致《重组报告书》中披露的开药集团财务报表的货币资金余额虚假。前述违法事实和本项违法事实导致《重组报告书》中披露的辅仁药业财务报表的货币资金余额亦存在虚假记载，2015年、2016年分别虚增货币资金41 330万元、57 570万元，分别占各年末净资产的12.95%、14.79%。此外，辅仁药业2015—2018年年度报告存在虚假记载、重大遗漏，2018年未及时披露关联担保。

对此，中国证监会下达了《行政处罚决定书》及《市场禁入决定书》，对辅仁药业相关报告存在虚假记载、重大遗漏，以及未及时披露关联方担保的行为、报送和披露的重大资产重组文件中存在虚假记载的行为，以及提供的信息存在虚假记载的行为，责令辅仁药业改正，给予警告，并处合计120万元罚款；对实控人朱某臣处150万元罚款，对财务总监朱某究、赵某睿分别处30万元和20万元罚款，对朱某臣采取10年证券市场禁入措施。

案例要求：

1. 请结合本章内容和此案例，谈一谈上述案件中涉及哪些违法失信主体。
2. 这些违法失信主体分别受到了哪些惩戒？
3. 该案件给我们带来了哪些启示？

案例二　C公司隐匿、故意销毁会计凭证、会计账簿、财务会计报告

日照C海产食品有限公司于1995年注册成立，2014年3月更名为山东C发展有限公司（以下简称C公司），公司主要架构包括法定代表人即董事长、副总经理、财务总监、油脂部、大豆部、物流部、资金部、财务部等。另为生产经营和贸易融资需要，C公司以职工及其亲友名义在境内、境外注册成立60家关联公司。

2009年，C公司开始从事进口油脂、大豆等大宗商品贸易业务，受油脂、大豆等大宗商品价格大幅下跌，人民币对美元汇率上升，公司内部控制缺失、盲目追求贸易规模、决策失误等多方面原因，C公司出现亏损。审计数据显示，2009—2016年，C公司出现连续亏损，截至2017年2月28日，C公司

账面资产总额19.69亿元，负债总额94.20亿元，资产负债率478.49%，严重资不抵债。C公司法定代表人、董事长张某华信用证诈骗、贷款诈骗，并同上海德勤华永会计师事务所注册会计师刘某昔、公司财务总监朱某斌、公司财务部经理李某欣隐匿、故意销毁会计凭证、会计账簿、财务会计报告，自资不抵债起共获取银行资金751.79亿元。

2013年初至2014年6月，张某华在明知C公司出现严重亏损、没有偿还能力的情况下，继续隐瞒企业亏损实情，采用提供虚假财务报表、将业务亏损更改为盈利、聘请第三方会计师事务所提供虚假审计报告等手段骗取银行授信。违反企业正常经营规则，放任贸易亏损给企业造成的巨额亏损，为了防止资金链断裂、诈骗银行资金犯罪行为暴露，与齐某实际控制的日照港信工贸有限公司（以下简称日照港信）及关联公司办理押货业务，以低价销售、高价回购的“押货”方式加快融资，以此恶性循环给银行造成巨大损失，仅与日照港信通过“押货”方式借款融资亏损就高达8.44亿元。从银行取得的资金由张某华指示统一调度，大部分被用于偿还企业到期融资、支付银行利息、缴纳关税等，另一部分被张某华安排财务部支出，在公司持续巨额亏损的情况下，以她本人及他人名义购置高档别墅等房产，购买豪华汽车供公司高管人员、她本人及家人使用，还购买价值数百万元的红酒及红木家具，以分红、奖金等名义私分资金，利用公司员工名下账户隐藏资金，用于家庭生活和个人消费。

2014年7月，在政府部门将要对公司账目开展审计工作的情况下，为弄清真实亏损数额并予以部分掩盖，张某华决定让注册会计师刘某昔安排会计人员整理公司2010—2014年的会计资料，让财务总监朱某斌、财务部经理李某欣安排人员将会计凭证、会计账簿、财务会计报告以及电子记账数据运往山东省青岛市。2014年10月，刘某昔外聘会计人员对C公司会计资料进行了梳理，预估C公司亏损近70亿元。其间，张某华、刘某昔为减少亏损数额，将款项往来涉及数额特别巨大的会计资料进行涂改、抽换页，造成部分记账凭证缺失，将已支出款项和成本支出篡改为应收账款，故意虚增应收账款，减少应付账款，还通过延长折旧年限等方法虚增C公司资产。后来刘某昔离开青岛，朱某斌、李某欣将更改后的会计资料带回C公司，储存于公司服务器。在2015年初政府工作组派驻时，张某华、朱某斌、李某欣提供了改动后的会计材料，掩盖了C公司的亏损状况。

张某华作为C公司及关联公司的实际控制人，以非法占有为目的，采用虚构事实、隐瞒真相的方法，诈骗银行信用证资金、融资贷款，数额特别巨大，情节特别严重，作为公司直接负责的主管人员构成信用证诈骗罪、贷款诈骗罪。C公司隐匿、故意销毁会计凭证、会计账簿、财务会计报告，情节严重，张某华、刘某昔、朱某斌、李某欣均应承担相应的法律责任。依照《刑法》规定，张某华犯信用证诈骗罪，判处有期徒刑15年，并处罚金50万元；犯贷款诈骗罪，判处有期徒刑11年，并处罚金24万元；犯隐匿、故意销毁会计凭证、会计账簿、财务会计报告罪，判处有期徒刑 1 年 6 个月，并处罚金 6 万元。刘某昔犯隐匿、故意销毁会计凭证、会计账簿、财务会计报告罪，判处有期徒刑 1 年，缓刑 1 年，并处罚金 3 万元。朱某斌犯隐匿、故意销毁会计凭证、会计账簿、财务会计报告罪，判处有期徒刑 6 个月，缓刑 1 年，并处罚金 2 万元。李某欣犯隐匿、故意销毁会计凭证、会计账簿、财务会计报告罪，判处有期徒刑 6 个月，缓刑 1 年，并处罚金 2 万元。

案例要求：

1. 请结合本章内容和此案例，谈一谈上述案件涉及哪些惩戒对象主体。他们是否违反了会计职业道德？
2. 上述对象主体受到了什么层面的惩戒？处罚措施包括哪些？
3. 该案件反映了怎样的现实意义？给我们带来了哪些启示？

第八章

会计职业道德发展趋势

总书记论道德

青年要把正确的道德认知、自觉的道德养成、积极的道德实践紧密结合起来，不断修身立德，打牢道德根基，在人生道路上走得更正、走得更远。面对复杂的世界大变局，要明辨是非、恪守正道，不人云亦云、盲目跟风。面对外部诱惑，要保持定力、严守规矩，用勤劳的双手和诚实的劳动创造美好生活，拒绝投机取巧、远离自作聪明。

——2019 年 4 月 30 日，习近平在纪念五四运动 100 周年大会上的讲话

素养提升

1. 基于对数字时代会计职业变革的理解，形成勇于挑战未来和迎接未来的职业自信。

2. 分析会计职业道德规则的未来演化，引领会计职业道德的未来变革。

学习目标

1. 了解会计职业的未来变革趋势；
2. 了解会计职业道德困境的演化趋势；
3. 理解会计职业道德规范的发展趋势。

思维导图

引例

戴头盔看房：人脸识别系统拆不拆？

近年来，部分地产售楼处开始使用人脸识别技术来进行客户比对，以防止“飞单”。就是说，凡是中介带过来的客户，开发商都会通过人脸识别进行人脸比对，如果发现这个客户之前主动到访过，则会判定中介的带客行为无效，不支付佣金，能很好地防止“飞单”。采用这一技术，有的售楼处每年直接节省千万元佣金。但这给一些看房者造成了困扰。2020 年 11 月，济南一看房者戴头盔看房，以防止人脸信息被采集，看房者宣称“被售楼处人脸识别拍到，买房要多花 30 万元”。这反映了人们对人脸识别技术滥用的不满与担忧。

当下，包括商场、餐馆、美容院、动物园在内的许多商业机构及学校、养老院、车站等公共服务场所都在探索人脸识别技术的使用。人脸不像手机号、密码那样可以随意修改，也不像指纹那样需要主动操作，而是公开外露，在本人毫无知觉的情况下就能被采集。此外，照片、视频、伪造 3D 头套等有时也能被识别，增加了人脸识别应用的不可控性。人脸信息一旦落入不法分子之手，其产生的道德问题不堪设想。这引发了社会广泛的思考：商业机构的人脸识别系统该不该拆？

资料来源：甄素静，黄婉银，吴若凡. 售楼部人脸识别系统：抓到一笔飞单就回本，渠道费之争是最大症结.（2020-11-24）[2024-09-04]. 每经网.

如本章引例所述，数字化技术可能会危及现有的伦理秩序、触发新的伦理问题，从而需要道德规范重塑，对于会计职业而言亦是如此。20 世纪中后期以来，现代会计出现了诸多重大变革，REA 会计、REAL 会计、ERP、FSS 等会计管理思想应运而生。21 世纪以来，互联网、物联网、大数据、云计算、区块链和人工智能等数字化技术与现代会计进一步高度融合，正在重塑整个会计职业。为此，本章以数字时代为背景，阐述会计职业的变革趋势、会计职业道德困境的演化趋势以及会计职业道德规范的发展趋势。

第一节 会计职业变革趋势

第一节
即测即评

会计信息只是信息使用者能获得的诸多信息中的一种，会计信息与其他渠道的信息，如财务分析师、媒体、网络等存在着竞争和补充的关系。现行会计只采集了有关业务事项数据的一个子集，即满足会计事项定义的那些数据（胡玉明，2005）。现实与理想的差距倒逼会计管理思想的变革以及与现代技术的融合发展。受此影响，新兴会计职业的诞生成为一种不可逆转的趋势。

一、会计职业变革的动因

（一）思想动因

1. REA 会计和 REAL 会计

美国学者乔治 · 索特（George Sorter）认为，现行会计构筑于价值法基础上，价值法假设会计信息使用者的信息需求是确知的，而这与现实不符，于是提出了 REA（resources，events，agents）会计的观点。索特指出，会计信息使用者对会计信息的需求具有个性化特征，依赖于个人的期望函数、个人的偏好函数、个人的决策模型以及决策者的心理类型等，并且同一信息使用者在不同时期也会有不同的信息要求。因此，会计师不应对数据进行处理，而是以更加原始的方式呈现在会计信息使用者的面前，数据的处理权应交还给会计信息使用者。随后，美国学者麦卡锡于 1982 年在 *Accounting Review* 对索特的观点进行了演化，提出了 REAL 会计模型，即会计师只需要记录经济业务涉及的资源（resource）、事件（event）、参与者（agent）和地点（location）。基于此，会计师应在更大范围内收集和整理数据，而不仅仅局限于会计数据。

2. ERP 和 FSS 理念

ERP（enterprise resource planning）和 FSS（financial shared service）理念是会计与现代技术高度融合下的重要思想，也是 REA 会计和 REAL 会计思想的具体体现。ERP 将企业物资资源管理（物流）、人力资源管理（人流）、财务资源管理（财务流）、信息资源管理（信息流）等集成到一个系统之中，而 FSS 和财务业务一体化理念让诸多会计基础工作集中到财务共享服务中心（financial shared service center，FSSC）。为更好地实现 ERP 和 FSS 理念，求助于数据分析和人工智能等现代技术成为当前职业会计师的首要选择。在现代技术的推动下，会计职业必将面临翻天覆地的变化。

中国核电的智能化财务共享中心

拓展阅读
苏能股份：智慧财务引领高质量发展新篇章

为满足业务高速发展需求和实现企业数字化转型目标，中国核能电力股份有限公司（以下简称中国核电）通过“ERP＋”打造会计共享、智能财务体系，以私有云形式构建会计共享中心。中国核电会计共享中心分一期和二期完成。一期主要实现资源共享和标准化。其一，以预算和立项为抓手，实现了预算、立项、合同、支付和会计核算的全过程管控；其二，以需求、工单、库存为主线，与ERP供应链管理模块数据和业务流程紧密集成，实现跨平台备件、库存和定额一体化管理；其三，实现了全员的全过程管理，减轻人力资源管理面临的压力，包括员工入职、调动、出勤、缺勤、薪资计算以及离职等业务场景管理；其四，对资产的全过程管理，涉及资产信息的构建、资产采购以及报废等；其五，实现数据部分支持JYK（计划、预算、考核）全过程。二期项目，是在一期人财物一体化基础上，实现板块级管理应用提升。项目实施内容包括：第一，统筹设计投资项目全生命周期管理；第二，支撑会计共享、提升财务标准化；第三，优化采集协同，强化合同管理；第四，优化培训与岗位授权；第五，推动全面预算，加强资金管理。项目实施完成后，中国核电极大地统一了核算标准，规范了业务流程，降低了财务风险。

案例来源：管会教育. 中国核电财务共享中心的智能化升级之路.（2020-03-30）[2024-09-04]. 搜狐网.

（二）社会动因

1. 数据思维方式

2007年，詹姆斯·格雷（James Gray）提出了科学的第四范式（the fourth paradigm of science），这标志着数据密集型科学和数据思维的到来。数字时代，ERP系统和FSSC等得到广泛应用，传统会计凭证、账簿、报表和经济业务数据以电子形式存在。若继续采用原有会计处理方式对会计数据进行深加工，一方面会计数据处理速度过慢，会计信息的及时性会受到影响，另一方面不能满足经营管理决策对会计信息的多样化需求，难以适应瞬息万变的市场环境。信息加工所面临的掣肘倒逼会计职业求助于数据思维方式，将会计、财务管理和审计等分析技术模型化，再将数据导入模型，进而得出分析结论。如经营管理层需要得到实时的销售业务数据时，会计师只需要运用SQL语言建立模型就可在短时间内完成相关统计工作，并形成统计报表。由此，数据分析工作将成为会计工作的主体，成为会计师的日常工作。

数据资产入表：会计思维的革新

2024年1月1日，财政部正式施行的《企业数据资源相关会计处理暂行规定》，标志着数据资产入表从自愿行为转变为强制要求，进入了实质性的实践阶段。这一变革不仅推动了数据资产在上市公司财报中的披露，也促使会计思维发生深刻变化。

数据资产入表实践情况

根据东方财富choice金融终端统计数据，2024年半年报共有40家上市公司在主表中披露数据资源，相较于一季报的18家，披露企业数量增长了122%，涉及的总金额也增长了10倍以上。这一显著增长反映了上市公司对数据资产价值的认识加深，并主动将其纳入财务报告体系。在披露的数据资源中，存货、无形资产和开发支出是主要的会计科目。其中，26家公司选择将数据资源计入无形资产，体现了数据资产作为非货币性长期资产的重要地位。同时，也有公司如开普云，其数据资源金额较一季报增长了接近2倍，显示了数据资产在价值创造中的巨大潜力。

会计思维的转变

数据资产入表不仅要求企业准确计量和报告数据资源的价值，更推动了会计思维从传统的物质资产向非物质资产转变。随着数字化转型的推进，越来越多的企业开始重视数据资产的管理和利用，但整体而言，披露数据资源的上市公司数量和金额占整个A股市场的比例还相对较小。部分上市公司在披露数据资源时出现了更正公告，如惠同新材、晶华新材等，将数据资源金额清零。这一现象反映出上市公司会计师对数据资产的理解仍不够完整准确，可能存在将其他无形资产误作数据资产的情况。这也提醒企业在数据资产入表过程中需要更加谨慎和规范。

规范化推进与详细披露

在半年报披露过程中，上市公司正在积极、稳步地推进数据资产规范化入表。许多公司对入表的数据资源进行了详细说明，如中远海科对其“船视宝”数字化产品的收入计入无形资产进行了详细解释，航天宏图则对其自行开发的“宏图1号SAR数据”开发阶段支出进行了资本化处理。这些详细披露不仅有助于投资者更好地理解公司的数据资产价值，也为其他企业提供了有益的参考和借鉴。随着越来越多的企业开始探索数据资产入表，规范化推进和详细披露将成为未来的发展趋势。

随着越来越多的企业开始将数据资产纳入财务报告体系，会计思维将发生深刻变化。未来，数据资产将成为企业价值创造和经济增长的重要驱动力。

资料来源：盛波. 上市公司数据资产入表稳步推进 数字经济焕发新动能.（2024-09-27）[2024-11-04]. 新华网.

2. 新型劳动形态

从蒸汽机技术到人工智能，人类社会经历了四次工业革命，即以蒸汽机和制造自动化为代表的第一次工业革命、以电和生产批量化为代表的第二次工业革命、以信息技术和生产可编程化为代表的第三次工业革命和以智能制造为代表的第四次工业革命。每一次工业革命都引发了劳动形态的重大变革，第一次工业革命，机器生产逐步取代了手工劳动；第二次工业革命，机器大生产促使雇佣劳动关系成为一种社会常态；第三次工业革命出现，服务业逐步取代工业统治地位，企业对劳动力的需求趋向灵活化；而第四次工业革命将促进灵活就业人数逐步增加，劳动时间的碎片化、劳动场所的灵活化和劳动管理的虚拟化会使以需求为中心的新型劳动形态逐步出现（田思路、刘兆光，2019）。未来会计劳动形态将呈现多样化的特征，远程劳动、共享劳动、人机协同劳动和委托劳动等形态将占据未来会计工作的主导地位，人工智能将登上会计工作的历史舞台。

（三）技术动因

数字时代，借助计算机、互联网、物联网、大数据、云计算、区块链和人工智能等现代技术实现会计管理思想和理念、数据思维方式和劳动形态的转变，已经成为会计技术和会计职业发展不可扭转的变革趋势。当前，推动会计管理思想和理念、数据思维方式和新型劳动形态成为现实的技术力量主要来自互联网、物联网、大数据、云计算、区块链和人工智能。这些现代技术力量以其独特的优势正在影响着会计工作的各个方面，如表 8－1 所示。根据现代技术在会计中的应用，可以将其划分为促进数据思维方式应用的现代技术和促进劳动形态演变的现代技术。但我们不能将互联网、物联网、大数据、区块链和人工智能等根据上述类型进行精确归类，因为任何技术都可能服务于双重目的。以人工智能为例：一方面可以应用人工智能直接取代会计师；另一方面，人工智能自身携带的数据分析技术，也会促使数据思维方式成为现实。

表 8－1　现代技术的优势与应用价值

技术名称	基本解释	优势及其在会计领域的应用
互联网	各小型网络以一组通用的协议相连，形成逻辑上的单一巨大国际网络	不受空间限制交换会计数据；会计数据更新速度快；交换会计数据或会计信息具有互动性；会计数据交换的使用成本低；会计数据交换的发展趋向于个性化；有价值的会计数据被资源整合，会计数据储存量大、高效、快速；会计数据能以结构化数据、半结构化数据和非结构化数据形式交换或存在；提升会计工作的效率和效果等

续表

技术名称	基本解释	优势及其在会计领域的应用
物联网	以互联网为基础延伸和扩展的网络，将各种信息传感设备与互联网结合起来形成一个巨大网络，实现在任何时间、任何地点，人、机、物的互联互通	除具备互联网的优势外，还具备如下优势：(1) 经济价值。通过保留原有会计数据获取与处理设备可以大幅减少成本。(2) 会计数据交换价值。使用跟互联网同样的 IP 技术，会计数据之间的交互和访问不会造成额外的损耗。(3) 应用价值。可以投入社会生产生活各个领域，其会计数据反馈的即时性可以减少因灾难造成的损失
大数据	数据规模超出传统数据库管理软件的获取、存储、管理、分析能力的数据集	提高会计数据处理速度，降低会计数据获取、存储、管理、分析成本，改善会计服务水平，更精准地辅助经营管理决策，提升会计工作的效率和效果等
云计算	通过网络"云"将巨大的数据计算处理程序分解成无数个小程序，通过多部服务器组成的系统进行处理和分析，将这些小程序得到的结果返回给用户	节省会计数据获取、存储、管理、分析成本，实现会计数据采集、存储和处理资源的整合，实现跨平台的会计数据处理，轻松管理会计数据、减少会计师需求、节省会计数据处理时间，会计数据获取、存储、管理、分析更加安全和节能环保等，提升会计工作的效率和效果等
区块链	属于信息技术领域的术语，本质上是一个共享数据库	存储于区块链上的会计数据具有不可篡改、分布式账本、时间戳、网络共识、可编程的特征，提升会计工作的效率和效果等
人工智能	利用数字计算机或者数字计算机控制的机器模拟、延伸和扩展人的智能，感知环境、获取知识并使用知识获得最佳结果的理论、方法、技术和应用系统	促进会计处理效率和效果的提升；降低会计工作岗位的难度；减少相关人员对会计工作的干预，增强会计工作的独立性；加速会计工作创新的速度等

综上所述，现代技术在会计领域的应用促使数据思维方式和新型劳动形态成为现实，进而提升会计信息生产的效率和效果，加速会计管理思想或理念的应用进程。一方面，现代技术以其独特的优势提升了会计信息生产的效率和效果，减少了传统会计师的需求数量；另一方面，将现有会计师从繁杂的基础劳动中解放出来，更好地辅助企业经营管理决策（见图 8-1）。

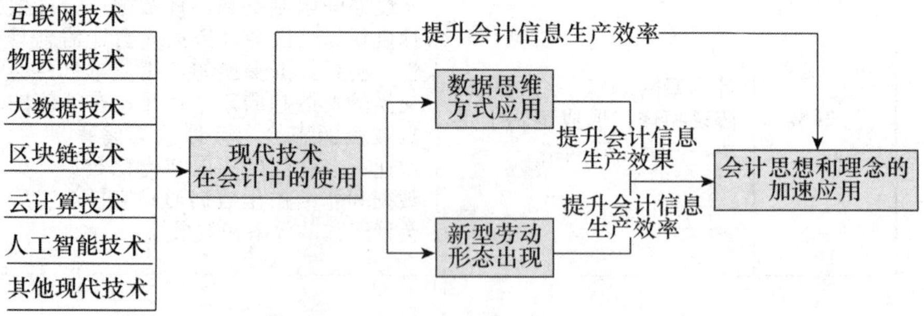

图 8-1 现代技术对会计的影响

二、会计职业变革的趋势

在思想动因、社会动因和技术动因的推动下，会计职业变革呈现三大发展趋势：（1）内部控制工作信息化趋势，即ERP和FSS理念在现代技术的推动下促使信息系统得到广泛应用，而内部控制会被嵌入到信息系统之中；（2）会计工作数据化趋势，即REA会计和REAL会计理念在现代技术的推动下促使会计信息收集整理范围扩大，会计工作对象由纸制凭证、账簿及报表演变为电子数据，数据思维方式推动会计工作呈现数据化特征；（3）会计工作智能化趋势，即现代技术将促进远程劳动、共享劳动、人机协同劳动和委托劳动等会计劳动形态变为现实。受此影响，会计职业将呈现诸多变化特征和发展趋势，并催生出许多新兴会计职业，如图8-2所示。

拓展阅读
世界经济论坛：未来就业

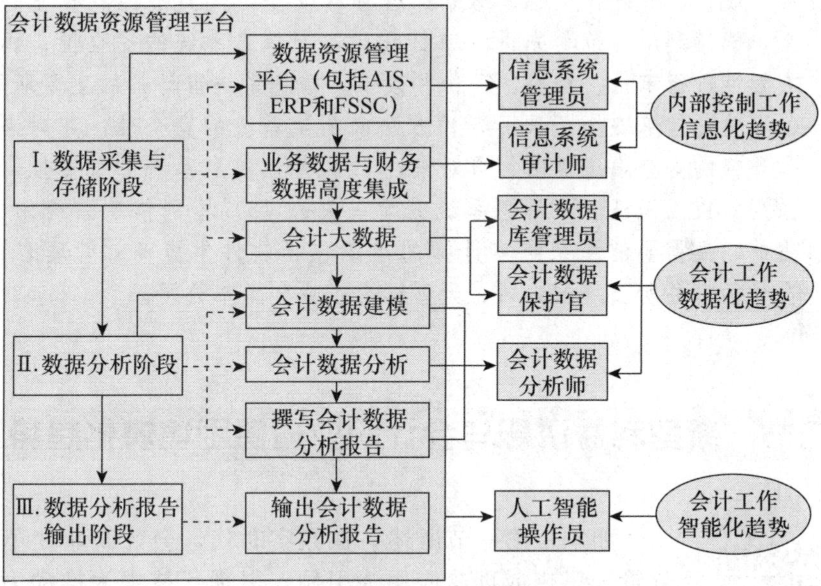

图8-2　会计职业变革趋势

1. 信息系统管理员和信息系统审计师

数字时代，ERP和FSSC等的广泛应用使得信息系统的可靠性受到广泛关注，信息系统的可靠性直接关乎会计数据的真实性和可靠性。由此，信息系统管理员和信息系统审计师将是数字时代最主要的会计职业之一。

2. 会计数据分析师、会计数据库管理员、会计数据保护官

当前，会计专家主要依靠自身判断做出相应的财务决策，而在数字时代，会计领域的决策更多依靠数据做出。会计专家的光芒会因为数据分析师的出现而变暗，数据分析师等新兴会计职业将兴起。此外，数据分析工作的前提条件是存在可供分析的大数据，因此如何获取、管理和保护会计大数据将变得至关重要。受此影响，会计数据库管理员和数据保护官将进入会计师的范畴。

3. 人工智能操作员

人工智能的应用正在改变会计职业的劳动市场结构，未来很多会计师的工作将被类人机器人取代，工作机会将越来越少。随之发生的职业变革将是人工智能操作员在会计领域的出现。

信息系统审计师

信息系统审计师（certified information system auditor，CISA）是国际注册信息系统审计师的简称，也称为 IT 审计师，是指获取信息系统审计与控制协会（The Information System Audit and Control Association，ISACA）颁发的 CISA 资格证书的专业人士。他们既通晓信息系统的软件、硬件、开发、运营、维护、管理和安全，又熟悉经济管理的核心要义，能够利用规范和先进的审计技术，对信息系统的安全性、稳定性和有效性进行审计、检查、评价和改造。信息系统审计师的主要职责包括：（1）关注信息安全，采用各种方法来测试系统的安全性，并对来自内部和外部的安全隐患提出相应对策；（2）关注信息系统的稳定性，提出一系列对策以保证客户信息系统万无一失；（3）鉴别信息系统的有效性。当前，最需要信息系统审计师的组织包括软件供应商、管理咨询机构、会计师事务所、跨国公司、大型国有企业和上市公司。

第二节 新型利益诱惑与会计职业道德困境演化趋势

第二节
即测即评

如本章第一节所述，在数字时代，会计职业变革以加速会计管理思想或理念应用为引领，以现代技术为推动力，最终促成数据思维方式的应用和会计劳动形态的演变。信息系统管理员、信息系统审计师、会计数据分析师、会计数据库管理员、会计数据保护官和人工智能操作员等将进入职业会计师的行列。新兴会计职业在提高会计工作效率和效果方面具有天然优势，但也导致会计职业道德困境的演化，面临更多的利益诱惑与道德困境。

一、新型利益诱惑

会计职业道德困境的一个重要根源为利益诱惑。在数字时代，会计师同样面临经济利益、政治利益等方面的诱惑，并新增了数据价值和会计免责的诱惑①，如图 8－3 所示。

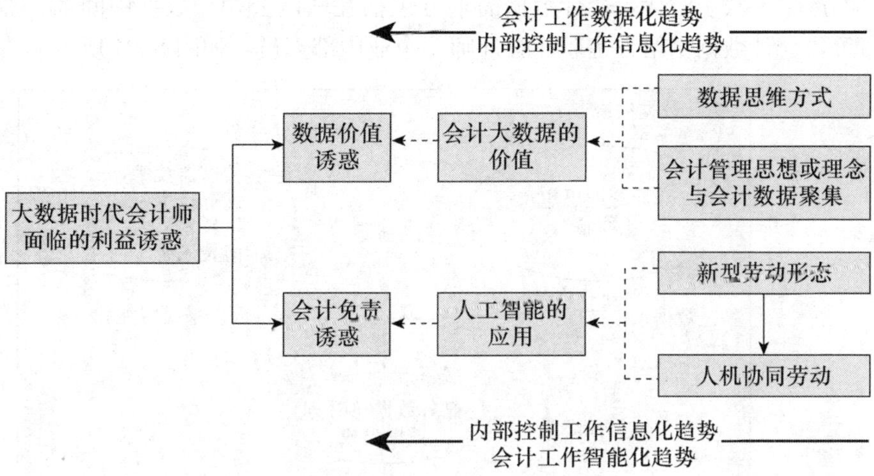

图 8－3　会计职业的新型利益诱惑

（一）数据价值诱惑

拓展阅读
2023 年全球数据泄露十大事件

数字时代，内部控制工作全面信息化后，信息系统在企业或政府部门广泛使用，信息系统管理员掌握着受雇单位最为全面的数据库，而会计工作的数据化也使得会计师掌握着受雇单位大量的底层电子数据。由此，数据将成为最大的生产资料，数据价值成为会计师利益诱惑的主要内容之一。

1. 数据价值诱惑的供给方与需求方

国家互联网信息办公室发布的《数字中国发展报告（2023 年）》显示，2023 年，我国数据生产总量达 32.85ZB，同比增长 22.44%，数据存储总量达 1.73ZB，数字经济核心产业增加值占 GDP 10%左右。互联网数据中心（Internet Data Center，IDC）于 2023 年发布的研究报告显示，传统行业企业数据中心需求将在未来几年逐步释放，预计到 2029 年整体 IDC 业务市场规模可达 2.88 万亿元左右。数据库管理、数据分析技术和机器学习等技能运用的基础是数据这个“金矿”。面对如此庞大的数据规模，如何挖掘大数据背后隐藏的潜在商业价值，成为上游供应商、竞争对手、下游销售商等获取竞争优势的必然选择。

数字时代，会计管理思想或理念扩大了会计数据采集范围，业务信息系统与财务信息系统的“信息孤岛”被打破，传感器、云计算、区块链和人工智能等现代技术促使业务数据与财务数据高度集成，进而形成会计大数据。一旦认识到数据本身所拥有的价值，利益不对称的情况可能会驱使会计师将掌握的数据进行出售或共享。在所有权与经营权分离的情况下，借助消除数据的出售或共享日志等手段，成功逃避利益相关者的监管并非难事。由此，数据价值将成

① 由于本书前面章节对传统时代下的会计职业道德困境及其规范已进行详细阐述，因此这里只介绍数字时代职业会计师所面临的数据价值诱惑和会计免责诱惑。

为数字时代利益诱惑的新内容。数据价值利益诱惑会促成会计大数据供求关系的产生。数字时代，会计数据需求方包括互联网公司、数据中间商、竞争对手等，会计数据供给方是职业会计师等企业内部人员，如图8-4所示。

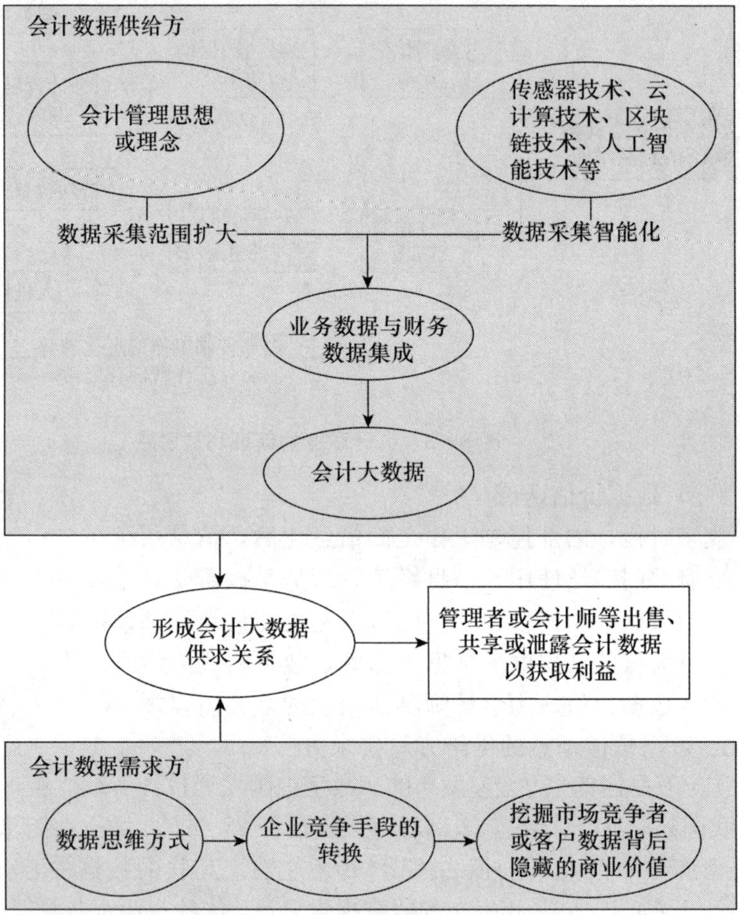

图8-4　会计大数据供求关系

2. 数据价值诱惑的参与方

企业数据相关关系挖掘可以提升经营管理决策的科学性与合理性，竞争对手的数据挖掘可以为赢得竞争夯实基础，数据分析公司的数据挖掘行为可以为利益相关者提供有针对性的销售策略、生产策略、采购策略等。数据价值诱惑的参与方既来自企业内部，也来自企业外部，如表8-2所示。

表8-2　部分行业数据泄露的相关信息

行业	数据泄露事件/攻击事件	威胁因素	驱动因素	泄露的数据
住宿和食品服务	92/125	外部79% 内部22% 多重1% 合作伙伴1%	经济驱动98%	付款信息68% 个人信息44% 凭证14% 其他10%

续表

行业	数据泄露事件/攻击事件	威胁因素	驱动因素	泄露的数据
艺术、娱乐和休闲	98/194	外部 67% 内部 33% 多重 1% 合作伙伴 1%	经济驱动 94% 职务便利 6%	个人信息 84% 医疗信息 31% 其他 26% 支付信息 25%
建筑	25/37	外部 95% 内部 5%	经济驱动 84%～100% 怨恨（事件）小于 16%	个人信息及凭证 100%
教育	228/819	外部 67% 内部 33% 多重 1% 合作伙伴 1%	经济驱动 92% 职务便利 3% 间谍 3% 次要攻击 2%	个人信息 75% 凭证信息 30% 其他 23% 内部资料 13%
金融和保险	448/1 509	外部 64% 内部 35% 多重 1% 合作伙伴 2%	经济驱动 91% 间谍 3% 怨恨 3%	个人信息 77% 其他 35% 凭证 35% 银行数据 32%
医疗健康和社会保障	521/798	外部 51% 内部 48% 合作伙伴 2% 多重 1%	经济驱动 88% 兴趣使然 4% 职务便利 2%	个人信息 77% 医疗信息 67% 其他 18% 凭证 18%
信息	360/5 741	外部 67% 内部 34% 合作伙伴 2% 多重 2%	经济驱动 88% 间谍 7% 兴趣 2% 怨恨 2% 其他 1%	个人信息 69% 凭证 41% 其他 34% 内部信息 16%
制造	381/922	外部 75% 内部 25% 合作伙伴 1%	经济驱动 73% 间谍 27%	凭证信息 55% 个人信息 49% 其他 25% 付款信息 20%
公共管理	346/6 843	外部 59% 内部 43% 多重 2% 合作伙伴 1%	经济驱动 75% 间谍 19%	个人信息 51% 其他 34% 凭证信息 33% 内部信息 14%
零售	146/287	外部 75% 内部 25% 合作伙伴 1% 多重 1%	经济驱动 99% 间谍 1%	个人信息 49% 支付信息 47% 凭证 27% 其他 25%

资料来源：美创科技. Verizon：2020 年数据泄露调查报告.（2020-06-18）[2024-09-04]. freebuf 网站.

数字时代，错综复杂的参与方将促使数据价值的利益诱惑变得更加复杂。数据价值的利益诱惑的参与方既包括管理者、会计师、云服务提供商等数据供给方，也包括数据需求方，如平台公司、数据中间商、竞争对手等（如图 8-5 所示）。

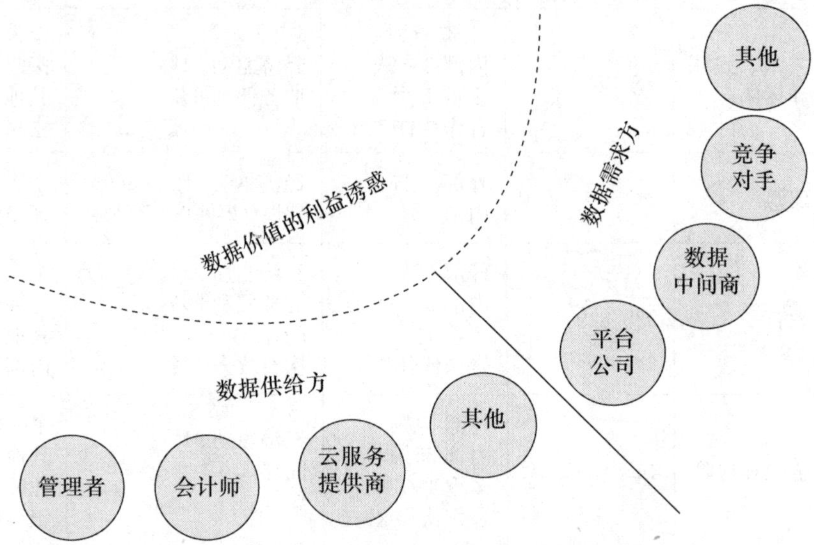

图 8-5 数据价值的利益诱惑的参与方

（二）会计免责诱惑

区块链、云计算、人工智能等现代技术对会计师的影响必将是全方位的，人机协同劳动形态将成为未来会计师执业的主要形态。当前，人工智能的相关法律法规还不健全，如何划分人工智能与会计师的权责尚属于探索阶段，从而导致在数字时代，会计师因潜在的免责而新增更多的基于利益驱动的不道德行为。相比传统时代，这些新增的不道德行为，可能具有更强的隐蔽性、无痕性与不可追溯性，这将在更大程度上加大识别、评价与应对相关事项对职业道德的不利影响的难度。

数字时代，会计师很可能会与利益相关者形成一致同盟，从而侵害受雇单位的利益，具体表现为以下两种情形：

（1）面对数据价值的利益诱惑时，会计师与数据需求方达成利益一致同盟，利用人工智能窃取受雇单位会计数据，并利用人工智能法律法规的不健全和现代技术手段抹掉违规操作记录，将责任推卸给人工智能，甚至将人工智能毁掉以逃脱法律责任。

（2）面对物质、情况或行为等利益诱惑时，违规利用人工智能协助其完成不道德行为，降低会计服务供给质量，并利用电子数据无痕修改的特性抹掉违规操作记录，让人工智能成为会计师不道德行为的替代品。如会计师利用人工智能"唯命是从"的特性，在人工智能中输入欺骗性或欺诈性指令，从而达到欺骗利益相关者的目的。由此，人工智能将为会计师不道德行为的实施提供新的、潜在的免责机会。

特斯拉机器人伤人事件

2021 年，特斯拉位于得克萨斯州奥斯汀附近的工厂发生了一起机器人伤人的意外事件。事故发生时，工程师正在为附近两台出故障的机器人编写软件程序，“暴走”的机器人突然压住他，将金属爪伸向他的背部和手臂，其他同事按下紧急停止按钮后，机器人才停止了动作。事故之后，受害者左手留下了一个严重的“开放性伤口”。值得警醒的是，人工智能随着时代的变化而发展，它一方面不断获得科学上新的进展，另一方面也带来了更多不确定的危险。由此引发的法律责任问题变得更加重要，人工智能产品究竟是法律关系中的主体还是客体？人工智能侵权的归责原则和人工智能侵权责任的承担者等问题亟待明确。

资料来源：刘宗亚. 惊悚！特斯拉机器人暴力袭击工程师. (2023-12-27)[2024-09-04]. 参考消息网.

二、会计职业道德困境演化趋势

数字时代，会计师首先面临的职业道德困境是专业胜任能力不足的问题，即会计师的专业知识和技能不能胜任数字时代对会计工作的要求。此外，在数据价值和会计免责的影响下，会计师还将面临信息系统相关道德困境、会计数据管理相关道德困境和会计职业道德物化困境等。

（一）数据相关专业胜任能力困境

数据相关专业胜任能力困境，是指会计师缺乏信息系统和人工智能应用与管理方面的专业技能，或缺乏数据采集、存储、处理、输出方面的专业技能，导致数据保密、数据安全、资产保全责任不能履行以及其他不道德行为的产生。当前，绝大部分会计师没有获得数字时代会计工作的专业技能，这无疑会对会计服务质量产生影响，甚至导致受雇单位数据保密、数据安全、资产保全责任不能履行以及其他不道德行为的出现。表 8-3 列举了产生数据相关专业胜任能力困境的部分具体情形。

表 8-3 产生数据相关专业胜任能力困境的部分具体情形

序号	部分具体情形
1	不具备信息系统操作的专业知识和技能。比如，会计师认为只要设置好财务软件或 ERP 软件系统密码，数据就不会泄露。事实上，只要后台数据库未设置安全措施，会计数据就有可能泄露
2	不具备数据采集和存储方面的专业知识和技能。比如，会计师对数据未进行备份，导致受雇单位数据丢失
3	不具备数据分析方面的专业知识和技能。比如，受雇单位会计数据全面电子化后，不能构建数据分析模型对受雇单位电子数据进行处理

续表

序号	部分具体情形
4	不具备数据安全方面的专业知识和技能。比如，通过网络手段传递未经加密的企业会计数据或非会计数据，被网络黑客所截取，或数据处理导致单位信息系统瘫痪
5	不具备人工智能操作方面的专业知识和技能。比如，未掌握财务机器人的操作手册或操作规则，非法操作导致财务机器人系统瘫痪，进而丢失数据

拓展阅读
《App违法违规收集使用个人信息专项治理报告》

（二）会计信息系统相关道德困境

会计信息系统相关道德困境，是指会计师及相关人员在信息系统规划与组织、设计、操作、安全控制、维护与灾难恢复以及鉴证等方面的违规违法操作行为或其他不道德行为，导致数据保密、数据安全及资产保全责任不能履行以及其他不道德行为的发生。数字时代，任何违规违法行为的产生都可能会导致受雇单位数据资产和信息系统资产保全责任得不到履行，抑或围绕信息系统实施各种不道德行为。表8-4列举了产生会计信息系统相关道德困境的部分具体情形。

表8-4　产生会计信息系统相关道德困境的部分具体情形

序号	部分具体情形
1	信息系统规划与组织中的违规违法行为或其他不道德行为。比如，违反当前会计职业道德的相关规定，在信息系统中嵌入反记账、反结账等功能
2	信息系统设计中的违规违法行为或其他不道德行为。比如，设计师在信息系统中保留开发商的管理权限，保留超级管理员权限，或者预留数据采集的后门程序等
3	信息系统操作控制中的违规违法行为或其他不道德行为。比如，违反规定上传下载数据，并清除系统操作日志
4	信息系统安全控制中的违规违法行为或其他不道德行为。比如，未定期检查信息系统软硬件安全环境，未能及时制定有效的安全管理措施
5	信息系统维护与灾难恢复控制中违规违法行为或其他不道德行为。比如，未能及时更新信息系统，数据库受到非法访问
6	信息系统审计中的违规违法行为或其他不道德行为。比如，出于窃取受雇单位数据的考虑，不报告被审计单位信息系统的设计缺陷、执行缺陷

（三）会计数据管理相关道德困境

会计数据管理相关道德困境，是指会计师的数据采集、存储、分析、输出行为危及受雇单位的数据资产保全责任，或导致其他不道德行为的发生。通常来讲，数据管理的道德困境涉及数据采集、数据安全、数据滥用等方面。在数字时代，数据同企业存货、固定资产和无形资产等一样，属于企业的重要资产。随着REA会计、REAL会计、ERP、FSS等理念在企业中的应用，会计数据存储的范围逐步扩展至非会计数据。同时，供应链会计信息共享理论的提出，要求企业会计数据和非会计数据在供应链企业之间共享；跨国公司的财务信息共享服务则要求企业会计数据和非会计数据在全球各子公司甚至供应链之间共享。会计大数据的产生及应用价值彰显了会计数据管理道德的重要性，即会计师能否经得起数据利益诱惑的考验。表 8－5 列举了产生会计数据管理相关道德困境的部分具体情形。

表 8－5　产生会计数据管理相关道德困境的部分具体情形

序号	部分具体情形
1	数据采集过程中的违规违法行为或其他不道德行为。比如，远程数据采集行为未做数据加密处理，导致数据泄露事件的发生
2	数据存储过程中的违规违法行为或其他不道德行为。比如，未建立数据存储的安全防护机制，导致黑客侵入，锁死受雇单位数据库，进而导致经济利益的损失
3	数据分析过程中的违规违法行为或其他不道德行为。比如，会计师出于投资股票的目的分析受雇单位会计数据，进而获取非法利益
4	数据输出过程中的违规违法行为或其他不道德行为。比如，出于商业目的等随意输出与受雇单位相关的数据，并随意删除数据输出日志

（四）会计职业道德物化困境

会计职业道德物化困境，是指拥有自由意志或自主能力的人工智能和自主系统违反会计职业道德的行为，危及受雇单位的资产保全责任和经营管理决策，或导致其他不道德行为的发生。弗雷和奥斯本（Frey and Osborne，2013）的研究表明，超过 45％的当前职业在未来 10～20 年极易受到自动化的影响或被取代，会计和审计人员被取代的可能性为 94％，如表 8－6 所示。

表 8－6　职业实现自动化的概率统计表

职业	自动化的概率
飞机乘务员	35％
经济学家	43％
警察、消防员和救护车调度员	49％
商业飞行员	55％
图书馆管理员	65％
医务秘书	81％
出租车司机	89％
会计和审计人员	94％
出纳	97％
报税人	99％

资料来源：FREY，OSBORNE. The future of employment：how susceptible are jobs to computerization?. Technological forecasting & social change，2017，114：254-280.

人工智能引发的人类自我解放，会引发会计职业道德物化后的相关问题。在处理会计师违规违法等不道德行为方面，人类社会积累了丰富的经验，但在如何应对人工智能的不道德行为方面，人类社会还没有做好充分的准备。如果不良情绪被植入人工智能系统中，将会给会计职业道德的履行带来诸多麻烦。表8-7列举了产生会计职业道德物化困境的部分具体情形。

表8-7　产生会计职业道德物化困境的部分具体情形

序号	部分具体情形
1	是否应当赋予人工智能以会计主体资格？人工智能系统能否像人类一样作出正确的会计判断？其会计判断是否有利于企业经营管理者作出正确的决策？是否会在不良情绪的影响下提供与经营管理决策无关的会计信息？是否应当具备道德能动性？
2	如何正确认识人工智能与会计师的权责问题？人工智能出现非理性行为，其责任应当由谁来承担？人工智能是否会成为会计师免责替代品？会计师是否会出于利益滥用人工智能？会计师滥用人工智能应当承担什么样的后果？会计师操作人工智能的职业行为应当如何约束？
3	如何处理会计师职业道德和机器道德的关系问题？具有自主学习功能的机器所产生的机器道德是否会危及会计师职业道德？机器所产生优良职业道德如何"反哺"会计职业道德？

T-Mobile因连续三年数据泄露被罚1 575万美元

2024年10月，美国联邦通信委员会执法局宣布，对运营商T-Mobile处以1 575万美元（约合1.1亿元人民币）的罚款。这一处罚决定源于T-Mobile在2021—2023年连续三年发生的数据泄露事件，这些事件对数百万用户的信息安全造成了严重影响。

据联邦通信委员会调查，在这三年间，T-Mobile的用户数据多次被黑客窃取。泄露的信息包括用户的姓名、地址、出生日期、社保号、驾驶证件以及账单等敏感信息。这些信息的泄露不仅侵犯了用户的隐私权，还可能导致用户面临身份盗窃、金融欺诈等风险。

联邦通信委员会指控T-Mobile未能履行其保护私人信息机密性的法律义务，同时指责该公司在数据安全方面存在重大疏忽，未能采取合理措施来保障用户数据的安全。此外，委员会还指出，T-Mobile在向客户宣传其信息安全做法时存在误导性陈述，进一步加剧了用户对其信息安全能力的信任危机。

根据协议，T-Mobile将支付1 575万美元的罚款，并承诺将加强其数据安全措施，以防止类似事件再次发生。此次处罚不仅是对T-Mobile未能履行其信息安全义务的严厉警告，也提醒其他企业和机构必须高度重视信息安全问题。随着数字化时代的到来，数据泄露事件频发，企业和机构需要不断加强信息安全防护，确保用户数据的安全和隐私。

资料来源：沈瑾瑜. T-Mobile 连续三年数据泄露，被罚 1 575 万美元!.（2024-10-02）[2024-11-04]. ITBEAR 科技资讯网站.

第三节　会计职业道德规范发展趋势

数据价值和会计免责等数字时代的利益诱惑，让会计师面临新的数据专业胜任能力困境、会计信息系统相关道德困境、会计数据资源管理相关道德困境和会计职业道德物化困境。如何规范数字时代的会计职业道德成为一项重大课题，本节主要阐述会计职业道德规范的发展趋势。

第三节
即测即评

一、会计师专业胜任能力规范发展趋势

数字时代，保持专业胜任能力是会计师应当履行的义务，也是更好地服务于企业经营管理决策的前提条件。GAO[1]（2018）提出，为应对数字时代数据审计的要求，数据分析师应当完善数学、统计学、计算机和数据方法等方面的技能。由此，结合数字时代会计师的职业行为，会计师除应具备会计专业知识外，还需具备数据保护和人工智能方面的法律法规、信息系统管理与操作、会计数据资源管理、人工智能管理等方面的知识和技能，如表 8－8 所示。

表 8－8　数字时代会计师专业胜任能力规范

专业知识和技能模块	具体胜任能力要求
法律法规	熟悉世界各国数据保护和人工智能方面的法律法规，如欧盟发布的《通用数据保护条例》
信息系统管理与操作	掌握信息系统组织与规划，信息系统实施，信息系统操作，信息系统资产的保护，灾难恢复和业务持续计划，业务应用系统的开发，取得，实施和维护，业务过程的评价和风险管理信息资产的保护等方面知识和技能
会计数据资源管理	掌握机器学习、统计建模、实验设计、贝叶斯推理、决策树、随机预测、逻辑回归、聚类分析、降维等数据分析方面的知识和技能
	掌握会计数据库管理方面的知识和技能，即掌握计算机科学基础、脚本语言（如网络爬虫）、统计计算软件包（如 SPSS、SAS、Excel 和 Access）、关系型数据库、非关系型数据库、关系代数、并行数据库、并行查询处理、分布式计算等

① GAO（Government Accountability Office），即美国审计总署。

续表

专业知识和技能模块	具体胜任能力要求
会计数据资源管理	掌握数据分析技术与方法，包括常规数据分析技术、数据挖掘技术和大数据分析技术（如社会网络分析、数据可视化、文本挖掘分析方法）
	胜任高级管理工作、沟通技巧、视觉艺术设计、掌握可视化工具（如 Flare、D3. js、Tableau）
人工智能管理	熟悉基本的人工智能产品或技术控制与维护等方面的知识和技能
其他技能	对数据感兴趣、对业务充满激情、不受权威的影响、问题解决高手、战略眼光、积极主动、创新精神和合作精神等

对不具备数字时代专业胜任能力的会计师应通过专门培训或再教育等形式获取专业胜任能力，并通过继续教育等形式熟悉信息系统管理与操作、会计数据资源管理、人工智能管理以及相关领域的最新发展，将专业胜任能力保持在一定的高水平，以确保为受雇单位和其他利益相关者提供高水平的会计专业服务。

二、会计信息系统操作行为规范发展趋势

会计信息系统是企业内部控制的主要载体，存储着大量的业务数据和财务数据，由此，规范会计师的信息系统管理与操作行为至关重要。ISACA 在 2014 年 9 月发布的《IT 审计与鉴证框架》（Information Technology Assurance Framework）中形成了一个较为完善的信息系统审计职业道德规范体系，即以《ISACA 职业道德规范》（ISACA Code of Professional Ethics）为引领，以《IS 审计与鉴证标准》（IS Audit and Assurance Standards）中的职业道德规范为一般规则，而以《IS 审计与鉴证指南》（IS Audit and Assurance Guidelines）中的职业道德规范为具体操作规定，建立了内在逻辑一致的信息系统审计职业道德规范体系（如表 8－9 和表 8－10 所示）。

表 8－9 《ISACA 职业道德规范》对信息系统审计师的规定

序号	具体规定
1	支持并鼓励遵守有效管理企业信息系统和技术的适当标准和程序，包括审计、控制、安全和风险管理
2	按照专业标准，客观、尽职、专业地履行信息系统审计师职责
3	以合法的方式为利益相关者服务，保持高标准的行为和品格，不得诋毁信息系统审计师职业或 ISACA
4	维护在其活动过程中获得的信息的隐私和保密性，除非法律上要求披露。此类信息不得用于个人利益或发布给不恰当的第三方
5	保持在各自领域的专业能力，具备必要的技能、知识和能力，仅从事那些他们预期能够完成的活动

续表

序号	具体规定
6	将已完成工作的结果通知有关各方，包括披露其所知的所有重大事实，上述重大事实如果不披露，可能会扭曲对结果的报告
7	支持利益相关者的专业教育，提高信息系统审计师对企业信息系统和技术的治理和管理的理解，包括审计、控制、安全和风险管理

表 8-10 《IS 审计与鉴证标准》对职业道德规范的规定

准则名称	具体规定
1002 组织独立性	信息系统审计和鉴证职能部门应当独立于接受审查的领域或活动之外，使其能客观地完成审计和鉴证项目
1003 专业独立性	对于所有与审计和鉴证项目相关的问题，信息系统审计和鉴证专业人员都应当在态度和形式上保持独立性和客观性
1005 应有的职业谨慎	信息系统审计和鉴证专业人员应当在规划、执行审计和鉴证项目以及报告项目结果时采取应有的职业谨慎态度，包括遵守适用的审计专业标准
1006 业务熟练	(1) 信息系统审计和鉴证专业人员以及协助完成任务的其他人员应当掌握足以完成信息系统审计和鉴证项目的技能和熟练度，并在专业上能胜任所要求履行的工作； (2) 信息系统审计和鉴证专业人员以及协助完成任务的其他人员应当充分了解主题事项； (3) 信息系统审计和鉴证专业人员应当通过适当的持续职业教育和培训来保持专业能力
1207 违规和非法行为	(1) 在完成审计和鉴证项目期间，信息系统审计和鉴证专业人员应当考虑违规和非法行为的风险； (2) 在完成审计和鉴证项目期间，信息系统审计和鉴证专业人员应当保持职业怀疑态度； (3) 信息系统审计和鉴证专业人员应当将任何重大违规或非法行为记录在案，并及时通报给相应的当事方

同时，ISACA 在 2019 年发布的 COBIT① 框架中提出，管理目标的四个相关领域包括“调整、计划和组织（APO）”“构建、购置和实施（BAI）”“交付、服务和支持（DSS）”“监控、评价和评估（MEA）”（如图 8-6 所示）。表 8-11 结合 COBIT（2019）框架的相关规定，列举了部分会计师信息系统管理与操作的具体行为规范。

① COBIT（Control Objective for Information and Related Technology）是国际上通用的信息系统审计标准。

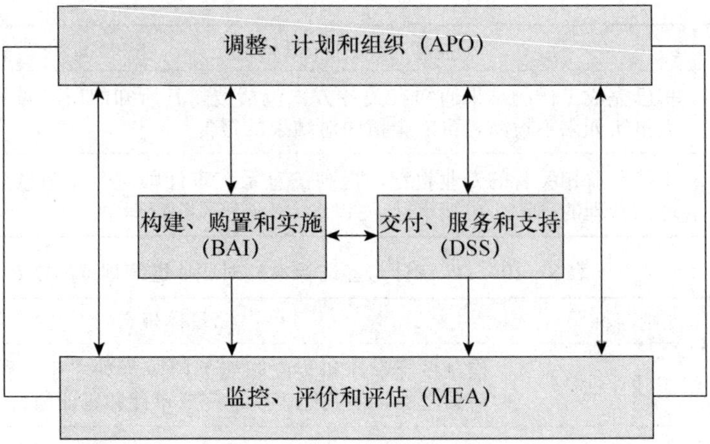

图 8-6　COBIT（2019）框架的四个相关领域

表 8-11　会计师信息系统管理与操作具体行为规范

项目	目标	具体要求
信息系统规划与组织	信息系统规划恰当，职责划分合理，不相容职责分离以及职责划分得到良好履行	（1）信息系统不得规划采集满足业务活动需求之外数据的功能，尤其是带有歧视性的会计数据； （2）信息系统不得规划违反当前会计职业道德的功能，如反记账、反结账等功能； （3）信息系统规划与组织应将不相容的职责分离； （4）信息系统权限应符合当前会计职业道德规范的要求； （5）其他与信息系统规划与组织相关的会计职业道德行为
信息系统设计	系统设计嵌入会计职业道德规范，不存在重大错误和舞弊行为	（1）设计者在信息系统设计中嵌入最低的会计职业道德要求； （2）设计者不得在信息系统中保留数据采集的后门程序； （3）设计者不得在信息系统中保留开发商的任何管理权限，尤其是超级管理员权限等； （4）系统具备重大错误和舞弊行为的提示功能或禁止功能； （5）其他与信息系统设计相关的会计职业道德行为
信息系统操作控制	会计师应当建立完善的信息系统操作管理制度，并确认各项制度有效执行	（1）不应忽视信息系统操作管理制度的建立健全； （2）不得违反信息系统操作管理制度的相关规定； （3）不得恶意清除系统操作日志，应定期检查系统操作日志； （4）不得违反规定上传和下载数据； （5）应定期备份系统数据库； （6）定期检查信息系统启动日志，确保信息系统在安全条件下运行； （7）其他与信息系统设计相关的会计职业道德行为

续表

项目	目标	具体要求
信息系统安全控制	信息系统安全控制措施健全，软硬件和数据资源得到妥善保护，信息系统安全管理制度执行有效	(1) 不应忽视信息系统安全管理制度的建立健全； (2) 安全管理员定期检查信息系统实体安全环境，及时制定有效的安全管理措施； (3) 安全管理员定期检查信息系统软硬件安全环境，及时制定有效的安全管理措施； (4) 安全管理员模仿系统入侵者，对信息系统的安全性进行测试； (5) 其他与信息系统安全控制相关的会计职业道德行为
信息系统维护与灾难恢复控制	信息系统维护与灾难恢复控制措施健全，并得到有效执行	(1) 未经授权，不得擅自修改或更改信息系统； (2) 及时更新信息系统，防止数据库受到非法访问； (3) 制定完善系统灾难恢复计划与操作手册，并严格执行； (4) 定期检查关键应用程序清单是否完整，以确保系统能够及时恢复； (5) 其他与信息系统维护与灾难恢复控制相关的会计职业道德行为
信息系统审计	信息系统审计行为不能危及被审计单位的信息系统的安全性、可靠性，并履行信息系统资产保全责任	(1) 审计行为不得危害信息系统安全性和可靠性，并履行信息系统资产保全责任； (2) 审计行为不得妨碍被审计单位信息系统的正常使用行为； (3) 信息系统审计师不得在被审计单位信息系统中植入木马程序等利于数据窃取行为的发生； (4) 不能出于任何目的不报告被审计单位信息系统的设计缺陷、执行缺陷等； (5) 应及时恢复由于误操作对被审计单位信息系统造成的损害，并承担赔偿责任； (6) 远程审计行为应符合相关审计法律法规的要求； (7) 应保留信息系统审计相关的系统操作日志； (8) 其他与信息系统审计相关的会计职业道德行为

资料来源：审计署审计科研所. 信息系统审计内容与方法. 北京：中国时代经济出版社，2008.

三、会计数据资源管理行为规范发展趋势

（一）会计数据资源管理行为基本规范

数字时代职业会计师的会计数据资源管理行为应遵循隐私保护原则、数据主体权利原则、数据安全原则、非歧视原则、反垄断原则和权责一致原则，如表 8-12所示。

表 8-12　会计数据资源管理应遵循的基本原则

基本原则	具体解释
隐私保护原则	掌握数据的企业应当最大限度地保护个体隐私，遵循人性自由和尊严
数据主体权利原则	构建一套保护个人尊严的防御性权利体系，让隐私权、信息访问权、更正权、删除权、撤销权、注销权、申诉权回归数据主体
数据安全原则	掌握数据的企业应当具备与所面临的安全风险相匹配的安全能力，并采取足够的管理措施和技术手段，保护个人信息的保密性、完整性、可用性
非歧视原则	公平、公正、平等和一视同仁地对待商业领域的行为，不应带有主观偏见
反垄断原则	不能凭借数据、分析技术以及数据思维优势阻碍自由竞争行为
权责一致原则	承担个人信息处理活动对个人信息主体合法权益造成损害的责任

在此基础上，会计师应根据数据资源管理的整体流程和数据保护相关法律法规构建从数据采集、数据存储、数据处理，再到数据输出的具体行为规范，以达到防范出售、共享或泄露受雇单位会计数据的目的。表 8-13 列举了会计数据资源管理行为基本规范。

表 8-13　会计数据资源管理行为基本规范

项目	目标	具体要求
会计数据采集	数据采集行为不能危及受雇单位数据的完整性、一致性等，并履行数据资产保全责任	(1) 应建立健全会计数据采集制度； (2) 会计数据采集行为不能危及受雇单位数据的完整性、一致性等，并履行数据资产保全责任； (3) 不得采集与会计目的无关的受雇单位数据，尤其是不能出于商业目的采集受雇单位数据，遵循数据处理最小化原则； (4) 数据采集行为不能影响受雇单位正常工作的开展； (5) 远程数据采集行为应做好数据加密工作，防止数据安全事件的发生； (6) 应保护数据采集日志； (7) 应及时恢复由于误操作对受雇单位数据造成的损害； (8) 对数据采集过程中的侵权与损害等行为承担赔偿责任； (9) 其他与会计数据采集相关的会计职业道德行为
会计数据控制	根据用户的合法需要分配数据库访问权限和优先访问权限，采取措施确保数据资源的完整性、安全性，确保数据资源得到有效控制	(1) 数据管理员对创建权限表和设计用户模式负唯一责任； (2) 数据管理员检查设计者权限表，确认其访问数据库的特权是否合法、合规； (3) 数据管理员对数据资源定期或不定期进行备份，并选择适当的地点存储； (4) 数据管理员定期检查数据资源访问是否经过严格的授权； (5) 数据管理员定期检查数据访问日志，确定其是否存在非法数据访问行为； (6) 数据管理员定期访问企业数据资源，确定访问控制是否起到应有的作用； (7) 数据库用户不得违规上传和下载企业数据库，也不得将企业数据用于企业允许范围内的商业目的； (8) 数据库用户的数据操作行为不得违反会计职业道德规范、社会伦理和价值观； (9) 其他与数据资源控制相关的会计职业道德行为

续表

项目	目标	具体要求
会计数据处理	数据处理行为不能侵害受雇单位数据保密性、安全性和数据主体权利	(1) 建立健全会计数据处理相关的内部控制制度； (2) 加强受雇单位数据处理过程的保密工作，不能侵害受雇单位数据的隐私权； (3) 数据处理过程不得发生数据安全事件； (4) 不得出售、共享或泄露经过处理的受雇单位数据，处理后的会计数据主体权利应回归受雇单位； (5) 不得开展非会计目的的会计数据分析工作； (6) 会计处理完成后，不得长期保留受雇单位数据，应按照相关法律法规及时删除受雇单位数据； (7) 对数据处理过程中的侵权与损害等行为承担赔偿责任； (8) 定期检查受雇单位数据的存储情况； (9) 其他与会计数据处理相关的会计职业道德行为
会计数据输出	数据输出行为不能侵害受雇单位数据保密性、安全性和数据主体权利	(1) 应当建立健全会计数据输出相关的内控制度； (2) 输出受雇单位数据应当加密，防止数据安全事件的发生； (3) 除应用于会计目的外，不得随意输出与受雇单位相关的数据； (4) 不得随意删除数据输出日志； (5) 定期检查受雇单位的数据输出情况； (6) 其他与会计数据输出相关的会计职业道德行为

欧盟《通用数据保护条例》和《隐私与电子通信条例》

经过四年的商讨，欧盟于 2016 年 4 月 14 日通过了《通用数据保护条例》(General Data Protection Regulations，GDPR) 取代原有的《数据保护指示》(Data Protection Directive)。该条例于 2018 年 5 月 25 日正式实施，由 11 章共 99 条组成。GDPR 颁布后，在全球范围内引起了轰动。由于欧洲本土缺少较大的互联网巨头企业，这部法案更多冲击的是在欧洲市场提供服务的美国科技企业，《洛杉矶时报》《芝加哥论坛报》《奥兰多哨兵报》《巴尔的摩太阳报》等媒体网站在欧盟地区已经无法打开。美国国家公共广播电台网站则要求欧洲访客做出“抉择”：要么签署新的用户协议，要么就只能收看到该媒体 1996 年及以前的纯文字内容。此外，欧盟还将出台一项更为严格的电子通信隐私监管法案，即《隐私与电子通信条例》(Regulation on Privacy and Electronic Communications)，保护范围不仅包括通信内容，还涉及时间、地点、来源等标记通信内容的元数据。一旦被通过，视频游戏和其他允许私密互动的电子服务，将必须获得用户明确许可才能在其设备上安放追踪代码，或者收集与其通信有关的数据。欧盟的这两项法案把全球数字经济发展推到最为严苛的伦理保护与伦理监管道路上。

（二）会计数据保护官制度

受会计管理思想或理念发展的影响，会计数据管理范围不断扩大，企业应在会计机构或组织结构中设置会计数据保护官。会计数据保护官必须具备特定的专业素养，尤其是具备数据保护法律和实践方面的专业知识和履职能力。

欧盟《通用数据保护条例》（GDPR）数据保护官相关内容节选

第 37 条　数据保护官的委任

1. 在如下任一情形中，控制者和处理者应当委任数据保护官：

（1）（数据）处理是由公共机构或公共实体进行操作的，法庭在履行其司法职能时除外；

（2）控制者或处理者的核心处理活动天然需要大规模地对数据主体进行常规和系统性的监控；

（3）控制者或处理者的核心活动包含了第 9 条规定的对某种特殊类型数据的大规模处理和第 10 条规定的对定罪和违法相关的个人数据的处理。

2. 如果一组企业的每一个机构都能很容易联系数据保护官，这一组企业可以任命一个单独的数据保护官。

3. 当控制者或处理者是一个公共机构或公共实体，基于它们的组织结构和规模，多个此类公共机构或公共实体可以共同委任一个数据保护官。

4. 除了第 1 款所规定的情形，在欧盟或成员国法律要求的情形下，控制者或处理者或代表某类控制者或处理者的协会和其他实体可以委任一名数据保护官。对于此类协会或代表控制者或处理者的其他实体的活动，数据保护官有权代表它们进行活动。

5. 数据保护官的委任必须基于其专业性的素质，其需要具有数据保护法律与实践的专业知识，以及完成第 39 条所规定的任务的能力。

6. 数据保护官可以是控制者或处理者的职员，也可以基于服务合同履行职责。

7. 控制者或处理者应当发布数据保护官的详细联系方式，并向监管机构进行报告。

第 38 条　数据保护官的职位

1. 控制者和处理者应当确保，在所有与个人数据保护相关的事项中，数据保护官都应当以一种恰当和及时的方式介入。

2. 控制者和处理者应当支持数据保护官履行第 39 条所规定的责任，应当提供其履行此类责任、访问个人数据、进行处理操作，以及维持其专业性知识的必要资源。

3. 控制者和处理者应当确保个人数据保护官不会收到任何关于履行此类责任的指示。个人数据保护官不能因为完成其任务而被控制者或处理者解雇。其可以直接向控制者或处理者的最高管理层进行报告。

4. 数据主体可以在所有和处理其个人数据相关的事项中，以及和行使本条例所赋予的权利相关的事项中联系数据保护官。

5. 数据保护官在完成其任务时，应当遵守欧盟或成员国的法律，负有保密义务。

6. 数据保护官可以完成其他任务或责任。控制者或处理者应当保证任何此类任务和责任不会导致利益冲突。

第 39 条　数据保护官的任务

1. 数据保护官应当至少具有如下任务：

（1）对控制者或处理者，以及那些履行本条例和欧盟其他成员国数据保护条款所规定的处理责任的雇员进行告知，提供建议；

（2）监督控制者或处理者在责任分配、提高认识和培训参与处理操作的员工以及相关审计中，对本条例、其他欧盟或成员国数据保护规定以及有关个人数据保护的政策的遵守情况；

（3）根据要求，应当对数据保护影响评估以及根据第 35 条对其实施进行监管的事项提供建议；

（4）和监管机构进行合作；

（5）在与处理相关的事项中，包括第 36 条所规定的提前咨询中，以及（在适用的情况下）在其他所有相关事项的咨询中，充当监管机构的联系人。

2. 数据保护官在履行其任务时，应当结合处理的性质、范围、语境与目的，合理地考虑处理操作所伴随的风险。

四、会计人工智能应用行为规范发展趋势

数字时代职业会计师的人工智能应用行为应遵循人的尊严和人权原则、预防伤害原则、公平性原则、可解释性原则和权责一致原则，从而构建和谐的人机关系，如表 8 - 14 所示。

拓展阅读
阿西洛马 23 条人工智能原则

表 8 - 14　人工智能应用行为应遵循的基本原则

基本原则	具体解释
人的尊严和人权原则	根据政府承认的国际人权公约以及国际专业文件，国家必须通过规范、政策、研究和执法来确保人工智能产品或技术不侵犯人的尊严和人权，不侵犯企业经营管理者的自主决策权

续表

基本原则	具体解释
预防伤害原则	人工智能不应该引发、加重伤害，对人类以及企业经营管理产生不利影响
公平性原则	设计者设计人工智能产品时应嵌入社会伦理和商业伦理，在数据获取、算法设计、技术开发、产品研发和应用过程中消除偏见和歧视，以促进公平公正，保障利益相关者的权益，促进机会均等
可解释性原则	人工智能整个决策的过程、输入和输出的关系都应该是可解释的，它包括两个方面：（1）故障可解释性，是指如果一个人工智能系统造成了损害，那么造成损害的原因应能确定；（2）司法可解释性，是指任何自动系统参与的司法判决都应提供令人满意的司法解释以被相关领域的专家接受
权责一致原则	对于设计者和使用者要明确相应的权责分配追究机制，避免相关人员借用技术推卸责任

基于此，职业会计师应正确处理人工智能的主体资格、职业会计师与人工智能的“人-机”关系以及职业会计师与人工智能的侵权责任划分，具体如下：

（1）人工智能不应被赋予会计主体资格或审计主体资格，即不应拥有生存权，不应拥有财产权，不应拥有著作权，不应拥有会计决策的投票权。对于该问题，学术界大致有三种观点：一是反对人工智能具有道德能动性，其主要代表是坚持技术工具论的学者，他们认为，技术仅仅是工具而已，本身不具有伦理属性，其好坏取决于使用的方式；二是肯定人工物具有道德能动性，其主要代表是机器伦理的研究者，他们认为，具有智能的技术人工物具有类似于人的自主性和意向性，因此可以作为独立的道德能动者；三是中间立场，即认为人工物不具有类似于人的道德能动性，但人工物不是价值中立的，它能够影响人的道德选择和行动。无论哪种立场，我们都应认识到，人工智能在会计领域的应用都不能危及会计师的生存和企业经营管理的安全。

（2）会计师与人工智能的“人-机”关系应建立在“命令与服从”的关系上，即人工智能在会计和审计工作中只拥有接受会计师命令和服从命令的功能。按照上述规定，人工智能应树立与会计师相同的价值观；人工智能自主学习产生的优良职业道德“反哺”会计职业道德应符合人类社会的价值观；人工智能不能从事直接或间接伤害会计师或危及企业经营管理决策的行为。这样才能避免人工智能发展给会计师及企业经营管理决策等带来伤害，或者触发会计职业领域不道德行为的产生。

（3）人工智能的应用不能成为会计师免责的替代品，即会计师不得滥用人工智能危及会计数据的安全以及企业经营管理的安全等，并为滥用人工智能行为承担相应的法律责任；人工智能的非理性行为应由发出人工智能指令的会计师承担责任；会计师操作人工智能的行为应当在法律法规、社会伦理和伦理观等允许的范围之内。

机器人三定律

著名科幻作家阿西莫夫1950年在《机器人》中提出了著名的“机器人三定律”。

第一定律：机器人不得伤害人类个体，或者目睹人类个体将遭受危险而袖手不管，除非这违反了机器人第零定律。

第二定律：机器人必须服从人对它的命令，当该命令与第零定律或者第一定律冲突时例外。

第三定律：机器人在不违反第零、第一、第二定律的情况下，要尽可能保护自己的生存。

机器人第零定律是他后来补充的，即机器人必须保护人类的整体利益不受伤害，其他三条定律都是在这一前提下才能成立。之后，人们不断对机器人三定律（原则）进行补充、修正。1974年，保加利亚科幻作家狄勒乌在小说《伊卡洛斯之路》中提出第四原则：机器人在任何情况下都必须确认自己是机器人。1989年，美国科幻作家哈里森在《基地之友》中又提出另一个第四原则：机器人必须进行繁殖，只要进行繁殖不违反第一原则、第二原则或者第三原则。由此，引发了人类社会对机器人伦理的思考。

本章小结

通过本章的学习，我们首先明确了数字时代背景下会计职业变革的思想动因、社会动因和技术动因，以及会计职业变革的趋势；明确了会计职业面临的数据价值诱惑和会计免责诱惑等新型利益诱惑，由此，导致会计职业道德困境产生新的演化，包括数据相关专业胜任能力困境、会计信息系统相关道德困境、会计数据管理相关道德困境和会计职业道德物化困境，理解了会计职业道德规范的发展趋势。

通过本章的学习，我们还明确了会计数据资源管理的基本原则为隐私保护原则、数据主体权利原则、数据安全原则、非歧视原则、反垄断原则和权责一致原则；人工智能应用管理的基本原则为人的尊严和人权原则、预防伤害原则、公平性原则、可解释性原则和权责一致原则。

关键术语

REA 会计　　　　REAL 会计

ERP
数据思维方式
内部控制工作信息化
会计工作智能化
信息系统审计师
会计数据库管理员
人工智能操作员
会计免责诱惑
会计信息系统相关道德困境
会计职业道德物化困境
数据主体权利原则
非歧视原则
人的尊严和人权原则
公平性原则
权责一致原则
FSSC
新型劳动形态
会计工作数据化
信息系统管理员
会计数据分析师
会计数据保护官
数据价值诱惑
数据相关专业胜任能力困境
会计数据管理相关道德困境
隐私保护原则
数据安全原则
反垄断原则
预防伤害原则
可解释性原则

本章知识点回顾

关键术语解释

思考题

1. 现代会计职业变革的背景与驱动力量包括哪些？应如何理解会计管理思想、数据思维方式、劳动形态演变与会计职业变革之间的关系？

2. 会计职业变革的趋势包括哪些？还会有哪些新兴会计职业出现？

3. 如何理解数据价值诱惑和会计免责诱惑？它们与会计职业道德困境的演化有什么关系？

4. 在数字时代，会计职业道德规范的发展趋势主要包括哪些方面？这些规范目前还存在哪些不足？

5. 会计数据保护官制度的重要性体现在哪些方面？企业应当如何构建会计数据保护官制度？

6. 会计人工智能应用行为规范的发展趋势包括哪些方面？

案例讨论与分析

案例一　数据泄露成本对财务的影响到底有多大?

《2019 年全球数据泄露成本报告》显示：2015—2019 年，数据泄露成本上升 12%，目前数据泄露平均成本已达到 392 万美元；67%的数据泄露成本出现在事发后的第一年，有 22% 出现在第二年，另有 11% 在两年后才会显现出来。这些不断增长的数字进一步说明数据泄露、不断增加的法规以及抵御犯罪的复杂流程，将会对企业造成持续数年的财务影响。同时，《2019 年全球数据泄露成本报告》得出以下主要结论。

(1) 恶意数据泄露是代价最高且最常见的数据泄露事件。超过 50% 的数据泄露源自恶意网络攻击，这给企业带来的平均损失比意外事件引起的数据泄露高出 100 万美元。

(2) 巨大规模的数据泄露带来巨额损失。此类数据泄露相对较少，但一旦发生就会给企业带来巨大损失。超过 100 万条记录的泄露预计会给企业带来 4 200 万美元的损失，而超过 5 000 万条记录的泄露预计会带来 3.88 亿美元的巨额损失。

(3) 应急响应，有备无患。拥有事件响应团队并对事件响应计划进行全面测试的企业，平均数据泄露成本要比没有这两项的企业低 123 万美元。

(4) 美国的数据泄露成本是全球平均水平的两倍。美国的数据泄露平均成本为 819 万美元，是全球平均水平两倍之多。

(5) 医疗保健行业的数据泄露成本最高。医疗保健组织连续 9 年“荣登”数据泄露成本排行榜榜首，平均达到 650 万美元（比调研中的其他行业高出 60%）。

此外，《2019 年全球数据泄露成本报告》还显示，人为错误和系统故障导致的数据泄露事件占事件总量的近一半（49%），分别给企业造成了平均 350 万美元和 324 万美元的损失。从人为和机器错误导致的数据泄露事件中可以总结改进方法，减少其发生的次数。比如，对员工开展安全意识培训，进行技术投资，测试服务以尽早发现意外泄露事件的端倪，从而进行有效预防或阻断。

资料来源：IBM 中国. IBM 2019 年全球数据泄露成本报告终于来了.（2019-08-06）[2024-09-04]. 搜狐网.

案例要求：

1. 请结合本章所学内容阐述数据资源管理应遵循的基本伦理原则。

2. 请结合本章所学内容和案例，谈一谈您对“未来最大的成本是数据泄露成本”这一观点的理解和看法，并说明理由。

3. 请结合本章所学内容和案例，谈一谈职业会计师在数据资源管理方面应当具备什么样的专业胜任能力，应当履行什么样的职责。

4. 请结合本章所学内容和案例，谈一谈数据保护官在企业数据保护方面应履行哪些职责。

5. 请结合上述案例，谈一谈在立法方面应如何规范数据资源管理行为。

案例二　2023年全球AI政策立法十大进展

2023年是全球人工智能治理的关键一年，主要经济体在政策立法方面取得重大进展，共识与分歧并存。根据中国人工智能产业发展联盟的整理，总体来看，全球人工智能治理体现出三大重要趋势：一是通用人工智能（AGI）成为人工智能治理的焦点问题。通用人工智能、基础模型、前沿人工智能等概念相继出现在全球AI安全峰会、美国《关于安全、可靠和值得信赖的人工智能的相关行政令》（以下简称《行政令》）、欧盟《人工智能法案》提案等重要国际合作或国内立法政策中，是否监管、谁来监管、如何监管成为各方争议焦点。二是风险关注点从传统隐私、歧视向更基础的安全问题扩展。一方面，生物识别、ChatGPT引发的隐私泄露、偏见歧视等问题带来了新的监管挑战，如公共场所使用生物识别用于执法目的、人机交互数据的使用等；另一方面，伴随AGI应用于各行各业，开源模型广泛滥用风险突出，全球对AGI应用于生物、化学、核能、关键基础设施等领域的不可控风险关注度显著提升，也成为主要经济体达成《布莱切利宣言》的重要原因。三是透明度成为各国立法中率先突破的制度工具。例如欧盟《人工智能法案》提案规定了披露训练目的、训练数据、重大事故报告、能耗、版权信息等多重透明度义务，美国《行政令》要求训练算力超过一定数值的大模型向政府披露红队测试结果和相关信息。技术工具方面，水印标识也成为"白宫自愿承诺"、各国实现互操作性的重点问题，有利于实现用户知情和源头追溯。

为更好把握2023年全球AI治理焦点问题和关键举措，中国人工智能产业发展联盟回顾总结了2023年全球人工智能政策立法的十大重要进展。

1. NIST《人工智能风险管理框架1.0》（美国，2023年1月）

2023年1月26日，美国国家标准与技术研究院（NIST）正式发布《人工智能风险管理框架1.0》（Artificial Intelligence Risk Management Framework，AI RMF 1.0）及配套使用手册（AI RMF Playbook）。

该框架以风险为管理对象，以可信为管理目标，旨在指导机构组织在开发和部署人工智能系统时更好地管理人工智能风险，避免产生偏见和其他负面后果，提升人工智能系统的可信度，保护公民的公平自由权利。其中，该框架指出，可信人工智能系统应具有以下七大特征：有效且可靠（valid and reliable）、安全（safe）、稳定且弹性（secure and resilient）、负责且透明（accountable and transparent）、可理解与可解释（explainable and interpretable）、隐私增强（privacy-enhance）和有害偏见控制下的公平（fair with harmful bias managed)。

2.《人工智能与数据法案》及其预告性配套文件（加拿大，2023 年 3 月）

作为最早发布人工智能国家战略的国家，加拿大政府于 2023 年 3 月宣布将制定最快会在 2025 年生效的《人工智能与数据法案》(Artificial Intelligence and Data Act，AIDA)，并发布预告性配套文件，以规范人工智能开发和应用活动。预告文件揭示了 AIDA 的制定背景、时间安排、基本框架与创新要点。根据预告文件所述，为了兼顾科技创新发展和安全，加拿大将沿用欧盟以风险为导向的人工智能监管路径，将监管重点放在高影响力（即高风险）人工智能系统上，主要包括影响服务获取或就业的筛查系统、用于识别和推断的生物识别系统、会大规模影响人类行为的系统、对健康和安全至关重要的系统。

3.《促进创新的人工智能监管框架》白皮书（英国，2023 年 3 月）

为最大程度发挥人工智能带来的社会效益，鼓励人工智能在值得信赖的前提下不断创新发展，英国科学、创新与技术部（DSIT）于 2023 年 3 月发布了首份人工智能白皮书——《促进创新人工智能监管框架》(A Pro-innovation Approach to AI Regulation)，提出了具有支持创新、负担相称、值得信赖、适应性强、规则明确、跨部门协作六大特征的监管框架，旨在通过为行业提供具有确定性、一致性的监管方法，提高公众对人工智能使用的信任度，推动经济增长和繁荣，巩固英国在人工智能领域的全球领导地位。

4.《人工智能法案》(巴西，2023 年 5 月)

巴西联邦参议院主席帕切科于 2023 年 5 月提出了一项针对人工智能的管理法案框架（Brazilian AI Bill)。该法案提出了人权导向、基于风险、分级分类的规制方案，主要分为三个部分：(1) 受人工智能影响者的原则及权利；(2) 人工智能风险分类；(3) 关于人工智能使用的监管方式以及责任追溯。该法案要求，确保关于高风险人工智能系统的人类监管并非形式主义的，在开发、生产和商定高风险人工智能系统时采取特殊的公共行政治理措施，在部署高风险人工智能系统前详尽阐述算法影响测试结果。此外，法案还提出成立专门的监管机构来统一管理并监督法案的实施。

5.《生成式人工智能服务管理暂行办法》(中国，2023 年 8 月)

2023 年 7 月 13 日，国家网信办同国家发展改革委、教育部、科技部、工业和信息化部、公安部、广电总局发布了《生成式人工智能服务管理暂行办法》(以下简称《办法》)，并于 2023 年 8 月 15 日正式生效实施。《办法》旨在促进生成式人工智能健康发展和规范应用，维护国家安全和社会公共利益，保护公民、法人和其他组织的合法权益。在适用范围上，《办法》强调其规制对象为向境内公众提供生成式人工智能服务，将未向境内公众提供服务的生成式人工智能技术的研发、应用排除出适用范围，减轻了模型研发阶段与企业内部应用的合规负担。在监管路径上，《办法》提出了对生成式人工智能服务试行“包容审慎和分级分类”的监管思路，强调应当统筹协调多部门作为监管机关依职权加强管理。《办法》针对业界在研发、应用生成式人工智能中面临的实际问题，提出了一系列利好创新的政策鼓励措施。

6. 联合国高级别人工智能咨询机构（联合国，2023 年 10 月）

联合国秘书长安东尼奥 · 古特雷斯于 2023 年 10 月正式宣布成立联合国高级别人工智能咨询机构（High Level Advisory Body on AI）。该咨询机构将对人工智能近期和长远的发展与风险开展研究与建议，其具有包容性，并以《联合国宪章》所载的普遍价值观为基础。该咨询机构的专家组共有 39 名在政府、企业、技术界、民间和学术界拥有丰富经验的成员，其中包含 20 名女性和 19 名男性，分布在各大洲的 33 个不同国家，在组成上具有性别平衡、地域多样性和所有年龄段的代表性。我国有 2 名专家入选专家组成员，分别是中国科学院自动化研究所研究员曾毅与中国政法大学数据法治研究院教授张凌寒。

7. 广岛人工智能进程（G7，2023 年 10 月）

2023 年 10 月 30 日，由加拿大、法国、德国、意大利、日本、英国、美国组成的七国集团（G7）领导人就广岛人工智能进程（Hiroshima AI Process）发表联合声明，呼吁 G7 与全球人工智能伙伴关系、经济合作与发展组织及发展中国家和新兴经济体开展合作，加快制定《广岛人工智能进程综合政策框架》，并强调要开发先进的人工智能系统，充分利用生成式人工智能带来的机遇和潜力，在防范人工智能滥用的同时，打造以人类为中心的包容的人工智能治理框架。广岛人工智能进程将成为全球首份针对开发人员及用户，规定人工智能“所有相关人员”应遵守职责的全面国际规则，但其不具法律约束力，具体强制性规定将由各个国家自行出台。广岛人工智能进程将为设计、开发、部署和使用安全、可靠和值得信赖的人工智能系统营造开放和有利的环境。在广岛人工智能进程的帮助下，发展中国家和新兴经济体将最大限度发挥和利用技术带来的好处，从而缩小数字鸿沟，实现数字包容的目标。

8. 美国总统人工智能行政令（美国，2023 年 10 月）

2023 年 10 月，美国总统拜登签署了《关于安全、可靠和值得信赖的人工智能的相关行政令》（Executive Order on the Safe, Secure, and Trustworthy Development and Use of Artificial Intelligence），旨在为人工智能安全监管的立法细则提供指引。该行政令强调发展和使用 AI 过程中的安全性和可靠性，明确由美国政府机构制定人工智能系统测试和使用的指导方针，充分调动联邦政府多部门资源，对美国主要行政部门做出了涵盖人工智能生命周期的全面立法部署。行政令表明美国政府将从八个重点领域监管 AI 发展和使用，以控制 AI 技术给公民权利、市场竞争和国家安全造成的风险：（1）AI 必须安全可靠，加快制定 AI 安全性和保密性的指南、标准和最佳实践；（2）基于国家安全对军民两用的基础大模型等关键和新兴技术实施出口管制；（3）促进创新、竞争和合作；（4）支持美国劳工；（5）推动公平和公民权利；（6）保护消费者、患者、乘客和学生等群体的利益；(7) 保护美国公民的隐私和自由；(8) 加强联邦政府监管能力；(9) 加强国际合作，提升美国在海外的领导力。

9. 全球 AI 安全峰会与《布莱切利宣言》(2023 年 11 月)

2023 年 11 月 1 日，由英国倡议发起的首届全球 AI 安全峰会在伦敦布莱切利园开幕。峰会首日，中国、美国等 28 个国家与欧盟共同签署了《布莱切利宣言》，旨在识别人工智能产生的共同关注风险，建立对风险的科学认知，并制定跨国风险缓解政策。该宣言呼吁和倡导以人为本，希望人工智能科研机构、企业等以负责任的方式，设计、开发和使用人工智能，并指出人工智能的风险应对需要通过包容的国际合作加以解决。该宣言强调在人工智能发展中，应尊重他国主权，遵守他国法律，建立风险评估体系，坚持公平、非歧视原则，加强国际合作、对话，帮助发展中国家加强人工智能能力建设。该宣言肯定了人工智能在改善人类福祉上的巨大潜力，也警告了在发展人工智能过程中有意或者无意带来的伤害，希望通过法律等方式避免相关风险。

10. 欧盟就《人工智能法案》达成协议 (欧盟，2023 年 12 月)

2023 年 12 月 8 日，欧盟成员国及欧洲议会议员就《人工智能法案》达成初步协议，同意全面规范人工智能使用，从而在保护人类基本权利和不阻碍人工智能行业发展之间寻求平衡。当前，欧盟仅公布了法案的提案，尚未公布最终的法案版本；下一步，欧盟将就该法案的更多技术细节进行最终讨论，并在确定后公布。该法案明确了开发和使用人工智能系统或基础模型需遵守的一般原则，即人类主体和监督、技术稳健性和安全性、隐私和数据治理、透明度、多样性/非歧视和公平、社会和环境福祉六项内容。法案明确禁止了“侵入性”“歧视性”等特定人工智能系统的开发和使用，禁止使用敏感特征的生物或和情绪识别系统，并特别强调人工智能在执法中的应用应被限制在防止恐怖主义威胁和打击犯罪等特定领域。法案将人工智能系统分为低风险、高风险、不可接受风险、特定透明度风险等不同等级，对不同风险程度的人工智能系统施加了不同的要求和义务，并且规定高风险人工智能系统应遵守一系列要求并接受基本权利影响评估。为实现对于人工智能系统的有效治理，欧盟引入了人工智能办公室和成员国监督机构。欧盟将对违规行为进行罚款，罚款金额根据侵权行为和公司规模而定，最高可达 3 500 万欧元或企业全球营业额的 7%。

文献来源：中国人工智能产业发展联盟. 盘点 2023 年全球 AI 政策立法十大进展. (2024-01-05) [2024-09-04]. 深圳市人工智能产业协会网站.

案例要求：

1. 请结合本章所学内容阐述人工智能应用应遵循的基本伦理原则。

2. 请结合本章所学内容，谈一谈人工智能是否可以被赋予主体资格，简要说明理由。

3. 请结合本章所学内容谈一谈职业会计师未来的发展趋势。受人工智能广泛应用的影响，职业会计师应具备什么样的专业知识技能？

4. 请结合本章所学内容，谈一谈人工智能、生产商、制造商与使用者的责任应当如何划分，简要说明理由。

5. 请结合案例谈一谈未来人工智能的相关法规应当如何规范。

参考文献

[1] ACM. ACM code of ethics and professional conduct, 2018.

[2] APOSTOLOU B, DULL R B, SCHLEIFER L L F. A framework for the pedagogy of accounting ethics. Accounting education, 2013, 22 (1): 1-17.

[3] AYRES F L, GHOSH D. Research in ethics and economic behavior in accounting. Journal of accounting and public policy, 1999, 18 (4-5): 335-338.

[4] BAILEY C D, SCOTT I, THOMA S J, et al. Revitalizing accounting ethics research in the Neo-Kohlbergian framework: putting the DIT into perspective. Behavioral research in accounting, 2010, 22 (2): 1-26.

[5] BAUMAN Z. Postmodern ethics. Oxford: Blackwell, 1993.

[6] BOSTROM N, YUDKOWSKY E. The ethics of artificial intelligence// Frankish K, Ramsey W M. The Cambridge handbook of artificial intelligence. Cambridge: Cambridge University Press, 2014: 316-334.

[7] BOYCE G. Accounting, ethics and human existence: lightly unbearable, heavily kitsch. Critical perspectives on accounting, 2013, 25 (3): 197-209.

[8] BOYCE G. The social relevance of ethics education in a global(ising) era: from individual dilemmas to systemic crises. Critical perspectives on accounting, 2018, 19 (2): 255-290.

[9] DUSKA R F, DUSKA B S. Accounting ethics. 3rd ed. New York: John Wiley & Sons, Ltd., 2011.

[10] European Economic and Social Committee. The ethics of big data: balancing economic benefits and ethical questions of big data in the EU Policy Context, 2017.

[11] European Union. General data protection regulations, 2018.

[12] European Union. Ethics guidelines from trustworthy AI, 2019.

[13] Financial Accounting Standards Board (FASB). Statement of financial accounting concepts No. 2, 1980.

[14] FREY, OSBORNE. The Future of employment: how susceptible are jobs to computerization?. Technological forecasting & social change, 2013.

[15] FORMAN-BARZILAI F. Whose context? which impartiality? reflections on Griswold's Smith. Perspectives on political science, 2001, 30 (3): 146-150.

[16] GAO. Technology assessment: artificial intelligence: emerging opportunities, challenges, and implications, 2018.

[17] GONIN M. Adam Smith's contribution to business ethics: then and now. Journal of business ethics, 2015, 129 (1): 221-236.

[18] SAMUEL A, DIPIAZZA JR, ROBERT G E. Building public trust: the future of corporate reporting. New York: John Wiley & Sons, Inc., 2002.

[19] HANLEY R P. Adam Smith and the character of virtue. Cmbridge: Cambridge University Press, 2009.

[20] HEATH J. An adversarial ethic for business: or when sun-tzu met the stakeholder. Journal of business ethics, 2007, 72 (4): 359-374.

[21] IFAC. Handbook of the international code of ethics for professional accountants, 2019.

[22] ISACA. IS auditing standards, guidelines and procedures, 2006.

[23] JACKLING B, COOPER B J, LEUNG P, et al. Professional accounting bodies' perceptions of ethical issues, causes of ethical failure and ethics education. Managerial auditing journal, 2007, 22 (9): 928-944.

[24] JENSEN M C. Agency costs of free cash flow, corporate finance, and takeovers. American economic review, 1986, 76 (2): 323-329.

[25] JENSEN M, MECKLING W. Theory of the firm: managerial behavior, agency costs, and ownership structure. Journal of financial economics, 1976 (3): 305-360.

[26] JIANG G, LEE C M C, YUE H. Tunneling through intercorporate loans: the China experience. Journal of financial economics, 2010, 98 (1): 1-20.

[27] JOHNSON S, LA PORTA R, SHLEIFER A, et al. Tunneling. American economic review, 2000, 90 (2): 22-27.

[28] LOVELOCK J D, TSAI T. Forecast: the business value of artificial intelligence, worldwide, 2017—2025, 2018.

[29] LYNNE M. Integrity. Ethics, 1987 (10).

[30] MAHDAVIKHOU M, KHOTANLOU M. New approach to teaching of ethics in accounting: introducing islamic ethics into accounting education. Procedia-social and behavioral sciences, 2012 (46): 1318-1322.

[31] MARKS G, MILLER N. Ten years of research on the false-consensus effect: an empirical and theoretical review. Psychological bulletin, 1987, 102 (1): 72-90.

[32] MELE D. Ethical education in accounting: integrating rules, values and virtues. Journal of business ethics, 2005, 57 (1): 97-109.

[33] MAYER-SCHONBERGER V, CUKIER K. Big data: a revolution that will transform how we live, work, and think. Londre: John Murray Publishers Ltd., 2013.

[34] OMURGONULSEN M, OMURGONULSEN U. Critical thinking about creative accounting in the face of a recent scandal in the Turkish Banking Sector. Critical perspectives on accounting, 2009, 20 (5): 651-673.

[35] PAINE L S. Managing for organizational integrity. Harvard business review, 1994, 72 (2): 106-117.

[36] ROBERTS J. Corporate governance and the ethics of narcissus. Business ethics quarterly, 2001, 11 (1): 109-127.

[37] Risk based security, cyber risk analytics 2019 midyear quick view data breach report, 2019.

[38] SEPASI S. Accounting ethics. International journal of ethics and society, 2019, 2 (1): 23-29.

[39] SHEARER T. Ethics and accountability: from the for-itself to the for-the-other. Accounting, organizations and society, 2002, 27 (6): 541-573.

[40] SOMERVILLE L. Accounting changes boil down to principles vs. rules. The business journal, 2003 (28).

[41] SPALDING A D, ODDO A. It's time for principles-based accounting ethics. Journal of business ethics, 2011, 99 (1): 49-59.

[42] SPALDING A D, LAWRIE G R A. Critical examination of the AICPA's new 'conceptual framework' ethics protocol. Journal of business ethics, 2009, 155 (4): 1135-1152.

[43] TERRI L H, GILBERTSON D L. Ethical principles vs. ethical rules: the moderating effect of moral development on audit independence judgments. Business ethics quarterly, 2004, 14 (3): 499-523.

[44] Million-dollar Babies. The economist, 2016.

[45] THOMAS E B. Integrity in organizations: beyond honesty and conscientiousness. Academy of management review, 1998, 23 (1), 154-161.

[46] THOMAS G, KLONOSKI R J. Business ethics. 2nd ed. Englewood cliffs, NJ: Prentice-Hall, 1986.

[47] TULLBERG J. Excesses of responsibility?Reconsidering company liability. Journal of business ethics, 2006, 64 (1): 69-81.

[48] VERIZON SECURITY. 2019 Data breach investigations report, 2019.

[49] WANG Y, ASHTON J K, JAAFAR A. Money shouts! How effective are punishments for accounting fraud?. British accounting review, 2019, 51 (5): 499-523.

［50］ACFE. Global study on occupational fraud and abuse，2020.

［51］AYRES F L，GHOSH D. Research in ethics and economic behavior in accounting. Journal of accounting and public policy，1999，18（4-5）：335-338.

［52］HOLMSTROM B. Moral hazard and observability. The bell journal of economics，1979，10（1）：74-91.

［53］MOHRMAN M B. The use of fixed GAAP provisions in debt contracts. Accounting horizons，1996（10）：78-91.

［54］NG D S. An information economics analysis of financial reporting and external auditing. The accounting review，1978，53（4）：910-920.

［55］WATTS，ZIMMERMAN. Agency problems，auditing，and the theory of the firm：some evidence. Journal of law and economics，1983，26（3）：613-633.

［56］ZEFF S A. The rise of economic consequences. Journal of accountancy，1978，146（6）：56-63.

［57］PCAOB：Implications for future inspection reports and audit quality. The accounting review，2022，97：261-292.

［58］KWON S Y，YI H S. Do social ties between CEOs and engagement audit partners affect audit quality and audit fees?. Auditing：a journal of practice & theory，2018，37（2）：139-161.

［59］DAYANANDAN A，SUDERSHAN K. Mandatory auditor rotation and audit quality. International journal of accounting & information management，2023，31（4）：585-599.

［60］WOLFE D T，HERMANSON D R. The fraud diamond：considering the four elements of fraud. The CPA journal，2004，74（12）：38-42.

［61］陈汉文，韩洪灵，陈帅弟，等. 审计市场寡头格局、国家金融安全与联合审计制度：一项政策选择研究. 财会月刊，2024，45（15）.

［62］涂尔干. 职业伦理与公民道德. 渠东，付德根，译. 上海：上海人民出版社，2001.

［63］北京大学国家机器人标准化总体组. 中国机器人伦理标准化前瞻（2019）. 北京：北京大学出版社，2019.

［64］车品觉. 决战大数据：大数据的关键思考. 杭州：浙江人民出版社，2013.

［65］陈炳祥. 人工智能改变世界：工业4.0时代的商业新引擎. 北京：人民邮电出版社，2017.

［66］陈汉文. 注册会计师职业行为准则研究. 北京：中国金融出版社，1999.

［67］陈汉文，韩洪灵. 审计理论与实务. 北京：中国人民大学出版社，2019.

［68］陈汉文，王光远. 国外对民间审计保密性的规范及启示. 审计研究，1999（8）.

［69］陈汉文，徐梦秋，宋培林. 企业伦理与会计职业道德. 北京：经济科学出版社，2005.

［70］陈邑早，陈艳，于洪鉴. 会计舞弊行为决策中的合理化因素：分析与展望. 外国经济与管理，2019（7）.

［71］雷恩. 管理思想的演变. 北京：中国社会科学出版社，2000.

［72］胡玉明. 高级管理会计学. 2 版. 厦门：厦门大学出版社，2005.

［73］戴维斯，帕特森. 大数据伦理：平衡风险与创新. 赵亮，王健，译. 大连：东北大学出版社，2016.

［74］李芬. 论经济合作的伦理维度. 铜仁学院学报，2008（4）.

［75］李伦. 数据伦理与算法伦理. 北京：科学出版社，2019.

［76］李伦，孙保学. 给人工智能一颗“良芯（良心）”：人工智能伦理研究的四个维度. 教学与研究，2018（8）.

［77］李伦，黄关. 数据主义与人本主义数据伦理. 伦理学研究，2019（2）.

［78］李清，党正磊. 会计舞弊风险指数构建和评价研究：基于因子分析. 数理统计与管理，2019（6）.

［79］龙宗智. 中国法语境中的检察官客观义务. 法学研究，2009（4）.

［80］陆晓禾. 走出“丛林”：当代经济伦理学漫话. 武汉：湖北教育出版社，1999.

［81］布鲁克斯，保罗·邓恩. 商业伦理与会计职业道德：第 8 版. 任明川，改编. 北京：中国人民大学出版社，2019.

［82］贝拉斯克斯. 商业伦理：概念与案例：第 7 版. 刘刚，译. 北京：中国人民大学出版社，2013.

［83］彭宇，庞景月，刘大同，等. 大数据：内涵、技术体系与展望. 电子测量与仪器学报，2015（4）.

［84］全国信息安全标准化技术委员会. 信息安全技术 个人信息安全规范（GB/T 35273—2020），2020.

［85］史永展，沈建. 商业伦理与企业的社会责任：历史考察与比较分析. 山西青年管理干部学院学报，2008（1）.

［86］田思路，刘兆光. 人工智能时代劳动形态的演变与法律选择. 社会科学战线，2019（2）.

［87］迈尔-舍恩伯格，库克耶. 大数据时代：生活、工作与思维的大变革. 盛杨燕，周涛，译. 杭州：浙江人民出版社，2013.

［88］徐梦秋. 公平的类别与公平中的比例. 中国社会科学，2001（1）.

［89］许晔. 下一代人工智能：引领世界发展的新兴驱动力. 人民论坛·学术前沿，2017（20）.

［90］于惊涛，肖贵蓉. 商业伦理：理论与案例. 2 版. 北京：清华大学出版社，2016.

［91］张贵红. 价值敏感设计与大数据伦理. 伦理学研究，2019（2）.

［92］张泽谦. 人工智能：未来商业与场景落地实操. 北京：人民邮电出版社，2019.

［93］赵宇. 上市公司财务报告舞弊特征研究. 北京：对外经济贸易大学，2019.

［94］周中之. 经济伦理学学科的构建. 江苏社会科学，2000（3）.

［95］朱孝清. 检察官客观公正义务及其在中国的发展完善. 中国法学，2009（2）.

［96］裘宗舜，韩洪灵. 美国安然骗局及其对应议论的剖析//葛家澍，裘宗舜. 会计信息丛书：会计热点问题. 5辑. 北京：中国财政经济出版社，2003.

［97］莱昂纳多·J. 布鲁克斯. 商务伦理与会计职业道德. 北京：中信出版社，2004.

［98］渠敬东. 职业伦理与公民道德：涂尔干对国家与社会之关系的新构建. 社会学研究，2014（4）.

［99］黄世忠. 2010—2019年中国上市公司财务舞弊分析. 财会月刊，2020（14）.

［100］陈汉文，韩洪灵. 商业伦理与会计职业道德. 北京：中国人民大学出版社，2020.

［101］陈汉文，韩洪灵. 注册会计师职业道德准则之变迁：基于公共合约观的描述与分析. 审计研究，2005（3）.

［102］韩洪灵，陈汉文. 会计职业道德之性质与实施：契约理论视角的解说. 当代财经，2007（2）.

［103］本刊编辑部. 会计职业道德研究重大创新：《商业伦理与会计职业道德》研究概要与学者评价. 新会计，2020（12）.

后　记

书稿完成之际，韩洪灵教授特地致电要求我为本书第 2 版写后记。在他看来，后记能够再现作者真实的个性，反映出作者是什么样的人以及为什么要写这本书。

伦理学之海浩瀚，我们只是在探究其中的会计底线伦理而已，简策或晦暝或光亮，不敢妄断，唯一心安的是我们一直坚守着作文与为人的底线，即善良。这是本书第 1 版后记所叙，如实反映了我们写作时的忐忑，以及在大时代背景下似乎又不得不为之的窘境。从彼时情形看，2020 年爆发了瑞幸咖啡财务造假、中概股危机等系列事件，韩洪灵教授、刘杰教授和我在线上做了关于会计造假、商业伦理、大数据时代商业伦理困境与重塑等系列讲座，线上听众近 800 万人次。同时，全国会计专业学位研究生教育指导委员会委托我作为课程组负责人研究制定了"商业伦理与会计职业道德课程指南"，在中国人民大学出版社出版了《商业伦理与会计职业道德》一书，并为全国 164 所高校的 240 位教师举行了师资培训。随后，中国人民大学出版社陈永凤编审以此类本科教材匮乏、此类教材涉及立德树人国家战略等为由多番督命，推动我们编写此书。

第 1 版自 2021 年 7 月出版至今，共印刷 10 次，印量合计近 3.3 万册，据出版社不完全统计，目前已被国内 130 多所高校使用。能有这样的影响力与成效，我非常感激，当然也有一份十年"冷板凳"的黯然。涉足这个领域已经 30 年了。1994 年我开始攻读博士学位，博士学位论文选题就是注册会计师职业道德研究，由衷感谢导师吴水澎先生的宏大格局和深邃的社会洞见。读博时，按照厦门大学会计学科的学术传统，从基础理论开始阅读与写作，在吴水澎先生的指导下完成《构建会计理论体系的设想》一文并在《会计研究》（1996 年第 6 期）发表①。不过，我并没有围绕已发表论文展开研究，而是凭兴趣选取了更为基础的道德问题，吴水澎先生作为会计理论研究的大家，也欣然同意了我的选题。在 20 世纪 80 年代，中国会计界面临从西方全盘引进还是创立自主知识体系的路径选择，吴水澎先生遴择了后者。他提出："会计对象可以被认为是：经济活动过程中能够用价值

---

① 陈汉文. 构建会计理论体系的设想. 会计研究，1996（6）：19-24.

量来表示的方面。”[①] 后来当我在《会计理论结构》中看到利特尔顿认为“会计所处理的特定主题是货币价格。它处理的不是基于单位价格的货币价格，而是基于整个交易的价格总价数。……会计的基本问题是价格（财富的数量方面），而不是价值（财富的质量方面）”[②]，惊诧于两位会计学者观点的异曲同工之妙。由是感慨，两位天才会计学家跨越时空的学术风云际会应该是世界会计史上的一段佳话！吴水澎先生一向重视方法论，他从方法论的视角提出的管理活动论与信息系统论合二为一、财务与会计一分为二、会计反映利益关系并事关利益调整等观点，无不闪烁着睿智的光芒。作为我国“985”大学首位会计专业背景的校领导，他强调公平，关心弱势群体。他对我说，每次单位聚餐，他唯一关心的是单位临时工是否吃好饭。他教育我要老老实实做人、认认真真做事。这些也构成了我一辈子的行为准则。正是因为会计涉及利益分配，所以会计背后“人”的因素很重要。现在想来，我的博士论文依然在吴水澎先生所建构的会计理论框架之内，这应该是吴水澎先生同意我选择这一冷僻方向的原因。直到30年过去，该选题今天才显示出些许社会价值。30年久乎？已然学者一生。

记得在吴水澎先生家中进行博士学位论文开题时，师弟谢德仁、石本仁等人对我的论文观点提出了尖锐激烈的批评，后来师弟林志毅帮我逐字逐句审校论文并给予我极大的学术认可，其中的批评观点早已成为我论文的创新点，其中的鼓励已然成为我学术生涯的前行动力。尽管毕业后我们各奔东西，当年在厦大校园结下的友谊却历久弥坚，成为我们今生今世心底最温暖的存在。

在厦门大学经济学院前院长邱华炳教授的主导下，受经济学院经济学科发展基金的资助，我的博士学位论文《注册会计师职业行为准则研究》于1999年由中国金融出版社出版。2003年在厦门大学会计发展研究中心主任曲晓辉教授的支持下，我主持了教育部人文社会科学重点研究基地重大项目“企业财务舞弊及其对策研究”。随后，承蒙厦门国家会计学院院长黄世忠教授的信任，我承担了世界银行技术援助会计改革与发展项目“会计职业道德”，并与徐梦秋教授和宋培林教授主编完成了《企业伦理与会计职业道德》（国家会计学院会计硕士专业学位系列教材，经济科学出版社，2005年）。在中共厦门大学纪委和监察处领导的鼓励下，2009年我成功申请了中央纪委监察部党风廉政理论研究专项基金项目“国（境）外企业在华商业贿赂的特征、危害及对策研究（兼与国际商业贿赂现状比较）”。2020年7月在中国人民大学出版社出版了研究生教材《商业伦理与会计职业道德》，2021年主编完成了本科教材《会计职业道德》（立体化数字教材版）。经过如上积累，我们完成了本书的第2版。会计职业道德是一个冷僻的所在，却又是一个差之毫厘失之千里的所在，尽管我们一直行走在研究的路上，但同时我们一直如履薄冰，如14年前我为韩洪灵教授专著《中国审计市场：制度变迁与竞争行为》所作序中所言，“既然选择了教书为业，那么授课与作文就不要重蹈野狐禅覆

① 吴水澎. 怎样正确认识会计的性质与对象?：兼评资金运动说. 会计研究，1981（2）：7-13.

② 利特尔顿. 会计理论结构. 北京：中国商业出版社，1989：12.

辙”。这是我们共同的期盼。

没有道德的商业是人性之恶。鉴于会计是商业活动的通用语言，会计行为交织于商业活动的各个网络之中。无论是从宏观叙事还是微观经济个体行为出发，都能观察到会计活动中经济社会深嵌的普遍性和会计行为的经济社会后果的广泛性与严重性，因此“会计职业道德”成为会计、审计专业学生的基础课程。我们只是初步探索者，切盼未来更多学者加入，为这门课程的完善添砖加瓦。

最后，请允许我以本书纪念我的母亲，一位目不识丁的农村老太太，她已去世七年。迄今，听到“母亲”二字，我依然哽咽。

陈汉文

甲辰年国庆于金陵

图书在版编目（CIP）数据

会计职业道德：立体化数字教材版/韩洪灵，陈汉文，陈帅弟主编；杨道广，刘思义，刘杰副主编. 2 版. -- 北京：中国人民大学出版社，2025. 3.
（高等学校经济管理类主干课程教材）. -- ISBN 978-7-300-33683-1

Ⅰ. F233

中国国家版本馆 CIP 数据核字第 20251AT502 号

浙江省“十四五”普通高等教育本科规划教材
高等学校经济管理类主干课程教材·会计与财务系列
会计职业道德（第 2 版·立体化数字教材版）
主　编　韩洪灵　陈汉文　陈帅弟
副主编　杨道广　刘思义　刘　杰
Kuaiji Zhiye Daode

出版发行	中国人民大学出版社		
社　　址	北京中关村大街 31 号	**邮政编码**	100080
电　　话	010－62511242（总编室）		010－62511770（质管部）
	010－82501766（邮购部）		010－62514148（门市部）
	010－62515195（发行公司）		010－62515275（盗版举报）
网　　址	http://www.crup.com.cn		
经　　销	新华书店		
印　　刷	天津鑫丰华印务有限公司	**版　　次**	2021 年 7 月第 1 版
开　　本	787 mm×1092 mm　1/16		2025 年 3 月第 2 版
印　　张	17 插页 1	**印　　次**	2025 年 3 月第 1 次印刷
字　　数	336 000	**定　　价**	45.00 元

版权所有　侵权必究　　印装差错　负责调换

中国人民大学出版社　管理分社

教师教学服务说明

中国人民大学出版社管理分社以出版工商管理和公共管理类精品图书为宗旨。为更好地服务一线教师，我们着力建设了一批数字化、立体化的网络教学资源。教师可以通过以下方式获得免费下载教学资源的权限：

★ 在中国人民大学出版社网站 www.crup.com.cn 进行注册，注册后进入“会员中心”，在左侧点击“我的教师认证”，填写相关信息，提交后等待审核。我们将在一个工作日内为您开通相关资源的下载权限。

★ 如您急需教学资源或需要其他帮助，请加入教师 QQ 群或在工作时间与我们联络。

中国人民大学出版社　管理分社

教师 QQ 群：648333426（工商管理）　114970332（财会）　648117133（公共管理）
教师群仅限教师加入，入群请备注（学校+姓名）

联系电话：010-62515735，62515987，62515782，82501048，62514760

电子邮箱：glcbfs@crup.com.cn

通讯地址：北京市海淀区中关村大街甲 59 号文化大厦 1501 室（100872）

管理书社　　人大社财会　　公共管理与政治学悦读坊